Anne Hauser

Classroom Management – ein Baustein für die Schulentwicklung

Entwicklung, Grundlagen, Fallbeispiele und Tool Kits für die Praxis

Handlungsfeld: Unterricht & Erziehung

Anne Hauser

Classroom Management – ein Baustein für die Schulentwicklung

Entwicklung, Grundlagen, Fallbeispiele und Tool Kits für die Praxis

Carl Link

Bibliografische Information der Deutschen Nationalbibliothek
Die Deutsche Nationalbibliothek verzeichnet diese Publikation in der Deutschen Nationalbibliografie; detaillierte bibliografische Daten sind im Internet über **http://dnb.d-nb.de abrufbar.**

ISBN 978-3-556-06457-3

www.wolterskluwer.de
www.schulverwaltung.de

Umschlagkonzeption: Martina Busch, Grafikdesign, Homburg-Kirrberg
Titelbild: iStock © Vernon Wiley
Satz: Innodata Inc., Noida, India
Druck: Williams Ley & tag GmbH, München

♾ Gedruckt auf säurefreiem, alterungsbeständigem und chlorfreiem Papier

Inhaltsverzeichnis

Vorwort

Fortgesetzte Unterrichtsstörungen unterschiedlicher Art in Form von Arbeitsverweigerung, Disziplinlosigkeit, Konzentrationsschwäche, Lautstärke und Handy Dauereinsatz machen vielen Lehrkräften zu schaffen. Sie sehen sich in ihrer Hauptaufgabe, dem Unterrichten und Fördern junger Menschen, massiv gestört. Der tägliche Kampf gegen die Windmühlen der Unterrichtsstörungen zehrt zunächst an ihrer Motivation, dauerhaft aber an ihrer Gesundheit. Sie fühlen sich an ihrem Arbeitsplatz nicht mehr wohl. Langzeitfolgen wie Bluthochdruck, Hörsturz oder Burnout nehmen nachweislich zu. Wertvolle Kompetenzen, in Jahren des Studiums und der Berufspraxis erworben, kommen Gesellschaft und Bildungssystem nur noch eingeschränkt zugute.

Auch die Schüler, die kooperativ und motiviert sind, leiden unter diesen unablässigen Unterrichtsstörungen und immer dann, wenn das Bemühen der Lehrkräfte, ein ruhiges und förderliches Lern-Setting zu schaffen, erfolglos ist. Diese Schüler fühlen sich um ihr Engagement und ihren Arbeitseinsatz betrogen. Sie stellen sich selbst in Frage; dann resignieren sie und ordnen sich den Störern unter, um nicht als „Streber" zu gelten und um negativen Auswirkungen auf dem Schulhof vorzubeugen.

Die Eltern der Schüler verstehen nicht, wieso es in der Schule „wie in einem Saustall" zugeht und warum der Lehrer nicht „für Ordnung" sorgt. Dass ihr eigenes Kind eventuell auch zu den Boykotteuren des Unterrichts zählte, können sie sich überwiegend nicht vorstellen, hören sie doch von ihrem Kind – wenn überhaupt – Schuldzuweisungen nur an die Adresse des Lehrers und der Mitschüler. Oft sind sich Eltern nicht bewusst, dass ihre Kinder in Schulangelegenheiten ihnen gegenüber das „Informationsmonopol"[1] haben und auch nutzen. Zudem steht „der Lehrer" für sie im Zentrum der Unterrichtsdurchführung. Nun beginnen sie, seine Kompetenz zu hinterfragen.

Schulleitungen, deren Schulen sich durch gehäufte und dauerhafte Störungen dieser Art auszeichnen, haben allen Anlass dazu, sich Sorgen um ihre Lehrerkollegien zu machen, um ihre Gesundheit, Motivation und Identifikation mit dem Arbeitsplatz. Sie wissen auch, dass massive Störungen des Unterrichtsbetriebs

1 Eichhorn 2008, S. 28.

über die Berichterstattung der Beteiligten ihren Weg in die Öffentlichkeit finden und dem Ruf der Schule Schaden zufügen.

Hier setzt dieses Buch ein, indem es aufzeigt, welch hohen Mehrwert Classroom Management für alle Akteure an Schulen hat und welche präventiven und situativen CRM-Strategien es gibt, lernförderliche Settings zu schaffen und zu erhalten. Es soll aufgezeigt werden, dass Classroom Management ein unverzichtbarer Baustein für eine reale und nachhaltige Schulentwicklung ist.

Dieses Buch wendet sich unmittelbar an Lehrkräfte (Novizen und Experten[2]) und Schulleitungen, die im Sekundarbereich (Sekundarstufen I und II) tätig sind. Insbesondere die Lehrkräfte der Sekundarstufen I und II haben einen großen Adressatenkreis. Sie unterrichte täglich zwischen 120 und 140 Schüler der Jahrgangsstufen 5-12, nicht selten unterrichten sie in großen Systemen 400-500 Schüler. Ihre Schülerschaft ist heterogen, was Alter und Familienhintergrund angeht. Entsprechend ist ihre Elternklientel höchst divers. Die Bedingungen eines stark gemischten Milieus bedeuten im täglichen Umgang auch eine besondere Herausforderung für die Leitungen der Sekundarschulen. Mithin müssen die in diesem Buch gegebenen Tipps und Vorgehensweisen alltagstauglich und adressatengerecht für einen dichten Arbeitstag sein.

Inklusionsspezifische Aspekte im Sinne von multiplen Schwerstbehinderungen oder psychotherapeutische Problematiken werden nicht näher betrachtet, da sie einer eigenen Betrachtung durch Sonderpädagogen oder durch weitere einschlägige Experten bedürfen. Dieses Buch wendet sich gleichwohl an inklusive Sekundarschulen, die Schüler mit sozial-emotionalem Schwerpunkt beschulen, da sich die Strategien des Classroom Management (CRM) für den Unterricht mit dieser Schülerklientel eignen.

Tipps „aus der Praxis für die Praxis“ sind als Baukästen (Tool Kits) zu verstehen, aus denen Lehrkräfte die für sie passenden „Werkzeuge“ im Rahmen des geltenden Schulprofils aussuchen können.

2 Thiel et al. 2012 bezeichnen in ihrer Studie zur Steuerung von Übergängen im Unterricht Lehrer, die erst wenig Erfahrung im Unterrichten haben, als Novizen und solche, die mehrjährige Unterrichtserfahrung haben, als Experten.

Zur Sprachverwendung

Alle in diesem Buch verwendeten Beispiele sind anonymisiert. Zur besseren Lesbarkeit werden Begriffe im gruppen- und geschlechterübergreifenden Sinn gebraucht. Die Verwendung von „Schulleitung“ bezieht auch alle in der erweiterten Schulleitung Tätigen ein; die Verwendung von „Lehrer“, „Referendare“ oder „Schüler“ bezieht „Lehrerinnen“, „Referendarinnen“ und „Schülerinnen“ mit ein. Alle angeführten Namen von Personen, Einrichtungen und Firmen sind fiktiv.

Für kundiges und geduldiges Korrekturlesen sowie drucktechnische Tipps danke ich meinem Ehemann Georg Hauser ganz besonders herzlich.

1 Unterrichtsstörungen

Ist ein gelungener, harmloser Schülerscherz, der in einer Unterrichtsstunde allgemeine Heiterkeit auslöst, schon eine Unterrichtsstörung? Mit Sicherheit nicht! Warum werden aber längere Privatgespräche von Schülern im Unterricht zu Recht als Störung gewertet?

Hier ist die Motivation entscheidend, die dem Verhalten zu Grunde liegt. Der gelungene Scherz trägt – aus guter Absicht kommend – zur Erheiterung und in der Folge zur Steigerung von Empathie sowie Motivation der Lernakteure bei. Er fördert somit eine Lerngemeinschaft, in die auch der Lehrer als Steuernder der Lernprozesse eingeschlossen ist. Die intensiven Privatgespräche von Schülern im Unterricht hingegen sind bewusste Regelverletzungen und bewirken das Gegenteil: sie schädigen Empathie und Motivation der Lernakteure und wirken sich destruktiv auf die Lerngemeinschaft von Schülern und Lehrer aus.

Erst ab Ende der 1990er Jahre beschäftigte sich die Forschung zunehmend mit dem Phänomen „Unterrichtsstörung". Fachseitig verwendete Begriffe wie „schwierige", „verhaltensauffällige" oder „verhaltensgestörte" Schüler traten zunächst vereinzelt auf, fanden aber in der Folge zunehmend Eingang in die breitere Forschung und damit in die Wahrnehmung von Lehrkräften. Dabei war stets das Schaffen und Erhalten von lernfördernden Unterrichtsbedingungen das anerkannte Ziel, das es zu erreichen galt (WOLLENWEBER 2011).

Lehrerin König: Max hatte heute wieder seine Hausaufgaben nicht dabei! Der treibt mich noch zum Wahnsinn! Lehrer Glöckner: Lisa hat dauernd an ihrem Handy gespielt. Da habe ich ihr das blöde Ding abgenommen. Das können sich die Eltern irgendwann abholen. Referendarin Heinrichs: Christian hat schon zum zweiten Mal bei der Klassenarbeit gefehlt. Das reicht mir! Jetzt rufe ich die Eltern an. So und ähnlich lauten die Klagen von Lehrern, wenn sie nach dem Unterricht das Lehrerzimmer betreten.

Unterrichtsstörungen haben sich durch Zeitgeist, Technikfortschritt und sozialen Wandel über die Jahrhunderte zweifellos verändert, sind aber im Kern so alt wie die Schule selbst, ja, vielleicht gehören sie sogar dazu. Störungsfreier Unterricht ist eine didaktische Fiktion (LOHMANN 2003). Auch im alten Ägypten und in der Antike haben Schüler schon im Unterricht gestört. So die uns überlieferte Klage eines altägyptischen Lehrers: „... *Affen werden gezähmt,*

Pferde schneller abgerichtet und Löwen eher gebändigt als ein Schüler belehrt wird".[1]

Dabei muss sich auch der engagierteste Lehrer eingestehen: Nur im Ausnahmefall hat der Schulunterricht je zu den bevorzugten Aktivitäten von Schülern gehört. Die Art und Weisen, wie Lehrer darauf reagieren, haben sich hingegen deutlich verändert. Aus dem strengen Magister der Antike und des Mittelalters und der Autoritätsperson der Neuzeit bis zu den 1968er Jahren wurde der Moderator und partnerschaftliche Schülerversteher. Die Hoffnung, dass allein durch den Wandel der Lehrerrolle in den letzten Jahrzehnten Unterrichtsstörungen vermieden werden können, hat sich jedoch nicht verwirklicht. Es scheint, dass das Gegenteil der Fall ist. Tausende von Referendaren im Abschlussexamen und Hunderte von Lehrkräften in Revisionsverfahren sehen sich landesweit veranlasst, das Wohlverhalten ihrer Schüler durch Spenden von Kuchen und Süßigkeiten zu erwirken. Hier kommen Fragen nach Sinnhaftigkeit und Professionalität auf.

Was bezeichnen die Unterrichtsforscher als Unterrichtsstörung? Aus der Vielzahl von Begriffserklärungen werden einige signifikante Definitionen genannt.

Lohmann 2003 erklärt Unterrichtstörungen als „*Ereignisse, die den Lehr-Lern-Prozess beeinträchtigen, unterbrechen oder unmöglich machen, indem sie die Voraussetzungen, unter denen Lehren und Lernen erst stattfinden kann, teilweise oder ganz außer Kraft setzen*".

Rattay et al. 2011 nehmen die dreifache Stufung von Lohmann auf (beeinträchtigen, unterbrechen, unmöglich machen) und bauen sie aus zu einem 5-Stufen-Modell. Sie sehen Unterrichtsstörungen als Fluch und Segen zugleich, die an den Nerven zerren, aber auch ein wichtiges Auskunftsinstrument sind. Unterrichtsstörung ist also auch Feedback für den Lehrer, das er professionell nutzen kann und sollte.

Unterrichtsstörungen sind unterschiedliche Formen abweichenden Verhaltens, die das Lehren und Lernen mehr oder weniger stark beeinträchtigen.[2]

---

1 Keller 2008/2010, S. 10.
2 Keller 2008/2010, S. 21.

Aus den genannten und der Vielzahl weiterer unterschiedlicher Begriffsbestimmungen geht als Fazit hervor:

- Unterrichtsstörungen sind negative Abweichungen von geltenden Normen;
- sie verletzen sozialen Konsens und gesellschaftliche Erwartungen;
- sie manifestieren sich in einer Lerngemeinschaft in unterschiedlichen Erscheinungsformen;
- ihre Ursachen sind vielschichtig;
- sie gehören zu den größten Belastungen für Lehrer und interessierte Schüler.

1.1 Erscheinungsformen

In meinen Seminaren und in gesonderten Beratungsgesprächen beklagen Lehrkräfte fast unisono, dass vor allem das Störverhalten durch Schüler, gelegentlich aber auch äußere Einflüsse oder Organisationsmängel sie in ihrer Berufsausübung besonders belasten.

➲ **(01) Referendarin Mersch** hat im eigenverantwortlichen Unterricht eine 7. Klasse übernommen. Die zuvor gut geführte Klasse merkt schnell, dass Frau Mersch noch unsicher ist und dass sie sich noch besonders stark auf die Unterrichtsinhalte konzentrieren muss, also die Klasse weniger im Blick hat. Bei Gruppenarbeitsphasen bleibt sie lange bei der Schülergruppe, die Bedarf anmeldet und merkt nicht, dass die anderen Gruppen sich nicht mehr auf die gestellte Aufgabe konzentrieren. Deshalb nehmen sich die Schüler jetzt mehr heraus als bei ihrer früheren Klassenlehrerin. Sie widmen sich längeren Privatgesprächen, fallen durch Zwischenrufe auf und gelegentlich fällt ein abwertender Kommentar über einen non-konformistischen Mitschüler. Frau Mersch bemerkt das Treiben ihrer Schüler wohl, greift aber nicht ein, da sie sich wegen der anstehenden Lehrproben nicht die Sympathie der Schüler verscherzen möchte.

➲ **(02) Lehrer Römer** hat sich auf die Übernahme seines ersten Leistungskurses in der Jahrgangsstufe 11 sehr gefreut und sich schon in den Sommerferien gründlich darauf vorbereitet. Er stellt fest, dass sich die Lerngruppe fachlich durchaus interessiert zeigt, dass einige Schüler aber häufiger zu spät kommen oder fehlen, vor allem montags in der 1. und freitags in der 6. Stunde. Dieselben Schüler fehlen auch aus nichtigem Anlass bei Klausuren oder halten die Termine für den Vortrag von Referaten nicht ein. Herr Römer sieht sich zu unnötigen Wiederholungen von Unterrichtsstoff sowie zu Mehrarbeit durch das Aufsetzen von Klausuren zum Nachholtermin gezwungen, denn er möchte die säumigen und fehlenden Schüler nicht in Nachteil geraten lassen. Er erkennt, dass der Unterricht in seinem Leistungskurs an Planbarkeit verliert und fragt sich, wieviel Verständnis er noch aufbringen muss.

➲ **(03) Frau Çakmak** erwartet von ihren Schülern generell, dass sie in ihrem Unterricht nicht essen oder trinken. Sie akzeptiert auch nicht, dass ihre Schüler Basecaps tragen. Sie muss sich von ihren Schülern anhören, dass andere Lehrer dieses durchaus dulden. Die Eltern der Schüler beschweren sich bei ihr, dass sie zu streng sei und dass Essen und vor allem hinreichendes Trinken nach Verlangen unerlässlich für ihre Kinder seien. Frau Çakmak resigniert nach längeren fruchtlosen Diskussionen mit ihren Schülern und deren Eltern und lässt das Verhalten „durchgehen". Sie möchte nicht vor ihren Kollegen und Kolleginnen als streng und wenig verständnisvoll gelten und fürchtet überdies, dass sich die Eltern bei der Schulleitung oder sogar bei der Bezirksregierung beschweren könnten. Obwohl ihr der Lehrberuf immer Freude bereitet hat, erwägt sie die Frühpensionierung, wenn sie auch kräftige Abschläge in Kauf nehmen muss.

➲ **(04) Herr Baumann** unterrichtet Französisch und Religion in Klassen übergreifenden Lerngruppen des 9. Jahrgangs. Wiederholt muss er feststellen, dass seine Lerngruppen unvollständig am Unterricht teilnehmen, da einzelne Klassenverbände entweder Unterrichtsgänge unternehmen, im Praktikum oder auf Klassenfahrt sind. Herr Baumann fürchtet, dass sein Unterricht durch die fehlende Kontinuität an Qualität verliert; außerdem hat er Schwierigkeiten, die Klassenarbeit in Französisch zu terminieren. Gespräche mit Kollegen zur besseren Terminkoordinierung verliefen bislang ergebnislos.

➲ **(05) Herr Klein** ist Klassenlehrer einer 8. Klasse. Der abgebende Klassenlehrer hatte ihm bereits gesagt, die Klasse sei „schwierig". Herr Klein sieht, dass einige seiner Schüler betont unaufmerksam sind, andere deutlich zeigen, dass sie keinerlei Interesse am Unterricht haben und stattdessen lieber ihre Mobiltelefone zu Privatzwecken nutzen. Der Ton zwischen den Schülern ist grob bis hin zu gegenseitigen Beleidigungen. Auch Herr Klein wird gelegentlich mit einer respektlosen Bemerkung bedacht. Außerdem wurde die Klassentür in der kleinen Pause eingetreten. Herr Klein beraumt ein Klassengespräch an, bei dem er den Schülerboykott klar und sachlich anspricht und unmissverständliche Erwartungen an die Schüler formuliert. Anschließend informiert er alle Eltern schriftlich über das Klassengespräch und beruft eine Elternpflegschaftssitzung ein.

➲ **(06) Lehrerin Scherer** hat eine 5. Klasse übernommen, in der Schüler aus sieben verschiedenen Grundschulen mit unterschiedlichem Schulprofil zusammengefasst sind. Frau Scherer, die auf längere Erfahrung in der Erprobungsstufe zurückblicken kann, fällt auf, dass drei Schüler aus einer bestimmten Grundschule während des Unterrichts ziellos herumlaufen und andere bei der Arbeit stören. Sie wollen mehrfach während der Unterrichtsstunde den Klassenraum verlassen. Als Grund geben sie an, dass sie zur Toilette gehen müssen. Alle Schüler betreten den Klassenraum auffällig zögerlich und kommen zu Beginn der Stunde nicht zur Ruhe. Frau Scherer bestellt stichprobenweise die Klassenpaten aus der 10. Jahrgangstufe, um die Toilettengänger zu begleiten und zügig dem Unterricht wieder zuzuführen. Mit der gesamten Klasse übt sie in wertschätzender Weise das reibungslose Betreten des Klassenraums, das ruhige Platznehmen und das sofortige Aufnehmen einer von ihr gestellten Aufgabe ein.[3] Diese Start-Aufgaben schreibt sie regelmäßig im Vorhinein an eine Seitentafel, so dass sie bis zum letzten Tag der Unterrichtswoche für alle sichtbar bleibt.

➲ **(07) Herr Richter** ist genervt, weil die 5. Klasse, die er in Geschichte unterrichtet, unkonzentriert und abgelenkt ist. Ständig schauen die Schüler zum Fenster hinaus, wo die Handwerker tätig sind, denn die Schule bekommt bei laufendem Betrieb im gesamten Gebäude neue Fenster. Die Arbeiten laufen schon seit Wochen und das Ende ist nicht abzusehen. Herr Richter ist gereizt und schreit seine Schüler an, sich zu konzentrieren. Er stellt der Klasse zum wiederholten Mal eine Strafarbeit in Aussicht.

In vielen Gesprächen mit Lehrkräften kommt auch zum Ausdruck, dass Lehrer sich durch das Störverhalten ihrer Schüler um die Mühen ihrer Unterrichtsvorbereitung betrogen fühlen. Hier zeigt sich implizit die von den Schülern nicht eingelöste Erwartungshaltung. Es ist die Enttäuschung über mangelnde Wertschätzung und fehlende Anerkennung. Eine vermeintliche Sackgasse, die am Ende zu Resignation und Burnout führen kann. Unterrichtsforscher, die sich mit den Formen von Unterrichtsstörungen beschäftigt haben, versuchten, dem Phänomen durch Klassifizierung näher zu kommen. So sind Systematisierungen entstanden, die zum einen klärenden Überblick verschaffen, zum anderen auch einen übergeordneten Blick auf die Ursachen erlauben.

3 Eichhorn 2014, S. 43ff.

Keller 2008/2010 unterscheidet 6 Gruppen: (1) Akustische Störungen, (2) motorische Störungen, (3) Aggressionen, (4) geistige Abwesenheit, (5) Verweigerung, (6) Verstöße gegen die Hausordnung.[4]

Rattay et al. 2011 nennt 5 Eskalationsstufen von Unterrichtsstörungen: (1) Beeinträchtigung, (2) Unterbrechung, (3) Verunmöglichung, (4) Verhaltensauffälligkeit, (5) Verhaltensstörungen. Unter (1) Beeinträchtigung verstehen die Autoren leichte Unruhe der Schüler wegen Wärme oder Baulärm. Der Stufe (2) Unterbrechung ordnen sie etwa das Umkippen einer Flasche, Schüler kippt vom Stuhl oder Handybenutzung zu. Unter (3) Verunmöglichung werden z.B. große Unruhe der Lerngruppe, akute Konflikte und fehlende Konzentration der Schüler aufgeführt. Störungserscheinungen wie häufige Verwendung von Schimpfwörtern, fehlende Kommunikationsbereitschaft, innere Probleme, Verhaltenskonflikte gehören für die Autoren zu (4) Verhaltensauffälligkeit. In Potenzierung von Verhaltensauffälligkeiten führen sie folgende Phänomene unter (5) Verhaltensstörungen auf: Ticks und Verhaltensabnormitäten, die im Unterricht nicht zu kontrollieren sind, Aufmerksamkeitsdefizite, Hyperaktivität, komplette Verweigerung, hyperaggressive oder depressive Schüler.[5]

Im Vergleich dieser beiden Systematisierungen lässt sich feststellen, dass Rattay et al. 2011 im Wesentlichen die Erscheinungsformen von Unterrichtsstörungen der Stufen 1 und 2 von Keller 2008/2010 in ihrer Stufe 1 (Beeinträchtigung) zusammenfassen. Die Stufen Keller 3–5 werden inhaltlich von Rattay in ihren Stufen 2 und 3 (Unterbrechung und Verunmöglichung) aufgegriffen. Neu bei Rattay et al. 2011 sind dagegen die Stufen 4 und 5 (Verhaltensauffälligkeiten und Verhaltensstörungen). Die hier genannten Beiträge sind für Rat suchende Lehrkräften geeignete Informationsquellen zum Thema Unterrichtsstörungen.

Die folgende Übersicht (Abb. 1) bietet einen ersten Ansatz zur Systematisierung von Unterrichtsstörungen innerhalb von Lerngruppen. In Kapitel 6 Classroom Management als Baustein für die Schulentwicklung wird die Übersicht um Aspekte aus der Sicht der Schulleitung erweitert.

In langjährigen Fachgesprächen mit Lehrkräften hat sich immer wieder gezeigt, dass die in der Rubrik Aktion aufgeführten Phänomene zur Dauerbelastung im Arbeitsalltag von Lehrkräften gehören. Die bewusste Ausübung bevorzugter Alternativen durch Schüler im Unterricht stellt aber eine noch größere Herausforderung

4 Ebd., S. 21f.

5 Ebd., S. 59ff.

Aktion (Reaktion/Interaktion)	**bevorzugte Alternative**	**Passivität**
verbal	unterrichtsfremde Lektüre	Tagträumen
Summen, Singen, Schreien	SMS schreiben	zum Fenster hinaus sehen
Zwischenrufe	via Handy Musik hören, spielen oder fernsehen	Schlafen
abwertende Kommentierung von Schülerbeiträgen durch Mitschüler	via Handy bevorzugte Internetseiten aufrufen	Unaufmerksamkeit bis hin zum generellen Desinteresse
Privatgespräche zwischen Schülern	mit dem Handy Mitschüler oder Lehrer fotografieren	Fehlen von termingebundenen Arbeiten wie Hausaufgaben oder Referaten
Wutausbrüche		Fehlen bei Klassenarbeiten und Klausuren aus nichtigen Gründen
motorisch		Verweigerung von Mitarbeit bis hin zum systematischen Boykott
Umherlaufen		
mit dem Stuhl wackeln		
mit Arbeitsmaterial spielen		
unerlaubtes Verlassen des Unterrichts		
Essen und Trinken im Unterricht		
Klopfen bzw. Aufreißen von Klassentüren		
systematisches Zuspätkommen		
Sachbeschädigung		
Aggressionen gegenüber Mitschülern		

Abb. 1: Typische Erscheinungsformen von Unterrichtsstörungen

für Lehrer dar, da sie tendenziell zunimmt und zugleich einen komplexeren Regelungsbedarf mit teilweise unvorhersehbaren Implikationen nach sich zieht (wie z.B. Einstellen in soziale Netzwerke zu Zwecken von Mobbing und Herabwürdigung). Während sich Lehrkräfte den Störungen durch Aktionen ihrer Schüler trotz nachweislicher Belastung noch generell gewachsen sehen, schleicht sich bei der Ausübung bevorzugter Alternativen vom Typ Handy und Internet schon das Gefühl ein, nicht unmittelbar greifbaren und kaum beeinflussbaren Mächten ausgeliefert zu sein. Allen Lehrkräften erscheint das Angehen gegen die Störungsformen unter der Rubrik Passivität nach eigenen Aussagen wie ein Kampf gegen Windmühlen, letztlich lähmend und aussichtslos.

Diese in der Lehrerresonanz implizit enthaltenen, gestuften Belastungsgrade sind in Abb. 2 dargestellt. Die aufgeführten Erscheinungsformen von Unterrichtsstörungen (Abb. 1) verstehen sich als Beispiele, die keinen Anspruch auf Vollständigkeit erheben. Letztlich gilt die Aussage: Mit Störungen im Unterricht kann vieles gemeint sein (Nolting 2006).

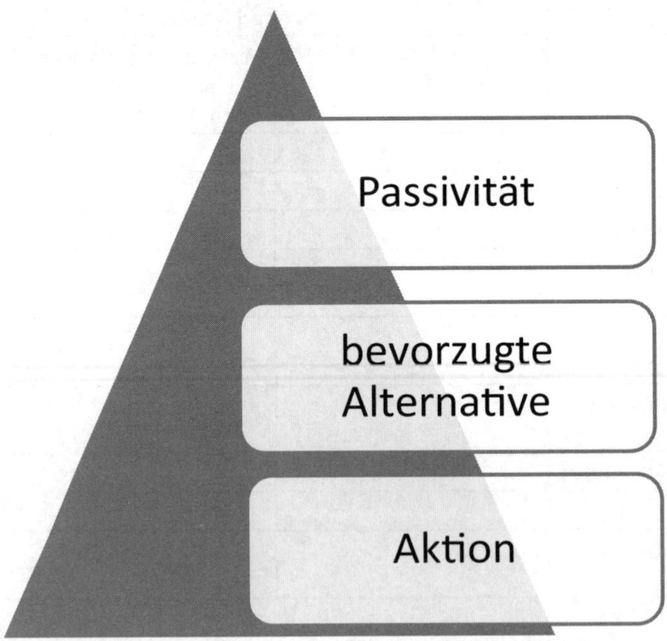

Abb. 2: Klassifizierung von Unterrichtsstörungen nach Belastungsgrad

Trends, Events, Moden und Zeitgeist werden hier noch weitere Entwicklungsmöglichkeiten schaffen. Doch die CRM-Techniken sind bei nachhaltiger schulinterner Umsetzung ein wirksames und zeitloses Mittel.

Wer sich mit der Thematik der Unterrichtsstörungen beschäftigt, muss sich auch die Frage stellen, ob es noch andere Störquellen gibt als äußere Einwirkungen und von der Norm abweichendes Schülerverhalten. Tatsächlich kann auch der Lehrer unmittelbar oder mittelbar Unterrichtsstörungen auslösen. Gründe sind im Einzelfall mangelnde Wertschätzung, unfaires und inkonsequentes Verhalten seinen Schülern gegenüber sowie ein Unterrichtsduktus, der von Methodenmonotonie oder Mangel an Zielführung geprägt ist. Hinzu kommen länger andauernde Leistungsunterforderung oder -überforderung.[6]

➲ **(08) Herr Schnitzler** ist Deutschlehrer in einer 8. Klasse. Seine Schüler merken schnell, wenn sich Herr Schnitzler wieder einmal nicht auf den Unterricht vorbereitet hat, deswegen im Zickzack-Kurs durch den Stoff navigiert und Nachfragen ausweicht. In solchen Stunden lässt Herr Schnitzler seinen Schülern erfahrungsgemäß sehr viel mehr durchgehen als es bei guter Vorbereitung der Fall ist. Das nutzen sie regelmäßig zu unterrichtsfremden Aktionen und Ausübung bevorzugter Alternativen aus.

➲ **(09) Frau Sebald** ist Mathematiklehrerin in einer 7. Klasse. Sie wird oft ungeduldig bei der Erklärung des Unterrichtsstoffs und herrscht dann ihre Schüler als Idioten und Versager an. Die bislang kooperative Klasse zieht sich mehr und mehr zurück, um nicht bloßgestellt zu werden, so dass sich nur noch vereinzelt Schüler zu Wort melden. Frau Sebald möchte den Unterrichtsstoff in Mathematik unbedingt bis zum Schuljahresende abschließen und versucht, die stark nachlassende Mitarbeit ihrer Schüler durch ein deutliches Mehr an Hausaufgaben zu kompensieren.

➲ **(10) Herr Harms** ist Vertretungslehrer für die erkrankte Französischlehrerin einer 6. Klasse. Er möchte für die kurze Zeit seiner Vertretungstätigkeit möglichst wenig Ärger mit Schülern und Eltern haben. Er hat Angst, Minderleistungen quittieren zu müssen. Deshalb wiederholt er den Stoff öfter als für die Klarheit notwendig und setzt ein niedriges Anforderungsniveau bei Leistungsüberprüfungen an. Schließlich wird er ja bald diese Schule wieder

6 Vgl. dazu Keller 2008/210, S. 32.

verlassen. Die Lerngruppe zeigt zunehmend Überdrussverhalten, fühlt sich ebenso gelangweilt wie unterschätzt und stört vielfach den Unterricht.

Sind Unterrichtsstörungen in einzelnen Lerngruppen schon eine große Belastung für Lehrkräfte und interessierte Schüler, so wirkt sich die Unfähigkeit eines Lehrerkollegiums zum pädagogischen Konsens, zur Bildung von Corporate Identity, für die gesamte Lerngemeinschaft einer Schule geradezu verheerend aus.[7]

1.2 Ursachen

Unterrichtsforscher und Psychologen versuchen seit Jahren die Ursachen von Unterrichtsstörungen zu eruieren. In der Fachliteratur werden als Ursachen von Unterrichtsstörungen v.a. altersbedingte Entwicklungskrisen genannt, aber auch soziale Probleme und Erziehungsschwäche der Elternhäuser. Hinzu kommt nach übereinstimmender Darstellung der Mangel an Konzentration als Folge einer medialen Bilderflut und Informationsüberlastung. Daneben werden gesellschaftliche Einflüsse angeführt, wobei besonders auf den steigenden Einfluss der Digitalisierung in Form von exzessiver Nutzung mobiler Geräte abgehoben wird. Aber auch die deutlicher werdenden Anforderungen von Peer Groups werden als Ursachen genannt.[8]

So aufschlussreich diese Untersuchungen sind, so viele Dekodierungsmuster der verschiedenen Formen von Unterrichtsstörungen sie Lehrkräften auch liefern, eines bieten sie generell nicht: Strategien und Hilfsmittel, diese Störungen im Verlauf des Unterrichts zu minimieren und die Konzentration auf die Lernprozesse wiederherzustellen. Die Konzentration auf das Defizitäre allein führt keine Veränderung herbei. Gemeinsames konstruktives und durch die Diagnose gestütztes Handeln kann dieses jedoch bewirken. Der Schlüssel dazu heißt Classroom Management.

1.3 Diagnose und Schlussfolgerungen

Diagnose und davon abgeleitetes Handeln sind ein pädagogisches Kombiwerkzeug, das über die Fachbezogenheit hinaus den Berufsalltag von Lehrern kennzeichnet. Die Diagnose von Unterrichtsstörungen bietet Aufschluss über

7 Vgl. Keller 2008/10.

8 Vgl. dazu Arnold & Pätzold S. 80f; Keller 2008/2010, S. 29ff.

Schüler- und Lehrerverhalten. Diese Erkenntnisse schlagen sich nieder in den nachfolgenden Erhebungsbögen (Abb. 3–5), die für grundlegende Kommunikationssituationen und Reflexionen im Schulalltag hilfreich sind: für das Schülergespräch, für die Besprechung mit Schülereltern und für das kollegiale Fachgespräch.[9] Die Diagnosebögen dienen gleichzeitig als Gesprächsvorbereitung wie auch als Dokumentation, etwa von erfolgten erzieherischen Einwirkungen.[10]

- Zum Nachweis sollte der Diagnosebogen Unterrichtsstörungen – Schülergespräch im Fall von Wiederholung oder ausbleibender Kooperation zur Schülerakte gegeben werden. Zumindest im Wiederholungsfall sollte der Schüler zur Bewusstmachung seines Fehlverhaltens auch eine Kopie des Diagnosebogens erhalten.
- Der Diagnosebogen Unterrichtsstörungen – Schülergespräch eignet sich ferner für das kollegiale Fachgespräch, zur Vorbereitung des Aspekts „Soziales Verhalten" bei Klassen-, Zeugnis- und Versetzungskonferenzen und zu einer substantiellen Vorbereitung für den Elternsprechtag.

Zur Evaluation und Optimierung des Lehrerverhaltens in Lerngruppen, bei denen es häufiger zu Unterrichtsstörungen kommt, ist ein erster Selbst-Check hilfreich, dem sich die Lehrkraft in Abständen unterziehen sollte.[11] Dieser Selbst-Check zum Lehrerverhalten eignet sich vor allem für Junglehrer (Novizen), aber auch je nach Anlass für erfahrene Lehrer (Experten). Er eignet sich besonders für die Selbst-Reflexion bei neu übernommenen Lerngruppen. Anlässe können u.a. folgende Störungen im Schüler-Lehrer-Verhältnis sein:

Ausgehend von der Lerngruppe:

- mangelnde Aufmerksamkeit der Lerngruppe;
- geringe Anerkennung des Lehrers durch die Lerngruppe;
- eingeschränkte Lernkompetenz und Konzentrationsfähigkeit der Lerngruppe;
- Hinterfragen der Sinnhaftigkeit des Lernstoffs durch die Lerngruppe;
- reduzierte Anstrengungsbereitschaft und Frustrationstoleranz.

9 Vgl. dazu auch Keller 2008/10 und Rattay et al. 2011.

10 Zu „Erzieherische Einwirkungen" s. Schulgesetz für das Land Nordrhein-Westfalen (Schulgesetz NRW – SchulG) § 53 Abs. 2.

11 Vgl. hier Lehmann-Schaufelberger 2009, S. 29ff. Der Autor bietet insgesamt 12 Selbst-Check-Bögen für Lehrer zu unterschiedlichen Situationen im Schulalltag an.

Ausgehend vom Lehrer:

- geringe Wertschätzung und Empathie des Lehrers für die Lerngruppe (vgl. Fallbeispiele ➲ (07) Herr Richter und (09) Frau Sebald);
- eingeschränkte Reflexionsbereitschaft in Bezug auf die eigene Lehrkompetenz;
- mangelnde Evaluationsbereitschaft hinsichtlich Aufwand und Qualität von Unterrichtsvorbereitung;
- geringe Stringenz in der Umsetzung von Unterrichtsprozessen (vgl. Fallbeispiel ➲ (08) Herr Schnitzler);
- mangelnde Verantwortungsübernahme für den Lernerfolg der Schüler (vgl. Fallbeispiele➲ (01) Referendarin Mersch und (10) Herr Harms).

Schlussbemerkung:

Dieses Kapitel bietet – ausgehend von Fallbeispielen – eine Übersicht über Erscheinungsformen von Unterrichtsstörungen, fasst sie in einer Typologie zusammen und unterzieht sie einer Diagnose.

Die beigefügten Diagnosebögen zum Schüler- und Elterngespräch sowie zum störungspräventiven Verhalten von Lehrern sind praktische Tipps zur professionellen Arbeitsbewältigung im Schulalltag.

Dennoch werden sich Unterrichtsstörungen nicht völlig vermeiden lassen, aber ihre Bewältigung ist Teil der professionellen Aufgabe von Lehrerinnen und Lehrern.[12] Störungspräventives Lehrerverhalten (wie am Beispiel ➲ (06) Frau Scherer gezeigt) ist nicht alles, aber ein ebenso unabdingbarer wie erfolgreicher erster Schritt in Richtung Classroom Management.

---

12 Arnold & Pätzold 2002, S. 80f.

➢ Tipp

Diagnose-Bogen Unterrichtsstörungen – Schülergespräch

🕒 5 Min. 🗀 10 Min.

§ Schulrechtliche Pflichten von Schülern / Erzieherische Einwirkungen

Schülername – Klasse/Kurs:	**Gespräch Nr.: Datum:**	
Form der Unterrichtsstörung	□ Aktion (Reaktion, Interaktion):	
	□ bevorzugte Alternative:	
	□ Passivität – Verweigerung:	
Auftreten in Unterrichtsfach -fächern:		
Auftreten zeitlich	□ Unterrichtsbeginn □ Unterrichtsende □ durchgängig	
Auftreten in folgenden Unterrichtsphasen:	□ Zentralinformation durch Lehrer □ Einzelarbeit □ Partnerarbeit □ Gruppenarbeit	
Belastung der Lerngemeinschaft	□ leicht □ mittel □ schwer	
Solidarität der Lerngruppe	□ keine □ teilweise (bis 25 %) □ etwa hälftig (bis 50 %) □ mehrheitlich	
Beeinträchtigung der Lernzeit	□ Unterbrechung □ fortgesetzte Störung □ Boykott	
Stellungnahme des Schülers	□ einsichtig, verspricht Besserung □ uneinsichtig bis aggressiv □ Stellungnahme abweichend:	
Erwartung an den Schüler durch den Lehrer	□ Selbstkontrolle und Disziplin □ Kooperation durch Zuverlässigkeit □ Teilnahme am Unterrichtsprozess □ Sonstiges:	
§ Hinweis auf schulrechtliche Rechte und Pflichten des Schülers durch den Lehrer[13]	□ erfolgt □ nicht erfolgt	
Welche erzieherischen Einwirkungen haben bereits stattgefunden?		
Welche Maßnahme wurde zuletzt wegen akuter Unterrichtsstörung verhängt?	Maßnahme:	Datum:
Konsequenz bei Ausbleiben zukünftiger Kooperation	□ Mitteilung an Erziehungsberechtigte □ Eltern-/Schülergespräch □ Gespräch mit der Stufenleitung/Schulleitung □ soziale Förderung durch: 1. 2. 3. □ Ordnungsmaßnahme:	
Wiederaufnahme des Gesprächs zur Revision des Störverhaltens	Frist / Datum:	
Unterschrift des Schülers:		
Unterschrift des Lehrers:		

Abb. 3: Diagnose-Bogen Unterrichtsstörungen – Schülergespräch

13 § Hier kommt z.B. der Hinweis auf das SCHULGESETZ FÜR DAS LAND NORDRHEIN-WESTFALEN (Schulgesetz NRW – SchulG) § 42 Abs. 2 u. 3 in Betracht.

➢ **Tipp**

Diagnose-Bogen Unterrichtsstörungen – Elterngespräch

5 Min. 10 Min.

§ Schulrechtliche Pflichten der Erziehungsberechtigten/Erzieherische Einwirkungen

Elterngespräch	Datum:	
wegen Schüler:	Klasse/Kurs:	
Information der/des Erziehungsberechtigten über:		
Darstellung des Sachverhalts durch Lehrer gem. vorliegender Diagnosebögen – Schülergespräch		
Stellungnahme der Erziehungsberechtigten	☐ verständig und kooperativ ☐ nicht kooperativ bis aggressiv	
Erwartung an den Schüler durch den Lehrer	☐ Selbstkontrolle und Disziplin ☐ Kooperation durch Zuverlässigkeit ☐ Teilnahme am Unterrichtsprozess ☐ Sonstiges:	
Erwartung des Lehrers an die Erziehungsberechtigten	☐ häusliches Erziehungsgespräch ☐ Wahrnehmung der Folgen für den Lernfortschritt des Kindes ☐ Inanspruchnahme externer fachseitiger Hilfe	
§ Hinweis auf schulrechtliche Pflichten der Erziehungsberechtigten durch den Lehrer[14]	☐ erfolgt ☐ nicht erfolgt	
Erwartungen der Erziehungsberechtigten an den Lehrer / die Schule	☐ Lehrer muss für Lernruhe sorgen ☐ Lehrer muss Schüler stärker motivieren ☐ Lehrer muss den Unterricht interessanter/ schülergemäßer gestalten ☐ die Schulvereinbarung muss durchgesetzt werden ☐ sonstige Erwartungen:	
Welche Maßnahme wurde zuletzt wegen akuter Unterrichtsstörung verhängt?	Maßnahme:	Datum:
Konsequenz bei Ausbleiben zukünftiger Kooperation durch den Schüler		
Konsequenz bei Ausbleiben der Kooperation durch Erziehungsberechtigte	☐ Gespräch mit der Stufen- /Schulleitung ☐ Ordnungsmaßnahmen	
Vereinbarungen zwischen Lehrer und Erziehungsberechtigten	1. 2. 3. ☐ Vereinbarung konnte nicht erzielt werden	
Termin für Feedback-Gespräch:		
	☐ Einverständnis ☐ Ablehnung	
Unterschrift der Erziehungsberechtigten:		
Unterschrift des Lehrers:		

Abb. 4: Diagnose-Bogen Unterrichtsstörungen – Elterngespräch

14 Hier kommt z.B. der Hinweis auf das Schulgesetz Nordrhein-Westfalen (SchulG NRW) § 42 Abs. 4 in Betracht.

➢ Tipp

Diagnose-Bogen Unterrichtsstörungen – Lehrerverhalten

5–8 Min. 2 Min.

	Zum störungspräventiven Lehrerverhalten	das gelingt mir überwiegend	das muss ich mir noch aneignen
Eigenkompetenz	lege ich (bei Übernahme einer Lerngruppe) besonders großen Wert auf:		
	• eindeutige und offene Körpersprache		
	• verstärkende Mimik und Gestik		
	• Orientierung durch klaren Sprachgebrauch		
	• Modulation der Stimme		
Steuerungskompetenz	Zum störungspräventiven Lehrerverhalten:		
	lege ich Wert auf meine Rolle als Classroom Manager		
	komme ich pünktlich zum Unterricht[15]		
	halte ich die erforderlichen Arbeitsunterlagen bereit		
	halte ich Blickkontakt zu meiner Lerngruppe		
	verstärke ich erwünschtes Schülerverhalten		
	formuliere ich klare Erwartungen an das Schülerverhalten		
	nutze ich zur Steuerung des Schülerverhaltens bevorzugt non-verbale Signale[16]		
	ignoriere ich geringfügige Störungen[17]		
	halte ich Absprachen ein		
	bei gravierenden Unterrichtsstörungen handle ich angemessen konsequent[18]		
	lasse ich mir die Konsequenzen nicht abverhandeln[19]		
	übernehme ich Verantwortung für den Lernerfolg meiner Schüler		
Lehrkompetenz	lege ich meine Unterrichtsplanung mittel- und langfristig an		
	bereite ich den Unterricht gründlich und abwechslungsreich vor		
	führe ich den Unterricht stringent und zielorientiert durch		
	nutze ich ein breites Repertoire an Lehrmethoden, Arbeitsformen und Unterrichtsstrategien		
	setze ich meine Fach- und Methodenkompetenzen sicher und flexibel ein[20]		
	biete ich den Lehrstoff anschaulich und verständlich dar[21]		
	räume ich regelmäßig effiziente Lernzeit ein		
	schaffe ich ein förderliches Lernklima zum Oberflächen- und Tiefen-Verständnis[22]		
	halte ich meine Fach- und Methodenkompetenzen durch regelmäßige Fortbildungen auf dem aktuellen Stand		
Sozialkcmpetenz	bin ich freundlich und wertschätzend		
	bleibe ich auch bei Störungsfällen ruhig und sachlich		
	setze ich meine Fähigkeit zu situativem Humor ein		
	unterstreiche ich die Wertschätzung meiner Lerngruppe durch ein angemessenes optisches Auftreten		
	suche ich regelmäßig das Feedback durch meine Lerngruppe[23]		
Reflexions-kompetenz	evaluiere ich nach dem Unterricht in Gedanken meine Lehrerfolge		
	richte ich – wo nötig – meine Unterrichtsdurchführung neu aus		

Abb. 5: Diagnose-Bogen Unterrichtsstörungen – Selbsteinschätzung für Lehrer 01

15 Vgl. auch RATTAY et al. 2011, S. 89–93.
16 Vgl. hierzu auch KELLER 2008/10, S. 116ff.
17 Ebd., S. 166.
18 Ebd, S. 117.
19 Ebd.
20 Vgl. hierzu auch KELLER 2008/10, S. 114–118.
21 Ebd, S. 116.
22 HATTIE, 2014, S. 195.
23 Ebd.

2 Classroom Management (CRM)

Genese und Rezeption

Das Thema CRM findet derzeit ein erstaunlich ansteigendes Interesse in der deutschen Öffentlichkeit und Fachwelt. Es sieht so aus, als sei CRM nach fast vier Jahrzehnten des Erfolgs im englischsprachigen Raum nun auch der Durchbruch auf den Marktplatz der deutschen Bildungslandschaft gelungen.[24]

Zunächst erfuhr die erziehungswissenschaftliche Erforschung von Classroom Management Beachtung und Aufschwung im englischsprachigen Raum, wo sie bis heute eine wesentliche Rolle in der Aus- und Weiterbildung von Lehrkräften spielt. Die von CRM geprägten Bildungs- und Unterrichtsmodelle sind darüber hinaus zu einem weltweiten Exportschlager geworden. Deutschland hingegen kann auf dem Sektor des Bildungsexports zwar auch punkten, aber nur in einem Teil seines breiten Bildungsangebots – in der dualen Berufsbildung.

Bahnbrechend für den Erfolg der CRM-Methodik waren die empirischen Forschungsergebnisse von Jacob S. Kounin, Techniken der Klassenführung 1976 und Walter Doyles Dimensionen-Theorie, dargelegt in seinem Beitrag Classroom Organization and Management 1986. Kounin und Doyle sowie ihre späteren Forscherkollegen[25] verstehen Management nicht als *„a bag of tricks"*, sondern als *„body of knowledge and a set of practices that require thoughtful decision making and reflection"* (Weinstein 1999).[26] Dieses überlegte Organisieren schließt zunächst folgende Handlungsstrategien ein:

- Gestaltung der Lernumgebung;
- Förderung des Gemeinschaftsgefühls in der Lerngruppe;
- Teilen von Autorität, Kontrolle und Verantwortlichkeit für die Konflikthandhabung mit Lernern;
- Etablierung von Normen, Regeln und Ablaufroutinen;
- Methodenvariation im Informationszugang;
- abwechslungsreiche und fordernde Planung von Gruppenarbeit;
- hohe und effektive Zeitnutzung zum reinen Lernen.[27]

---

24 Vgl. hierzu und im Folgenden Schönbächler 2008.

25 Hier sind u.a. zu nennen: Evertson, Emmer & Worsham 2005 und Evertson & Neal 2005.

26 Vgl. Schönbächler 2008, S. 23.

27 Schönbächler 2008, S. 23, 27.

Aus allen Studien zu CRM geht hervor, dass die Abstimmung von Organisation und Instruktion das Schlüsselelement für die Produktivität einer Lernumgebung darstellt.[28]

Schönbächler 2008 weist darauf hin, dass die Rezeption der CRM-Methodik im englischsprachigen Raum bereits einen Wandel in drei Phasen durchlebt hat.[29] Ende der 1960er bis Ende der 1970er Jahre zielte CRM auf die Bewältigung von Unterrichtsstörungen. Dabei stand der behavioristische Ansatz im Vordergrund (vgl. Canter & Canter 1976), der heute noch beim Kuchenversprechen vor unterrichtspraktischen Prüfungen und Revisionen seine Anwendung erfährt.

Die zweite Phase setzt Schönbächler in den Zeitraum vom Ende der 1970er bis in die frühen 1980er Jahre. Hier setzte sich vor allem durch Kounin 1976 der präventive Methodenansatz durch und ersetzte den reaktiven Ansatz der vorherigen Phase.

Schönbächler erkennt eine dritte Phase seit Mitte der 1980er Jahre, die gekennzeichnet ist durch die jeweilige theoretische Weiterentwicklung der Methodenrichtungen, aber auch durch die Zusammenführung der beiden ersten Phasen. Hier werden u.a. Bildungsforscher wie Weinstein 1999, Emmer, Evertson & Worsham 2003 und 2005 genannt, aber auch Nolting 2002 und Helmke 2003.

Schönbächler weist darauf hin, dass der Wandel in der Konzeption von CRM im Wesentlichen verknüpft ist mit dem Paradigmenwechsel des Lernbegriffs von einem behavioristischen zu einem konstruktivistischen. Dieser Wandel wird nach Schönbächler jetzt auch feststellbar für den deutschen Raum.

Nun drängt sich die Frage auf, warum eine nachweislich so erfolgreiche Methodik wie CRM erst jetzt allmählich eine – wenn auch nicht immer explizite und allumfassende – Übernahme in das deutsche Schulsystem erfährt, obwohl dieses doch seit den 1970er Jahren auf fortwährender Suche nach didaktischen Vorbildern ist. Das ist umso erstaunlicher, als der englischsprachige Raum aus

28 Schönbächler 2008, S. 23.
29 Schönbächler 2008, S. 21f.

deutscher Sicht auch als stetige Inspirationsquelle für neue Entwicklungsansätze genutzt wurde.

Hier lassen sich die folgenden Erklärungsmöglichkeiten anführen: Während die CRM-Methodik ihren ersten Siegeszug in englischsprachigen Ländern erfuhr, vollzogen die deutschen föderalen Bildungssysteme in der Folge der 1970er Jahre die politisch notwendig gewordene Abkehr vom autoritären zum anti-autoritären, partnerschaftlich-demokratischen Unterrichtsstil. Der vormals strenge und abgehobene Unterrichtsbeamte wurde in der Folge zum verständnisvollen Berater seiner Schüler. Lehrer wetteiferten darum, sich bestmöglich in Unterrichtsmethoden und im Habitus ihren Schülern anzupassen. Damit Hand in Hand ging die Abkehr von Regel- und Kontrollstrenge sowie vom ausschließlichen Frontalunterricht; sie wurden durch freiere Unterrichtsformen und den nunmehr moderierenden Lehrer ersetzt.

Kurz gesagt, der Lehrer in Anzug und Krawatte der 50er Jahre wandelte sich zum Lehrer im zeitgemäßen Jeans-Pullover-T-Shirt-Outfit als äußerem Zeichen der neuen Gesinnung und Schulkultur. Da der Abbau des Autoritätssystems jedoch unterschiedlich schnell vonstattenging und allem voran keine grundlegende sowie umfassende valide Lehrdoktrin das entstandene Vakuum füllte, blieb ein nachhaltiger Erfolg für die Förderung der Schüler und eine Optimierung ihres Lernfortschritts weitgehend aus. Man musste allmählich zur Kenntnis nehmen, dass das Motto „*Dein Lehrer – dein Freund*" allein – obwohl grundsätzlich richtungsweisend – noch keinen guten Unterricht schafft und eher in die verbreitete und oft bemühte Pädagogik-Folklore einzuordnen ist. Seitdem erfuhr der Lehrerberuf in weiten Teilen der Öffentlichkeit einen merklichen Vertrauens- und Reputationsverlust. Er bekam das Etikett „*Imageproblem*" aufgedrückt.

Die nun voll einsetzende Schulformdebatte führte trotz Widerständen in vielen Bundesländern zur Gründung zunächst additiver, dann integrierter Gesamtschulen, die als demokratisches Gegenmodell zum ständisch geprägten dreigliedrigen Schulsystem angesehen wurden. Die neuen Gesamtschulen wurden in der Regel bestens ausgestattet und hatten das für die Zukunft erfolgreiche soziale und didaktische Konzept der Chancengleichheit – gleiche Bildung für alle Schüler, unabhängig von ihrer sozialen Herkunft. Als Vergeber unterschiedlicher Schulabschlüsse bis zum Abitur haben sich die Gesamtschulen etabliert und verzeichnen ungebrochen hohe Anmeldequoten. Trotz insgesamt erfolgreicher Arbeit der Gesamtschulen und Bereicherung des deutschen Schultableaus ließ sich jedoch ihr eigentliches Credo – das wünschenswerte Aufbrechen der Allianz von Bildungserfolg und sozialer Herkunft – bislang nicht verwirklichen.[30]

Zeitgleich zur CRM-Methodik im englischsprachigen Raum setzte, je nach Bundesländern, eine große Zahl von Schulreformen ein. Die oft mangelnde Koordination und Konsistenz dieser Reformen ließen hingegen die Wirkung ihrer wohlgemeinten Ansätze häufig verpuffen. Die Akteure innerhalb und außerhalb des Schulsystems nahmen diese Veränderungen als Reform-Olympiaden wahr, deren Sinn und Zielrichtung oft nicht zu erkennen waren.

Gleichzeitig wandte man sich in der Bildungsforschung den Lernbesonderheiten von Schülern zu. Beachtete Themen waren u.a. die Aussagekraft von IQ-Messung für den Schulerfolg, Lese-Rechtschreib-Schwäche, Dyskalkulie und ADHS. Die Frage nach dem Zusammenhang zwischen sozialer Herkunft bzw. Migrationshintergrund und Bildungserfolg stellte weiterhin ein wichtiges Forschungsfeld dar. Die strategische Umsetzung zum Nutzen des Schulunterrichts und zur Förderung der Betroffenen blieb wegen des unbewältigten gesamtmethodischen Vakuums letztlich fragmentarisch und konnte nicht die wünschenswerte umfassende Wirkung entfalten. Als neue Bildungsvorbilder für Schule und Unterricht wurde nach den USA nun v.a. Schweden ausgerufen.

Ab den 2000er Jahre wurden weitere Postulate an das deutsche Bildungssystem herangetragen, so die Einbeziehung von außerschulischen Lernorten, der Methodenansatz des fächerübergreifenden Lernens und der individuellen Förderung sowie der Aufruf zu lebenslangem Lernen. An die Seite des staatlichen Bildungsauftrags trat der Zweig der privaten Bildungsdienstleistung. Es erfolgten neue Zuschreibungen wie z.B. Schule als Lebensraum – die Schule als Wohlfühlort. Im Zuge der landesweiten Diskussion um die Verwirklichung von Chancengleichheit durch das Schulsystem definierte die Kultusministerkonferenz (KMK) 2003 die Eckdaten der Ganztagsschule neu. Durch diesen inhaltlichen Anstoß der KMK zum Ganztagsformat (in gestuften Bindungen[31] inklusive Schulmittagessen und Übermittagsbetreuung) sowie durch die Finanzmittel des Bundes über das Investitionsprogramm Zukunft, Bildung und

30 Die PISA-Studie 2000 wies sogar nach, dass die Testleistung an der Gesamtschule am stärksten von der sozialen Schichtenzugehörigkeit abhängt.

31 Hier seien die Formate offene, halboffene und gebundene Ganztagsschule genannt.

Betreuung (IZBB) der Regierung Schröder kam es in kurzer Zeit zur Einrichtung des Ganztagsschulbetriebs, vor allem in Berlin, Brandenburg, Bremen und Nordrhein-Westfalen. Gleichzeitig nahm die Zahl der Ganztagskindergärten (Kitas) zu. Als neues Bildungsvorbild wurde nun Finnland auf den Plan gerufen. Der Gedanke des längeren gemeinsamen (sozialen und inklusiven) Lernens von Schülern in den skandinavischen Ländern – Finnland eingeschlossen – wurde von Politik und Erziehungsforschung meinungsbildend vertreten und gleichzeitig wurden flankierende Maßnahmen zur Aufschiebung von zu früher Selektion eingeleitet.[32]

Die Föderalismusreform II verhinderte 2006 den weiteren staatlichen Ausbau des Ganztagsschulformats. Um eine flächendeckende Einrichtung von Ganztagsschulen umzusetzen, würden nach heutigen Schätzungen noch knapp zehn Milliarden Euro benötigt. Obwohl die Ganztagsschule von der Bevölkerung gut angenommen wurde, führte ein Nachlassen der Finanzmittel dazu, dass die Umwandlung zum Ganztagsunterricht vielfach in Schulgebäuden erfolgte, die von den Baurichtlinien her lediglich zur Durchführung eines sogenannten Halbtagsschulformats[33] errichtet und ausgestattet worden waren. Die Folge waren vielfache Provisorien, insbesondere im Bereich von Mensaversorgung und Übermittagsbetreuung, aber auch durch das Fehlen von Lehrer-Klassenräumen, Defizite im Lernumfeld, die sich zum Teil bis auf den heutigen Tag gehalten haben. Kommunen, die sich dem fortschrittlichen Bildungsideal verpflichtet sehen, haben mit Unterstützung der Länder zunehmend die Aufgabe übernommen, trotz begrenzter Haushaltsmittel, die schulische Entwicklung in äußeren Angelegenheiten voranzutreiben.

Begleitend zur Einführung der Ganztagsschule trat die auf dem Gedanken der Wertschätzung und Anerkennung von Diversität basierende Inklusionspädagogik stärker in das Bewusstsein der Öffentlichkeit. Mit der Unterzeichnung der UN-Behindertenrechtskonvention hat sich Deutschland zur Anerkennung von Inklusion als Menschenrecht und seiner Umsetzung im Bildungswesen verpflichtet. Die Umsetzung des Inklusionsgedankens im Bildungssystem wird wohl noch einige Jahre in Anspruch nehmen. In höchstem Maße wegweisend

32 Beispielhaft seien hier der Wegfall des verpflichtenden Grundschulgutachtens und seine Ersetzung durch eine nicht-verpflichtende Grundschulempfehlung in NRW angeführt.

33 In der Folge der Reform der gymnasialen Oberstufe ab 1972 fand der Oberstufenunterricht an Gymnasien bereits zum großen Teil am Nachmittag statt.

und beispielgebend für die inklusive Bildung der Zukunft sind die Forschungen von KERSTEN REICH und die nach seinen Erkenntnissen geplante Gründung der Inklusiven Universitätsschule (IUS) in Köln.[34] Zudem ist zu bedenken, dass die flächendeckende Umstellung auf das Ganztagsschulformat noch lange nicht abgeschlossen ist.

Dieser kurze Abriss der Schulstrukturentwicklung in Deutschland zeigt auf, dass die großen Schulreformen in Deutschland sowie die Integration des ehemaligen DDR-Schulsystems in der Folge der Wiedervereinigung viele Kräfte gebunden haben, die sich zunächst auf die Realisierung des zwingend Gebotenen konzentrieren mussten. Für die umfassende Einführung der CRM-Methodik in Lehrerausbildung und Unterrichtsbetrieb blieb über Jahrzehnte hinweg wenig Raum. Die Besonderheit des deutschen Föderalismus mag zusätzlich einer schnellen und bundesweit einheitlichen Rezeption entgegengestanden haben. Möglicherweise erzeugte auch der aus der Wirtschaft entnommene Begriff Management ein gewisses Unbehagen in einem Land, in dem das Humboldt'sche Bildungsideal über lange Zeit prägend war und auch im 21. Jahrhundert noch nicht überwunden ist. Hinzu kam eine große Zahl von Schul- und Modellversuchen, deren wissenschaftliche Auswertungen in verschiedene Richtungen wiesen und vom wechselnden politischen Willen der Bundesländer zeugten, die die Bildungshoheit ausüben. Der große Wurf eines verbindlichen und richtungsweisenden Rahmenkonzepts blieb auf der Strecke.

Dennoch zeigt sich bei genauerem Hinsehen, dass bei allem Ausbleiben eines tragenden Gesamtkonstrukts isolierte CRM-Segmente tatsächlich ihren Weg in die deutsche Bildung fanden,[35] ohne dass das Bewusstsein gefördert wurde, dass sie Teil einer umfassenden erfolgreichen Methodik sind. Sie nahmen mithin in der allgemeinen Wahrnehmung durch die Schulen den Stellenwert einer der unzähligen Reformen der letzten Jahrzehnte ein. Man mag nicht so weit gehen, darin Informationskanalisierung oder gar partielle Präselektion zu unterstellen.

Ansätze wie Schülerstreitschlichtung, Gestaltung der Lernumgebung, Klassenregeln, Methodenvariation und Wechsel der Arbeitsformen sowie Schülerzentrierung des Unterrichts und Erhöhung der effektiven Lernzeit sind

34 REICH 2014.

35 Der Verfasserin ist das Bildungswesen in Nordrhein-Westfalen durch eine fast 40-jährige Tätigkeit im dortigen Schulwesen besonders präsent.

abgeleitete Ideen der CRM-Methodik, die bislang Eingang in das hiesige Schulsystem fanden.

Was erklärt nun das neuerdings so lebhaft gewordene Interesse an CRM? Einen nennenswerten Anschub dazu haben die Schulvergleichsstudien geleistet, allen voran PISA[36] und TIMSS[37], die signifikante regionale Unterschiede in den Testleistungen von Schülern nachwiesen und die die sogenannte empirische Wende einleiteten. In Deutschland fand insbesondere das Ranking nach Bundesländern große öffentliche Beachtung. Andere Mechanismen der Evaluation traten hinzu, so z.B. ab 2006 die Qualitätsanalyse der KMK, ein verpflichtendes Verfahren der externen Evaluation für alle Schulen, das bislang noch nicht zu öffentlichen Rankings geführt hat, sondern als Instrument verstanden wird, Schulen zur weiteren Verbesserung ihrer Qualität anzuregen. Initiiert durch die PISA-Studien setzte ab 2000 der Trend zum Zentralabitur auf Länderebene ein, dem inzwischen 15 von 16 Bundesländern mit einer unterschiedlichen Anzahl an Unterrichtsfächern folgen. In mehr als der Hälfte der Bundesländer wirken zentrale Parallelarbeiten und Lernstandserhebungen zur Sicherung der Unterrichtsqualität vorbereitend.

Die Schulvergleichsstudien und die zentralen Evaluationsstrategien der Bundesländer rückten die messbare Qualität von Unterricht sowie die Vergleichbarkeit von Schulabschlüssen stärker in den Vordergrund. Das eigentliche Wesen von Unterricht wurde wieder entdeckt – das Organisieren von Lehren und Lernen mit nachweislichem Fortschritt. So wurde der Boden bereitet für das nun aufkeimende Interesse an CRM in Deutschland, das durch die 2014 auf dem deutschen Markt erschienene Hattie-Studie befeuert wurde. Auch Hattie – ganz in der Tradition Kounins – nimmt die Wirkung des Lehrerhandelns in den Blick. Er ordnet dem aktivierenden Lehrerhandeln drei Qualitätsmerkmale zu: 1. strukturierte, klare und störungspräventive Unterrichtsführung, 2. unterstützendes, schülerorientiertes Sozialklima und 3. kognitive Aktivierung. Es scheint, als ob nach Jahrzehnten von vielen und überwiegend notwendigen Bildungsreformen die grundlegenden Prinzipien des Unterrichts ihre Gültigkeit zurückgewonnen haben.

---

36 Die PISA-Studie (**P**rogramme for **I**nternational **S**tudent **A**ssessment) ist die internationale Schulleistungsstudie der OECD, die seit 2000 im Drei-Jahres-Rhythmus durchgeführt wird.

37 Die TIMSS-Studie (**T**rends in **I**nternational **M**athematics and **S**cience **S**tudy) wird seit 1995 im vierjährigen Turnus von der IEA (International Association for the Evaluation of Educational Achievement) durchgeführt.

Wünschenswert wäre deshalb, dass auch in Deutschland die CRM-Methodik systematisch in die Lehrerausbildung implementiert würde, nachdem sie in der Lehrerfortbildung bereits ihren Platz erobert hat. Zum einen würden junge Lehrkräfte von Anfang an besser in die Lage versetzt, die Komplexität von Unterricht erfolgreich zu organisieren, Lernprozesse zu steuern, Störungen zu konterkarieren, ein förderliches Lernszenario zu schaffen und somit das Interesse ihrer Schüler am gemeinsamen Lernen zu steigern. Zum anderen sollte der Kausalität zwischen zunehmenden psychischen Belastungserscheinungen bei Lehrern durch mangelnde Kompetenz in der Lernerführung und schließlichem Burnout entgegen gewirkt werden.

Das alleinige Wissen um Modellvielfalt und Lackqualität bei Autos allein reicht bekanntlich nicht aus, um die Führerscheinprüfung zu bestehen; man muss auch Verkehrsregeln kennen und beachten sowie sicher steuern können. Vor diesem Hintergrund sollte auch die Lehrerausbildung bei aller Unterschiedlichkeit in den Bundesländern an Professionalität gewinnen. Das ist mehr als wünschenswert; es ist für die Zukunft unverzichtbar. Wenn sich darüber hinaus die Lehrerkollegien, die von der Tradition des Einzelkämpfertums geprägt sind, stärker als bislang auf Grundsätze eines gemeinsamen strategischen Unterrichts- und Erziehungshandelns einigen und diese dann auch umsetzen würden, wäre ein weiterer wichtiger Schritt getan.

Auf diese Weise könnte eine neue erkennbare Lehrer-Professionalität entstehen, die Lehr- und Lernprozesse nachweislich optimiert und den in die Jahre gekommenen 68er- Kumpel-Lehrer ablöst.

Der Begriff Classroom Management

Entsprechend der Entwicklung, den der Begriff Classroom Management nach Schönbächler 2008 durchlaufen hat, variieren die Definitionen.

In der ersten CRM-Entwicklungsphase zielen sie auf die Bewältigung von Unterrichtsstörungen ab: „*CRM refers to the actions and strategies teachers use to solve the problem of order in classrooms. (...) Central to effective management is the ability to provide a positive social and physical environment conductive to the learning process. You should create an orderly, safe environment where students feel valued and comfortable, thus setting the stage for teaching and learning. You need to consider wall space, classroom furniture, and storage areas*".[38]

Dann nehmen die Begriffsbestimmungen von CRM zunehmend den reaktiven behavioristischen Ansatz in den Blick. Hier spielen die Strategien von positiver und negativer Verstärkung bzw. von Zuführung von Negativem oder Entzug von Positivem zur Regulierung des Schülerverhaltens eine Rolle. Belohnungssysteme, auch nach Punkten zum Eintauschen, werden beschrieben.[39]

Schließlich nehmen sie durch die bahnbrechenden Erkenntnisse von KOUNIN den Gedanken der Prävention sowie die Gesamtheit aller proaktiven Maßnahmen zur Sicherstellung eines geordneten und lernwirksamen Unterrichtsablaufs auf: Nach KOUNIN unterscheiden sich wirkungsvolle von wirkungslosen Lehrkräften nicht darin, wie sie auf Fehlverhalten von Schülern reagieren, sondern wie kompetent sie Gruppenaktivitäten innerhalb einer Klasse regeln.

Klassenführung als Aufgabe verlangt die Anwendung einer komplizierten Technologie zur

- *„Entwicklung Überdruss vermeidender Lernprogramme;*
- *Vorprogrammierung von Lernfortschritten;*
- *intellektuellen Herausforderung und Abwechslung beim Lernen;*
- *Auslösung und Sicherung eines reibungslosen, schwungvollen Unterrichtsablaufs;*[40]
- *simultanen Kontrolle von mehreren gleichzeitigen Vorgängen;*
- *rückkoppelnden Beobachtung verschiedener Ergebnisse und*
- *Adressierung von Handlungen an die richtigen Objekte …*" (KOUNIN 1976/2006).

Die erziehungswissenschaftliche Forschung im deutschsprachigen Raum über MEYER 2004 sowie SCHÖNBÄCHLER 2008 bis hin zu HASSELHORN & GOLD 2013 und SYRING 2014[41] orientiert sich fortan im Wesentlichen an den

38 DOYLE 1986, S. 397.

39 Vgl. dazu SCHÖNBÄCHLER 2008, S. 58.

40 Der Aspekt der Steuerung von Übergängen im Unterricht bei KOUNIN wird von THIEL et al. 2012 in ihrer Experten-Novizen-Studie zum Klassenmanagement aufgegriffen und anhand von videographiertem Unterricht von elf Experten und sechs Novizen an Berliner und Brandenburger Schulen ausgewertet.

41 SYRING 2014 sieht wie WEINERT 1996 und HASSELHORN & GOLD 2013 in Classroom Management ein zentrales allgemeindidaktisches Konzept.

Ergebnissen Kounins. So benennt Meyer 2004 zehn Merkmale guten Unterrichts:

1. klare Strukturierung des Unterrichts;
2. hoher Anteil echter Lernzeit;
3. lernförderliches Klima;
4. inhaltliche Klarheit;
5. sinnstiftendes Kommunizieren;
6. Methodenvielfalt;
7. individuelles Fördern;
8. intelligentes Üben;
9. transparente Leistungserwartung;
10. vorbereitete Umgebung.

Schönbächler 2008 weist als Fazit ihrer Studie aus: Das Klassenmanagement wird als komplexes Konstrukt verschiedener, miteinander korrelierender Komponenten wahrgenommen. Während die Faktoren Unterrichtsgestaltung, Schülerorientierung, Unterrichtsfluss, Regeleinhaltung, Materialorganisation, Reflexion und Schülerpartizipation untereinander durchwegs höchstsignifikante Relationen aufweisen, sind die Faktoren Kontrolle sowie Entscheidungsspielräume für Schüler weniger eng in das Beziehungsgefüge der Klassenmanagementkomponenten eingebunden.

Hasselhorn & Gold 2013 führen zu Klassenführung und Klassenmanagement aus: „Lehrkräfte von Optimalklassen unterscheiden sich von ihren Kolleginnen und Kollegen hinsichtlich der Effizienz ihrer Klassenführung und ihres Klassenmanagements. Eine gute Klassenführung zeichnet sich durch die Verabredung klar formulierter und konsequent eingehaltener Regeln und durch ein an lernpsychologischen Prinzipien orientiertes unterrichtliches Verhaltensmanagement aus. Dazu gehören auch ein professioneller Umgang mit disziplinarischen Störungen und ein interessanter, anregend und flüssig gehaltener Unterricht, der Langeweile und Abschweifungen, die meist die Ursachen unterrichtlicher Störungen sind, weniger wahrscheinlich macht. Die effiziente Klassenführung nimmt unter den Merkmalen der Unterrichtsqualität eine Sonderrolle ein, denn sie schafft erst die notwendigen Rahmenbedingungen, damit im Unterricht überhaupt gelernt werden kann".

Schlussbemerkung:

Klassenführung erfordert den orchestrierten Einsatz eines komplexen Instrumentariums, genannt Classroom Management. Dazu gehört die Schaffung eines lernförderlichen Szenarios. Die Hauptinstrumente von Classroom Management sind eine schülerzentrierte, abwechslungsreiche und flüssig gehaltene Unterrichtsgestaltung, die Einhaltung von Regeln und Routinen sowie der professionelle, präventive, proaktive und reaktive Umgang mit Unterrichtsstörungen und ein unterstützendes Sozialklima.[42]

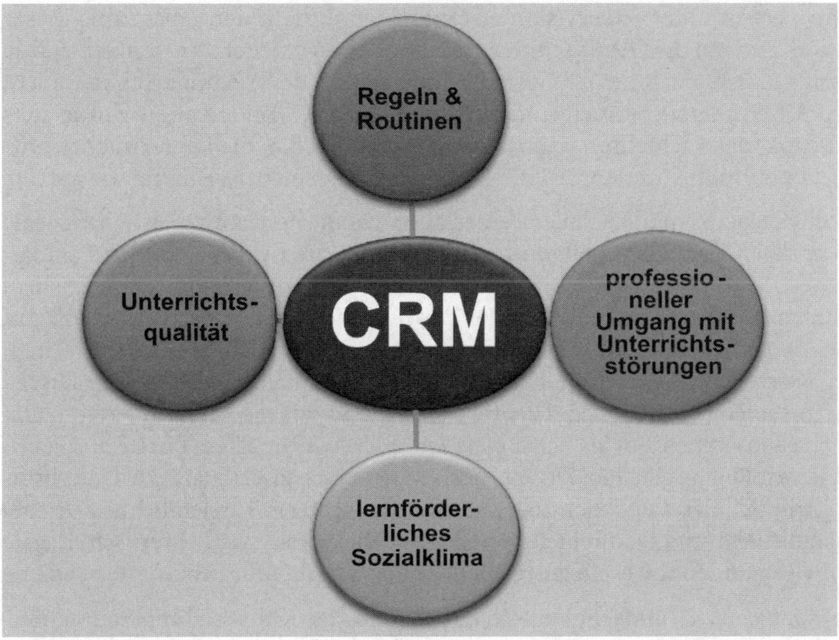

Abb. 6: CRM-Komponenten

42 Vgl. Hasselhorn & Gold 2013, S. 250–252.

2.1 Prävention als Langzeit-Grundlage von CRM

2.1.1 Lernförderliches Sozialklima

Klassenraum

Die Schaffung eines lernförderlichen Sozialklimas beginnt auf Klassenleitungsebene mit der Gestaltung des Klassenraums. In der Regel sind die Schüler seit der Grundschulzeit daran gewöhnt, einen angenehmen Klassenraum vorzufinden, der ihnen das Gefühl von Vertrautheit und Geborgenheit vermittelt und die Durchführung verschiedener Arbeitsformen erlaubt. Die Klassenräume unserer Grundschulen sind schon vor Jahren an das Lernkonzept der Selbstwirksamkeit mit wechselnden Arbeitsformen und Phasen von eigenständigem Lernen unter Supervision angepasst worden. In der Umsetzung dieser Methodik waren die Grundschulen pädagogische Vorreiter. Ihr Konzept wurde jedoch – mit Ausnahme der Gesamtschulen – von den Sekundarschulen nicht entsprechend übernommen und weiter entwickelt. Von letzteren wurde stets der Primat des Fachlehrersystems ins Feld geführt, d.h. die Lehrer suchen entsprechend ihrem Stundenplan die Räume der Klassen bzw. Fachräume auf.

Nur wenige Sekundarschulen – hier allen voran die Gymnasien – hatten die notwendigen Raumkapazitäten und den Veränderungswillen, um den Paradigmenwechsel vom Klassenraumsystem zum Lehrerraumsystem zu vollziehen. In diesen Schulen suchen die Schüler die Unterrichtsräume der Lehrer auf. Auf diese Weise haben Lehrer die Möglichkeit, ihren Raum für die Arbeitsformen ihrer Klassen und Lerngruppen sinnvoll und nachhaltig zu gestalten. DOYLE wies in seiner Dimensionen-Theorie bereits 1986 auf die Multidimensionalität von Klassenräumen hin als Schauplatz komplexer Aktivitäten, die es zu steuern und kontrollieren gilt. Für DOYLE sind neben einer zweckmäßigen Unterbringung von Schülermaterialien folgende Dinge wichtig: Übersichtlichkeit, leichte Zugänglichkeit und Staufreiheit von „high-traffic areas" wie Lehrertisch, Regale und PC-Stationen sowie ein ausreichendes Platzangebot für behinderte Schüler.

In deutschen Grundschulen, die das System der Klassenlehrer-Räume fahren, findet man in der Regel folgende Basiskonstellation:

- Ablagesysteme für die Materialien der Schüler;
- Nutzung der Klassenraumwände für selbst erstellte, thematisch gegliederte Schaubilder und Klassenregeln;
- Tischgruppen und Sitzkreise.

Diese Gestaltung und Nutzung von Klassenräumen sollte im Sekundarbereich möglichst fortgeführt werden, da sie den Schülern vertraut und ihnen altersgemäß sind. Spätestens ab der zweiten Hälfte der Sekundarstufe wird der Sitzkreis auf Grund des Pubertätsschubs der Schüler oft nicht mehr gut angenommen. Alles andere kann weiterhin Bestand haben und zur sinnvollen Lernnutzung dienen.

➲ **(11) Herr Köster**, ein erfahrener Lehrer mit Lehrschwerpunkt in den Jahrgängen fünf und sechs, hat die Leitung einer fünften Klasse übertragen bekommen. Gleich in der ersten Elternsitzung vereinbart er mit den Schülereltern die Anschaffung eines preisgünstigen und stabilen Regalsystems, das die Eltern im Umlagesystem finanzieren. Er weiß, dass die Nutzungszeit eines festen Klassenraums an seiner Schule drei Jahre beträgt und auf Wunsch verlängert werden kann. Eine solche Anschaffung macht also auch von daher Sinn. Nachdem das Geld für die Anschaffung und die notwendige Anzahl von strapazierfähigen Kartons zur Aufnahme der Schülermaterialien zusammengekommen ist, bestellt Herr Köster alles online zur Lieferung an die Schule.

Auf seine Einladung kommen die Eltern und Schüler seiner fünften Klasse an einem Nachmittag in die Schule. Gemeinsam montieren die Erwachsenen die Regale standsicher, während die Schüler ihre Kartons mit Namen beschriften und ihre Materialien nach einer Liste von Herrn Köster einräumen. Nach getaner Arbeit setzt man sich in der „grünen Ecke" des Schulhofs zum Grillen zusammen. Herr Köster möchte dabei die Eltern näher kennenlernen und sie in der Interaktion mit ihren Kindern erleben. Gleichzeitig möchte er sich Eltern und Schülern vorstellen und ihr Vertrauen gewinnen. Er nutzt die Gelegenheit, den Eltern und Schülern klar zu vermitteln, was sie von ihm als Lehrer und Klassenleiter zu Recht erwarten können und welche Erwartungen er an sie zur Förderung von Lernen und Sozialverhalten hat. An diesem Nachmittag äußern auch einige Eltern ihre Bereitschaft, Herrn Köster auf die dreitägige Klassenfahrt am Ende des Schuljahres zu begleiten. Herr Köster wertet dieses als ersten Vertrauensbeweis.

Fazit: Gemeinsame schulische Aktionen mit Eltern und Schülern schaffen Vertrauen und fördern das Sozialklima.

➲ **(12) Frau Hansmann** vertritt zurzeit eine in Pension gegangene Lehrerin als Leiterin einer 9. Klasse an einem Großstadtgymnasium. Während des

Unterrichts bei Frau Hansmann testen die Schüler, wie weit sie mit Unterrichtsstörungen und Fehlverhalten gehen können. Sie kauen genüsslich Kaugummis während des Unterrichts und kleben sie ausgelaugt unter die Tischplatten. Alle Abfälle der Erfrischungen, die sie in der Unterrichtszeit genießen, lassen sie auf den Boden gleiten. Frau Hansmann toleriert dieses Verhalten und teilt den an der Schule üblichen Ordnungsdienst zur Reinigung des Klassenraums pro forma ein, ohne das Ergebnis je zu kontrollieren.

Ihre Schüler haben die Führungsschwäche von Frau Hansmann längst erkannt und verhalten sich entsprechend: Der Klassenraum bleibt schmutzig. Tische und Wände werden bald von den Schülern mit Graffiti versehen, Fenster- und Türgriffe werden abmontiert. Die bisherige Klassengemeinschaft zerfällt in zwei Lager, in die Befürworter und in die Gegner dieses Verhaltens. Als Frau Hansmann durch den Stufenleiter auf den schlechten Zustand ihres Klassenraums hingewiesen wird, erwidert sie, dass sie zum Lehren eingestellt worden sei und nicht zum Putzen. Es sei Sache der Eltern, ihre Kinder zu Ordnung und Reinlichkeit zu erziehen. Der Stufenleiter sieht sich gezwungen, Frau Hansmann auf ihre § Erziehungspflichten als Lehrerin[43] hinzuweisen.

Fazit: Vermeintliche Toleranz gegenüber Vernachlässigung und mutwilliger Beschädigung des Klassenraums trägt zur Minderung des Sozialen Kapitals einer Gemeinschaft bei.[44]

➲ **(13) Lehrerin Karadeniz** nutzt die Wände des Klassenraums ihrer achten Klasse systematisch. Neben einem kurzen Katalog von Klassenregeln haben Ankündigungen – darunter der Wochenarbeitsplan und der Plan für den Ordnungsdienst – ihren festen und gut sichtbaren Platz zu beiden Seiten der Tafel. Frau Karadeniz lässt ihre Schüler die von ihnen dokumentierten Projektergebnisse an der rückwärtigen Wand aufhängen. Die Langseite gegenüber der Fensterfront überlässt sie ihren Fachkollegen zu deren Visualisierungszwecken. Sie achtet darauf, dass die Poster nicht beschädigt werden. Zu Beginn eines neuen Lernthemas lässt sie die vorherigen Wandskripte abhängen und verwahrt sie bis zum Ende des Schuljahres. Zu diesem Zeitpunkt findet traditionsgemäß ein Schul- und Sportfest an der Schule statt. Es ist üblich, den Schülereltern über

43 S. dazu Schulgesetz für das Land Nordrhein-Westfalen (Schulgesetz NRW – SchulG) § 57 Abs. 1.

44 Nach Bourdieus Kapitalienbegriff ist das Soziale Kapital eine Ressource, die auf der Zugehörigkeit zu einer Gruppe beruht. Soziales Kapital bietet den Individuen Zugang zu den Ressourcen des sozialen und gesellschaftlichen Lebens wie Unterstützung, Hilfeleistung und Anerkennung.

Sport und Geselligkeit hinaus einen Einblick in die Arbeit der Fächer zu vermitteln.

Fazit: Systematische und sorgsame Nutzung von Klassenraumwänden zu Unterrichtszwecken ist eine begleitende Strategie für Visualisierung und Nachweis. Sie weist die Selbstwirksamkeit von Schülern nach und trägt so zu einem lernförderlichen Klima bei.

➲ **(14) Junglehrer Nauheim** hat im Referendariat vom Nutzen der Klassenregeln erfahren. Mit seinen Schülern der Klasse fünf erarbeitet er Klassenregeln. Die Schüler müssen dazu alte Tapetenrollen mitbringen. In Partnerarbeit entstehen 14 – in großen Teilen redundante – Kataloge von Klassenregeln, die Herr Nauheim über die Wände des Klassenraums verteilen lässt. Die Regeln werden von den Schülern danach nicht mehr zur Kenntnis genommen; es tritt keine Veränderung ihres Verhaltens ein.

Im Klassenraum neben dem Novizen Nauheim führt der

➲ **(15) Experte Costaldo** die Parallelklasse. Auch er hat durch seine Schüler Klassenregeln erstellen und eine Jury aus sechs Schülern wählen lassen, die unter seiner Leitung die wichtigsten Regeln sichten und in der Formulierung überarbeiten sollen. So entsteht folgender Katalog von fünf Klassenregeln:

Wir sind Schüler der Leibniz-Schule.[45]

1. Wir engagieren uns für unsere Schule.
2. Wir sind fair und friedlich.
3. Wir vermeiden Müll, Beschädigung und Gewalt.
4. Wir arbeiten konzentriert und aktiv im Unterricht mit.
5. Wir befolgen die Anweisungen der Lehrer.

Herrn Costaldos Kollegen gefällt der Regelkatalog, so dass sie ihn auch in ihren Klassenräumen aufhängen. Der Schulleiter lässt die Klassenregeln für alle Unterrichtsräume im Posterformat drucken und durch den Hausmeister anbringen. Auf der Regionalkonferenz der Schuldirektoren wird der Leiter der Leibniz-Schule, Frank Montelius, in der Kommune Wunschberg auf diese Maßnahme angesprochen. Der Direktor der Olof-Palme-Gesamtschule im

45 Die fiktive Leibniz-Schule befindet sich in Wunschberg, Nordrhein-Westfalen.

angrenzenden Stadtviertel möchte den Regelkatalog auch für seine Schule verwenden.

Fazit: Bei Klassenregeln ist weniger mehr, wenn sie gesehen, verstanden und nachhaltig in die Tat umgesetzt werden. Es gehört zu den erzieherischen Aufgaben der Lehrer, die Einhaltung dieser Regeln von den Schülern einzufordern. Die systematische Umsetzung von Klassenregeln trägt zur Minimierung von Unterrichtsstörungen bei und fördert ein partnerschaftliches Klassenklima. Merke: Erziehen ist anstrengend – aber die Mühe lohnt sich.

➲ **(16) Frau Manderscheid** bezieht typische Gegenstände der Jahreszeiten zur Versprachlichung in den Englischunterricht ihrer fünften Klasse ein. Zusammen mit ihren Schülern schmückt sie den Klassenraum im Wechsel der Jahreszeiten und lässt daraus erste Wortfelder und Mind Maps entstehen, die ihre Schüler in ihre Wortschatzhefte eintragen. Die Schüler bringen Kastanien, Muscheln, Blumen oder besondere Steine mit, die im Englischunterricht vielfache Lernanwendung hinsichtlich Fundort, Beschaffenheit oder Farben finden. Wenn eine neue Jahreszeit beginnt, werden die bisherigen Exponate zurückgegeben oder entsorgt. Früher hat Frau Manderscheid auch Wert auf Zimmerpflanzen in ihrem Klassenraum gelegt. Aber sie hat einsehen müssen, dass Ferienzeiten kontraproduktiv für Blumenpflege und dass Klassenräume keine Wohnzimmer sind.

Fazit: Die Ausstattungsgegenstände eines Klassenraums sind nicht nur Lebenswelt-Deko, sondern können als nützliche Impulse für den Unterricht und ein förderliches Lernklima genutzt werden.

Die Sitzordnung in Klassenräumen ist bei Experten wie Laien stets ein beliebtes Diskussionsthema gewesen und hat Anlass zu vielfältigen Interpretationen gegeben. Dabei sind es vor allem Raumgröße, Raumzuschnitt und Schülerzahl, die oft zwingende Vorgaben für die Sitzordnung machen.

Im Gegensatz zu Schulen in nordischen Ländern, die häufiger über Doppelklassenräume verfügen, bieten deutsche Schulen herkömmlicher Art standardisierte Einzelräume, berechnet nach Quadratmetern pro Schülerzahl einer Klasse nach Normgröße. Dabei ist zu bedenken, dass vor allem die älteren Schulgebäude Unterrichtsräume aufweisen, die nicht für die Mehrdimensionalität von Arbeitsformen konzipiert wurden, sondern ausschließlich für die eindimensionale Nutzung des Lehrervortrags. Schulneubauten der letzten

Jahre weisen dagegen in der Regel ein differenziertes und oft multifunktionales Raumangebot auf.

In der überwiegenden Zahl der alten wie neuen Schulbauten hat man inzwischen – mit Ausnahme der naturwissenschaftlichen Fachräume – auf die früher üblichen geraden Sitzreihen zu Gunsten von Vierertischgruppen verzichtet. Das offene Rechteck findet sich vielfach in den Klassenräumen von neunten und zehnten Klassen sowie in Kursräumen der Oberstufe.

➲ **(17) Frau Hassel und Herr Wilbertz** führen als Klassenleitungsteam eine inklusive achte Klasse. Sie haben sich vor Übernahme der Klasse viele Gedanken gemacht, darunter auch zur Sitzordnung. Die beiden Klassenleiter haben sich für schräg stehende Vierertische entschieden. Ihre Schüler sollen ungehinderten Blick zum Instructional Centre[46], dem Zentrum für Instruktion (ZI), haben. Die beiden Klassenleiter haben nach Rücksprache mit der vorherigen Klassenleitung die Besetzung der Tische festgelegt. An allen Tischgruppen sitzen ein überdurchschnittlicher Schüler, ein durchschnittlicher, ein unterdurchschnittlicher und ein Inklusionsschüler (unabhängig von deren Leistungsdurchschnitt). Frau Hassel und Herr Wilbertz sind sich sicher, damit einen Beitrag zur Förderung von partnerschaftlichem Lernen in einem positiven sozialen Klima zu leisten. Sie sind darüber hinaus entschlossen, neben der individuellen Lernleistung auch eine gemeinsame Note für die soziale Leistung jeder Tischgruppe zu erteilen.[47] Diese soll auch Eingang in die Notengebung auf dem Zeugnis finden. Die Debatte darüber, ob es neben der Benotung der individuellen Lernleistung auch eine Gruppenbenotung für Sozialleistung geben soll, und wenn ja, in welchem prozentualen Verhältnis diese in die Gesamtnote eingehen sollen, ist im Lehrerzimmer kontrovers. Die nächste Lehrerkonferenz soll hierzu Vorschläge zur Vorlage bei der Schulkonferenz erarbeiten.

➲ **(18) Frau Wegener** als Lehrerin für Deutsch und Englisch am Beethoven-Gymnasium unterrichtet Klassen und Kurse in beiden Sekundarstufen. Das Gymnasium hat, als es vor einigen Jahren einen Anbau erhielt, das Lehrerraumprinzip eingeführt. Frau Wegener hat sich in ihrem Raum für die Sitzordnung „Offenes Rechteck" entschieden. Für Gruppenarbeiten

---

46 Unter Instructional Centre verstehen Thiel et al. 2012 die feste Position vor oder neben dem Pult, die der Lehrer bei der Interaktion im Klassenraum zum Zweck der direkten Instruktion einnimmt. Im Folgenden wird diese Position Zentrum für Instruktion (ZI) genannt.

47 Vgl. zu diesem Aspekt auch Reich 2014.

lässt sie jeden zweiten Tisch aus der Rechteck-Reihe herausziehen und direkt gegenüber dem vorigen Tisch stellen, so dass Vierertischgruppen entstehen. Zusätzlich verfügt sie über 6 Stapelstühle in der vorderen linken Ecke des Raums, die sie bei Bedarf zu einem kleinen Sitzkreis aufstellen lassen kann; sie benötigt ihn regelmäßig für ihre jüngeren Klassen in Deutsch und Englisch zu Lese- und Ausspracheübungen. Das Umräumen vom „Offenen Rechteck" zum Format „Vierertische" und das Aufstellen der Stapelstühle zum Sitzkreis hat sie mit ihren Schülern intensiv eingeübt, so dass dieses routiniert und geräuscharm vor sich geht.

Wenn Frau Wegener den Sitzkreis zu Lese- und Ausspracheübungen benutzen will, erteilt sie dem Plenum eine Aufgabe in stiller Einzelarbeit. Dann ruft sie jeweils sechs Schüler aus dem Plenum auf. Diese nehmen sich einen Stuhl vom Stapel und setzen sich in einen Kreis in der vorderen rechten Raumecke. Frau Wegener setzt sich mit ihrem Lehrerstuhl dazu. Wenn die Übungen im Sitzkreis für die erste Gruppe beendet sind, ruft die Lehrerin die zweite Gruppe auf, während die erste Gruppe wieder im Plenum Platz nimmt und sich der gestellten Einzelarbeit widmet. Die letzte Sitzkreisgruppe stellt die Stapelstühle zurück an den Ausgangsplatz und geht zurück ins Plenum. Dann positioniert sich Frau Wegner im ZI. Die Schüler wissen, dass sie besonders gut aufpassen müssen, wenn ihre Lehrerin diesen Standort einnimmt. Nun bespricht Frau Wegener die Ergebnisse der Stillarbeit mit ihren Schülern. Diese werden anschließend an der Tafel festgehalten. Die Schüler von Frau Wegener schreiben diese Ergebnisse unaufgefordert in ihre Hefte.

Fazit: Auch einfache Unterrichtsräume können multifunktional genutzt werden und durch wechselnde Arbeitsformen zum gemeinsamen Lernen und zur Stärkung des Sozialklimas beitragen.[48]

Klassen- und Schulaktivitäten

Die sinnvolle Einrichtung und Lernnutzung eines Klassenraums ist ein erster wichtiger Schritt zur Schaffung eines lernförderlichen Sozialklimas. Dabei ist wesentlich, die daran beteiligten Schüler und Schülereltern einzubeziehen und ihnen Sinn und Nutzen zu erklären. Darüber hinaus gibt es noch vielfältige

48 Scrivener 2012, S. 8–13 bietet Ratsuchenden nützliche Anregung für unterschiedliche Sitzordnungen in Unterrichtsräumen.

Möglichkeiten, das soziale Klima zu stärken. Dazu gehören folgende Aktivitäten, die hier lediglich beispielhaft genannt werden:

- Unterrichtsgänge zu außerschulischen Lernorten;
- Klassen-, Sport- und Schulfeste;
- Schulaufführungen;
- Klassenfahrten;
- Jahrgangsversammlungen;
- Aktivitäten der Schülervertretung.

Da diese Klassenaktivitäten nicht unmittelbar zum Thema des Buches – der Organisation und Steuerung von Unterrichtsprozessen – gehören, werden dazu keine näheren Ausführungen gemacht. Unbestritten ist jedoch, dass sie ebenfalls das soziale Klima in Klassen und Lerngruppen sowie das Schulklima fördern.

2.1.2 Regeln und Routinen

Seit den 68er Jahren hat sich die damals zu Recht als notwendig erkannte Stärkung der Individualrechte nicht nur in voller Breite entwickelt, sondern sie hat darüber hinaus auch zu kollateralen Erscheinungen wie Hedonismus, Mangel an gegenseitiger Wertschätzung und sozialen Umgangsformen geführt. Diese eigentlich ungewollten Erscheinungen haben den Mainstream an Verhaltensweisen und Usancen des sozialen Zusammenhalts und damit das Soziale Kapital[49] geschmälert. Diese Entwicklung von gesellschaftlicher Homogenität zu Heterogenität und Diversität bringt für Lehrende eine sich ständig verändernde Lehr- und Lernwelt mit sich. Oft wird diese Veränderung nicht als Chance und Herausforderung begriffen, sondern als unnötige und unwillkommene Belastung gesehen. Lehrer zweifeln inzwischen nicht selten an ihren gewohnten Arbeits- und Denkweisen, ohne den Wert des Neuen – geschweige denn ein gemeinsames neues Ziel – erkennen zu können.

Auch die führenden Instanzen sehen sich auf ihren Ebenen mit großen Herausforderungen unseres Sozialwesens im globalen Kontext konfrontiert, suchen nach Lösungen für die Zukunft und lassen es bei der Lösungsfindung erkennbar an systematischer Vermittlung von Zukunftsvision, Zielvorgabe und Wegbegleitung mangeln. Die Folgen für die Schulen, die sich in den letzten

49 Vgl. S. 32, FN 44.

Dekaden eingeschlichen haben, heißen Verunsicherung, vermeintliche Risikovermeidung und Schadensbegrenzung im professionellen Lehrerhandeln. Hinzu kommt nicht selten ein erstaunlicher Mangel an Rechtskenntnissen über die eigene Position als Lehrkraft und das Rechtssystem Schule. In dieser Situation empfinden es Lehrer – vor allem in Großstadt- und sogenannten Brennpunktschulen – nach eigenen Aussagen als äußerst mühsam, Regeln und Routinen in ihren Lerngruppen nachhaltig einzuführen.

Warum sind Regeln und Routinen wichtige CRM-Bestandteile? Regeln sind Gebote, die dem einzelnen Schüler und der Lerngemeinschaft Sicherheit und Schutz geben. Sie setzen allgemeine Standards des Verhaltens und Miteinanders in der Schule.[50] Regeln vermitteln darüber hinaus das Gefühl von Zugehörigkeit und organisieren das Lernen und soziale Miteinander. Regeln sind auch eine Orientierungshilfe bei Uneinigkeit und Streit. Sie helfen dabei, das Gleichgewicht zwischen den Ansprüchen des einzelnen Schülers und der Lerngemeinschaft auszupendeln. Regeln sind im Schulleben aber nur dann sinnvoll, wenn sie rechtskonform, realitätsbezogen und mit den Betroffenen vereinbart sowie systematisch eingefordert werden. Sie dürfen nicht als Instrument von Machtausübung missbraucht werden, sondern müssen als Partitur zur Orchestration eines ausgewogenen und sinnstiftenden sozialen Miteinanders verstanden werden. Üblicherweise existieren für ein erfolgreiches Klassenmanagement mehr Routinen als Regeln. Dafür sind die Regeln sehr viel expliziter und verbindlicher als die Routinen. Häufig werden sie sogar schriftlich festgehalten. McPhillimy 1996 schlägt vor, drei Metaregeln zu beachten: a) Es sollten so wenig Regeln wie möglich eingeführt werden; b) diese sollten so einsichtig wie möglich sein und c) die Regeln sollten möglichst positiv formuliert sein.[51]

Routinen sind bewusst praktizierte sequentielle Handlungs- und Verhaltensmuster, die für immer wiederkehrende Situationen eine bestimmte Zeit ihre Gültigkeit behalten.[52] Sie schaffen mentale und soziale Verortung[53] und bringen eine gemeinsame Leitidee zum Ausdruck.[54] *„Routinen sind selten schriftlich festgelegt, dennoch kann es ohne sie keine effiziente Klassenführung*

50 Hasselhorn & Gold 2006/2013, S. 384.

51 Ebd.

52 Ebd., S. 383.

53 Vgl. Zinser 2009.

54 Kaiser 2014, S. 5.

geben".[55] WEINSTEIN 2003 sieht für das Klassenmanagement im Primar- und Sekundarbereich folgende Arten von Routinen als notwendig an: Verwaltungsroutinen, Mobilitätsroutinen, Routinen für das Beginnen und Beenden einer Unterrichtsstunde, Routinen der Schüler-Lehrer-Interaktion, Routinen der Kommunikation zwischen Schülern.[56]

➲ **(19) Herr Runge** hat im Deutschunterricht seiner fünften Klasse eingeführt, Datum und Stundenagenda anzuschreiben und seine Schüler dazu angehalten, diese Informationen in ihre Hefte zu übernehmen. Mit diesem Ritual will er seinen Schülern die Stoffwiederholung erleichtern und den Schülereltern Transparenz über die Inhalte des Deutschunterrichts vermitteln. Auf der Jahrgangskonferenz wirbt er bei seinen Kollegen der anderen fünften Klassen darum, dass auch sie das Datum-Agenda-Ritual einführen. Seine Kollegen zeigen jedoch wenig Neigung, den Vorschlag von Herrn Runge anzunehmen und verweisen darauf, dass sie „ihr eigener Herr im Unterricht" seien und schon ohne diesen „neumodischen Quatsch" genug Arbeit hätten. Lediglich Herrn Runges Kollegin, **Frau Yılmaz,** interessiert sich näher und nimmt Herrn Runges Einladung zur kollegialen Hospitation in seinem Unterricht an. Danach führt sie das Datum-Agenda-Ritual auch im Mathematikunterricht ihrer fünften Klasse ein. Beide Lehrkräfte schließen sich für die nächsten Jahre ihrer Klassenleitung zu einer Lehrgemeinschaft zusammen. Sie gehen davon aus, dass ein gemeinsames Vorgehen ihre Arbeit erleichtert und zum Vorteil für ihre Schüler ist. Die Eltern der Klassen von Herrn Runge und Frau Yılmaz begrüßen ihr Datum-Agenda-Ritual ausdrücklich.

➲ **(20) Lehrerin Wendland** hat mit ihrer achten Klasse verabredet, dass die Schüler bei der Begrüßung durch Frau Wendland aufstehen. Das soll für alle sichtbar den Beginn des Unterrichts und die Konzentration auf das Lernen markieren. Private Gespräche sollen dann verstummen, und die Schüler

55 HASSELHORN & GOLD 2006/2003, S. 383.

56 Hier und im Folgenden: Ebd. Nach WEINSTEIN 2003 können sich Verwaltungsroutinen z.B. auf die unterrichtliche Anwesenheitspflicht beziehen. Mobilitätsroutinen können sich darauf beziehen, wie und wann das Klassenzimmer während des Unterrichts verlassen werden darf. Routinen für Beginn und Ende einer Unterrichtsstunde beziehen sich z.B. auf Überprüfen oder Erteilen von Hausaufgaben. Routinen der Schüler-Lehrer-Interaktion beziehen sich beispielsweise auf die Art des Fragestellens im Unterricht oder auf das Anzeigen von Hilfsbedürftigkeit. Routinen der Kommunikation zwischen Schülern beziehen sich auf die Zulässigkeit und Erwünschtheit von Schüler-Schüler-Interaktion während des Unterrichts.

sollen nach der Datum-Agenda-Phase mit der Lösung der Eingangsaufgabe beginnen.

Frau Wendland hat besonders viel Mühe gehabt, den Schülereltern den Sinn dieses Rituals zu erklären. Sie wurde mit Bemerkungen wie „Kasernendrill" und „autoritäres Gehabe" bedacht. Es gelang Frau Wendland dennoch, die Mehrheit der versammelten Eltern vom Sinn und Wert ihrer Maßnahme zu überzeugen, zumal Frau Wendland in der Schule für ihren Humor im Unterricht bekannt ist. Für sie ist eine Unterrichtsstunde nur dann gelungen, wenn zum Lernen auch das Lachen hinzukommt.

➲ **(21) Referendar Kurnaz** hat über längere Zeit in **Frau Scherers** fünfter Klasse[57] hospitiert und unter Frau Scherers Supervision unterrichtet. Herr Kurnaz hat Frau Scherers Routine zum Unterrichtsbeginn, die sogenannte Start-Aufgabe, als sinnvoll in sein Lehrerhandeln übernommen. Dazu hat er in der Klasse noch eine weitere Routine eingeführt, die der Schülerinteraktion im Unterricht dienen soll. Es handelt sich um die „Einmal-Jungen-Mädchen-Meldekette". Hierbei ruft zunächst Herr Kurnaz einen Schüler zur Antwort auf; von da ab geht das Aufrufen in die Hand der Schüler über. Es müssen abwechselnd Jungen und Mädchen aufgerufen werden, jeder nur einmal, und auch die nicht Meldewilligen werden aufgerufen. So entlastet sich Herr Kurnaz von dem kurzatmigen Ping-Pong-Spiel des Aufrufens und kann sich besser auf die Qualität der Beiträge konzentrieren. Seine Schüler nehmen auch diese Routine, die Herr Kurnaz spielerisch eingeführt hat, begeistert auf.

➲ **(22)** Auch **Frau Wegener,** die **Frau Scherer** von schulübergreifenden Lehrerarbeitsgemeinschaften kennt, möchte die Start-Aufgabe und die „Einmal-Jungen- Mädchen-Meldekette" für ihre Klasse übernehmen, während Frau Scherer die Raumanordnung von Frau Wegener mit Sitzkreis und ZI interessant findet. Sie will prüfen, ob die Abmessungen des Klassenraums ihrer fünften Klasse dieses zulassen und ob der Hausmeister ihr zusätzliche Stapelstühle geben kann. Beide Kolleginnen möchten zukünftig auch dem Bericht des Klassensprechers von den monatlichen SV-Sitzungen der Schule einen festen Platz in der Klassenleitungsstunde einräumen, um so die Schüler-Kommunikation zu stärken und das Zugehörigkeitsgefühl zur Schule zu fördern.

57 S.o. S. 5.

➲ **(23) Lehrer Wielpütz** unterrichtet Biologie und Chemie überwiegend in den neunten bis zwölften Jahrgangsstufen einer Gesamtschule. Er hat das bislang in den Naturwissenschaften der Schule gepflegte Helfersystem erweitert. Für jeden Monat teilt Herr Wielpütz nach alphabetischer Reihenfolge zwei „Assistenten" ein, die nicht nur im Vorbereitungsraum und beim Versuchsaufbau helfen, sondern in Zusammenarbeit mit Herrn Wielpütz alle Zusatzaufgaben rund um den Kernunterricht übernehmen. Sie teilen etwa Materialien aus, schreiben Datum und Stundenagenda an, helfen nach dem Unterricht beim Aufräumen und schließen Fenster und Schränke ab. Herr Wielpütz hat über Jahre die Erfahrung gemacht, dass die Schüler diese Aufgaben gern übernehmen und dass ihr Verantwortungsgefühl gestärkt wird. Herr Wielpütz erteilt seinen „Assistenten" dafür eine Mitarbeitsnote, die mit in die Gesamtnote zum Zeugnistermin einfließt.

➲ **(24) Herr Rheindorf** unterrichtet Mathematik in einer fünften Klasse am Richter-Gymnasium. Seine Schüler sind ihrem Alter entsprechend lebhaft und kommen überwiegend von Grundschulen, in denen ihre Klassenlehrerinnen sie mütterlich umsorgt und „den Kleinen" alle unangenehmen Aufgaben abgenommen haben. So wurden die Grundschüler grundsätzlich mit allem, was sie vergessen hatten, durch ihre Lehrerinnen versorgt. Auch der Abfall, den die Schüler wie selbstverständlich auf den Boden warfen, wurde zum Unterrichtsende durch die Klassenlehrerinnen entsorgt. Herr Rheindorf vermisst an seinen Schülern Verantwortungsbewusstsein und Selbstwirksamkeit. Zunächst führt er statt der fast täglichen Hausaufgabe die sogenannte Wochenarbeit ein. Er teilt dazu seinen Schülern am Wochenbeginn mit, welche Aufgaben sie bis zur letzten Stunde in der Woche bearbeiten sollen. Herr Rheindorf erklärt ihnen die Aufgaben, weist darauf hin, worauf es bei der Lösung ankommt und wie man sich die Bearbeitungszeit sinnvoll einteilt. Zur Wochenmitte fragt er den Bearbeitungsstand bei seinen Schülern ab. Die letzte Wochenstunde wird dazu genutzt, die Aufgaben ausführlich zu besprechen und den Schülern Raum zu geben, ihre Lösungen vorzustellen. Auf dem Wochenplanblatt, das Herr Rheindorf zu Wochenbeginn aushändigt, steht auch eine Start-Aufgabe für jeden Wochentag, an dem die Fünftklässler bei ihm Mathematikunterricht haben. Ein zusätzlicher Wochenplan mit Start-Aufgaben wird an der Seitentafel des Klassenraums aufgehängt. Binnen vier Wochen ist es Herrn Rheindorf gelungen, die Routinen Wochenplan und Start-Aufgaben wirksam und mit positivem Feedback durch die Schüler einzuführen.

Jetzt stört Herrn Rheindorf nur noch der unsaubere Zustand des Klassenraums. Er teilt wochenweise einen Ordnungsdienst ein, der unter seiner Aufsicht den Raum ausfegt. Wenn es zu Unterrichtsbeginn schmutzig ist, nimmt Herr Rheindorf sofort den Papierkorb zur Hand und reicht ihn an einen Schüler weiter. Seine Schüler wissen jetzt, dass sie ohne weitere Aufforderung sofort den Abfall unter und um ihren Tisch herum in den Papierkorb werfen müssen. Herr Rheindorf achtet darauf, dass der „wandernde Papierkorb“ zum Schluss stets bei unterschiedlichen Tischen ankommt, denn der letzte Schüler muss dann den vollen Papierkorb im Container auf dem Schulhof ausleeren.

➲ **(25) Frau Manzetti** ist Fachlehrerin für Deutsch und Geschichte in einer fünften Klasse. Nach Rücksprache mit den abgebenden Grundschulklassenleitungen ihrer Fünftklässler hat sie das in den Klassen eins bis vier mehrheitlich verwendete Ruhezeichen übernommen. Im Fall von zu großer Unruhe und Lautstärke erhebt Frau Manzetti die Hand mit gespreizten Fingern. Auch Schüler, denen es im Unterricht zu laut ist, können aufstehen und dieses Zeichen benutzen.

Zum Beenden einer Einzel-, Partner- oder Gruppenarbeitsphase betätigt Frau Manzetti zusätzlich eine kleine Hotelglocke, die sie täglich in ihrer Aktentasche mit sich führt. Die Schüler wissen, dass sie dann die Arbeit zügig zu beenden haben, so dass die Arbeitsergebnisse beim zweiten Glockenzeichen vorgetragen werden können.

Fazit: Regeln und Routinen sind wirkungsvoller CRM-Bestandteil. Um ihre Wirkung zu entfalten, müssen sie rechtskonform, zeitgemäß, einsichtig und akzeptiert sein. Sie gelten für Schüler wie für Lehrer. Regeln und Routinen müssen früh eingeführt[58] und nachhaltig umgesetzt werden, damit sie von allen Beteiligten internalisiert werden können.

2.1.3 Professioneller Umgang mit Unterrichtsstörungen

Zu den präventiven CRM-Langzeitinstrumenten gehört als Hauptinstrument ein schülerorientierter, abwechslungsreicher und flüssig gehaltener

58 Vgl. hierzu Doyle 1986 und Eichhorn 2014, S. 44ff.

Unterrichtsductus,[59] auf den im Abschnitt 2.2 noch näher eingegangen wird. Die begleitenden CRM-Komponenten heißen lernförderliches Sozialklima, Einhaltung von Regeln und Routinen sowie ein professioneller Umgang mit Unterrichtsstörungen.

„Das Ausmaß von Unterrichtsstörungen hängt entscheidend vom Lehrerverhalten ab. Nicht so wichtig ist dabei die Art des Umgangs mit eingetretenen Störungen, sondern eine Klassenführung, die Störungen präventiv entgegenwirkt".[60] Diese wird nicht jegliche Unterrichtsstörung verhindern können, denn nach Doyle 1986 haben die Dimensionen „Unvorhersehbarkeit" und „Historizität einer Lerngruppe" auch einen für den Lehrer nicht zu antizipierenden Einfluss.[61] Nach den empirischen Forschungen von Kounin 1976, Nolting 2002/2014 sowie Thiel et al. 2012 reduziert ein präventives CRM den Störungspegel deutlich und nachhaltig. In der neueren Unterrichtsforschung besteht *„Einigkeit darüber, dass zum Klassenmanagement oder zur Klassenführung nicht nur eine effiziente Bearbeitung von Störungen, sondern vor allem störungspräventive Maßnahmen und eine effiziente Steuerung des Unterrichtsflusses zählen".*[62]

„Die Frage Unterrichtstörungen – was tun? wird gewöhnlich verstanden als: Was tue ich, wenn …?", also als die Frage, wie man am besten reagiert, wenn eine Störung auftritt. So berechtigt diese Frage ist, sie ist viel zu eng. Zwei weitere Fragen sollten hinzukommen: *„Was tun wir, wenn …? und vor allem: Was tue ich, damit nicht …?"* Seit den Untersuchungen von Kounin 1976, der als erster die Disziplinproblematik empirisch durchleuchtete, ist in der Forschung bekannt, dass für eine niedrige Störungsrate und gute Mitarbeit die Art der Reaktion auf eingetretene Störungen ziemlich unwichtig ist. Entscheidend ist vielmehr, was sozusagen vor potenziellen Störungen geschieht, auf welche Weise man verhindert, dass sie überhaupt auftreten. Mit anderen Worten: Auf die Prävention kommt es an, nicht auf die Reaktion.[63]

---

59 Vgl. Hasselhorn & Gold 2013, S. 250–252.

60 Thiel et al. 2012, S. 734 sprechen bei Störungen, die in Übergangsphasen auftreten, von sekundären bzw. konkurrierenden Handlungsvektoren.

61 Doyle 1986, zitiert in Schönbächler 2008, S. 18f.

62 Baumert & Kunter 2006, S. 488. So auch Thiel et al. 2012, S. 728 und Nolting 2002/2014, S. 23.

63 Nolting 2002/2014, S. 64ff.

In Verkennung der Eigenperspektive sehen Lehrer hingegen mehrheitlich ihre Schüler als alleinige Verursacher von Unterrichtsstörungen. Sie erkennen – so weisen die empirischen Studien von SCHÖNBÄCHLER 2008 nach – keine direkte Relation zwischen CRM und Störausmaß,[64] was generell der Prädominanz des Fachunterrichts und der meist ausbleibenden Unterweisung in der CRM-Methodik während der Lehrerbildung geschuldet ist. Signifikant für Unterrichtsstörungen ist in der Sicht von Lehrern schon eher der Bedingungsfaktor Unterrichtsfluss. In der mehrheitlichen Zuschreibung durch Lehrer haben dagegen folgende Bedingungen einen höheren Aussagewert über Frequenz und Ausmaß von Störungen: die Zusammensetzung der Lerngruppe und die Anzahl der verhaltensauffälligen Schüler.

➲ **(26) Herr Diepenbach** unterrichtet als Fachlehrer für Mathematik überwiegend in den beiden Abschlussjahrgängen der Sekundarstufe I. Er leidet unter dem Mangel an Disziplin, Aufmerksamkeit und Fleiß seiner zehnten Klasse. Er sieht sich nach vielen fruchtlosen Ermahnungen und folgenlosen Predigten am Ende seiner Führungsmöglichkeiten. Um noch ein einigermaßen erträgliches Gruppenklima aufrecht zu erhalten, scheut er Sanktionen – wie seine Berufskollegen ➲ (01) Referendarin Mersch, ➲ (02) Lehrer Römer, ➲ (07) Herr Richter, ➲ (08) Herr Schnitzler oder ➲ (12) Frau Hansmann. Er ist sich bewusst, dass sein Unterricht oft schleppend und mäandrierend verläuft, dass er häufiger in Erzählungen über seine privaten Hobbies abschweift, weil ihm seine Schüler wenigstens dann Aufmerksamkeit schenken.

Da Herr Diepenbach mit seiner Klassenführung letztlich unzufrieden ist, fragt er eine Referendarin an seiner Schule um Rat. Er geht davon aus, dass sie im Rahmen der Lehrerbildung moderne Arten der Bewältigung von Unterrichtsstörungen gelernt hat. Die Referendarin rät Herrn Diepenbach, die auftretenden Störungen stets mit der gesamten Klasse zu thematisieren und zu problematisieren. Dann würden die Schüler schon mit der Zeit erkennen, wie sie sich im positiven Sinn zu verhalten hätten.

Herr Diepenbach folgt dem Rat. Seine Unterrichtsunterbrechungen nehmen dadurch einen großen Raum ein; die Schüler sind von dem „ewigen Gelaber genervt". Herr Diepenbach merkt nicht, dass dieses unverhältnismäßige Palaver um jede Störung nicht nur ein Zeiträuber ist, sondern auch seine Position

64 Vgl. hier SCHÖNBÄCHLER 2008, S. 132.

schwächt, indem es die Grenzziehung verwischt. Darüber hinaus lässt der Lehrer jegliche Sanktion vermissen. Herrn Diepenbachs Vorgehensweise führt zu keiner Änderung im Schülerverhalten – im Gegenteil: Es trägt zur weiteren Schwächung des Sozialen Kapitals der Lerngruppe bei. Auch die bislang gutwilligen und motivierten Schüler machen jetzt bei Störungen mit, denn nach ihrer Ansicht lohnt sich Aufpassen und Mitmachen in Herrn Diepenbachs Unterricht nicht.

Nolting 2002/2014 führt für den Bereich der CRM-Störungsprävention vier „disziplinrelevante Aspekte" des Lehrerverhaltens an:

1. Prävention durch Unterrichtsfluss

Seit Kounin 1976 wissen wir, dass ein Unterrichtsfluss, der sich durch Reibungslosigkeit[65] und Schwung[66] auszeichnet, störungspräventiv wirkt. Die Steuerung des Unterrichtsflusses läuft auf folgenden kernmethodischen Ebenen ab:

- Klare Strukturierung des Unterricht;
- Steuerung der primären Handlungsvektoren in Übergangsphasen;
- Abwechslung von Methoden und Interaktionsformen (Lernarrangements);
- Vorhaltung und unmittelbarer Einsatz geeigneter Lern- und Anschauungsmaterialien;
- Aufrechterhaltung des Gruppenfokus;
- Steuerung des Aktivitätsflusses;
- Ergebnissicherung durch Visualisierung und Festigung.

Es versteht sich von selbst, dass Lehrer bei einer solch komplexen Rollenausgestaltung allein schon im kernmethodischen Bereich in ihrem Fachwissen versiert und in der Vermittlung sicher sowie kompetent sein müssen, damit noch Kapazitäten frei bleiben für einen professionellen Umgang mit Unterrichtsstörungen. Im Gegensatz zu Novizen nutzen Experten im Umgang mit Störungen Erfolgsstrategien wie breite Gruppenaktivierung, Einforderung von Regeleinhaltung und ein umfangreiches Instrumentarium von Präsenz- und Stoppsignalen. Außerdem unterbinden sie konkurrierende Handlungsvektoren bereits im Ansatz erfolgreich oder binden sie virtuos in den Unterrichtsablauf

65 Glatte und sinnvolle Übergänge durch gut gesteuerte Handlungsvektoren; vgl. Thiel et al. 2012, S. 735ff.

66 Vergleichbar „Spannungsbogen" genannt.

ein.[67] Experten wenden unterschiedliche indirekte und direkte Interventionsstrategien zur Beendigung von sekundären Handlungsvektoren an: vom gezielten Ignorieren und Isolieren über das flüchtige Aufgreifen oder Kommentieren von Schülerbeiträgen oder das „mobilisierende“ Aufrufen bis hin zu Zurechtweisungen.

In jedem Fall zeigen Experten im Gegensatz zu Novizen deutlich mehr „Flagge“ und Verhaltenslinie auf und gehen mit den Instrumenten zur Zielerreichung professionell um. So die Ergebnisse der sequenzanalytischen Rekonstruktion von Strategien und Techniken des videographierten Klassenmanagements im Unterricht in Sekundarschulen in Berlin und Brandenburg durch Thiel et al. 2012. Die Autoren stellten bei einer Expertin fest, dass sie *„in allen analysierten Sequenzen entweder Schülerinnen und Schüler aufruft, die vorher unaufmerksam waren oder unmittelbar vorher, beim Beenden der Einzelarbeit zurechtgewiesen wurden“.*[68]

➲ **(27) Frau Aragon,** Lehrerin für Englisch und Latein an einer sogenannten Brennpunktschule, geht im Gegensatz zu ➲ (08) Herrn Schnitzler dabei so vor:

Frau Aragon: *„Dilek, konzentrierst du dich jetzt wieder auf deine Arbeitsergebnisse?“*

Dilek: (Holt die Unterlagen vor und hält mit Frau Aragon lächelnd Blickkontakt)

Frau Aragon: (lächelt kurz und wertschätzend zurück, blickt dann aber sofort ins Plenum). *„So, jetzt wollen wir die Ergebnisse der ersten Aufgabe eurer Einzelarbeit vergleichen und überprüfen. Wie ihr wisst, kommt es bei dieser Aufgabe darauf an, das richtige Tempus zu setzen. Lest die Sätze vor und begründet eure Tempuswahl an Hand der vorgegebenen Signalwörter. Dilek, fang du bitte an!“*

Durch diese Vorgehensweise – kurze Ermahnung und positive Wiedereinbindung – steuert Frau Aragon die primären Handlungsvektoren in der Übergangsphase von der Einzelarbeit zum Plenumsvortrag. Sie lässt sich nicht aus dem Konzept bringen; sie bleibt freundlich im Ton und gleichzeitig fest in Sache und garantiert so den Primat des anhaltenden Unterrichtsflusses. Als

67 Vgl. hier und im Folgenden Thiel et al. 2012, S. 739ff.

68 Ebd., S. 740; dort auch ein vergleichbares Beispiel.

Altsprachlerin nennt sie ihre Strategie im Gespräch mit ihren Referendaren zur Ausbildung manchmal scherzhaft *suaviter in modo, fortiter in re.*[69]

2. Prävention durch breite Aktivierung

➲ **(28) Herr Falke** achtet darauf, dass er bei wichtigen, da weiterführenden Fragestellungen im Unterricht eine große Anzahl seiner Schüler aktiviert. Er wartet, bis sich hinreichend Schüler melden. Auf dem Weg dahin, fragt er etwa ins Plenum: *„Nur drei trauen sich die Antwort zu? Wir sind aber 33 mit mir."* Wenn sich dann weitere Schüler melden, sagt er: *„Schön, jetzt melden sich schon elf, nein, elfeinhalb (damit verweist er auf einen Schüler, der sich zögerlich zu Wort meldet). Denkt bitte daran, wir sind ganz unter uns. Sonst hört uns niemand zu. Fehler sind nicht schlimm oder dumm, sondern oft nützliche Helfer. Deswegen lachen wir auch nicht übereinander."* Dann initiiert er die Einmal-Jungen-Mädchen-Meldekette.

Auf diese Weise bindet Herr Falke – im Gegensatz zu ➲ (07) Herrn Richter und ➲(9) Frau Sebald – eine große Anzahl seiner Schüler in die gemeinsame Erarbeitung des Stoffes ein und nimmt ihnen die mögliche Sorge, sich durch eine falsche Antwort vor den anderen zu blamieren. Gleichzeitig verhindert der Lehrer auch die Bevorzugung derer, die die Lösung schnell erkannt haben und sich deswegen als erste melden. So kommt auch in Herrn Falkes Lerngruppen kein Gerede über „Streber" auf.

Herr Falke ist ebenfalls fair und transparent in seiner Leistungserwartung. Gleich zu Beginn des Schuljahres erklärt er seinen Schülern und deren Eltern genau, wie er bei der Notenbildung vorgeht. Er erläutert, dass er entsprechend der Rechtslage die § „Sonstige Leistungen im Unterricht" (Meldefrequenz- und qualität, Hausaufgaben, Tests und Referate) „angemessen"[70] in die Gesamtnote einbezieht. Den Schülern macht er bewusst, dass eine qualifizierte und dauerhafte „Sonstige Mitarbeit" eine „wacklige Note" im schriftlichen Bereich nach oben aufrundet. Zusätzlich wirft Herr Falke – so wie seine Berufskollegen ➲ (17) Frau Hassel und Herr Wilbertz – eine Teamnote für die Gruppenarbeiten

69 Verbindlich im Ton, fest in der Sache.

70 § Die Leistungsbewertung bezieht sich auf die im Unterricht vermittelten Kenntnisse, Fähigkeiten und Fertigkeiten. Grundlage der Leistungsbewertung sind alle von der Schülerin oder dem Schüler im Beurteilungsbereich Schriftliche Arbeiten und im Beurteilungsbereich Sonstige Leistungen im Unterricht erbrachten Leistungen. Beide Beurteilungsbereiche sind bei der Leistungsbewertung angemessen zu berücksichtigen. S. § 48 Abs. 2 SCHULGESETZ FÜR DAS LAND NORDRHEIN-WESTFALEN (Schulgesetz NRW – SchulG).

seiner Vierertische abrundend mit in die Waagschale. Eltern und Schüler wissen nun, worauf es ankommt und können die Demonstrationsbeispiele, die Herr Falke visualisiert, gut nachvollziehen. Durch Breitenaktivierung und transparente Leistungserwartung gelingt es Herrn Falke schon seit Jahren in allen Klassen, die er unterrichtet, eine hohe Beteiligungsquote zu sichern.

3. Prävention durch klare Regeln

Für Experten läuft das Monitoring des Schülerverhaltens auch über die Explikation und die Einforderung klarer an Regeln orientierter Verhaltenserwartungen. Dabei ist der Verweis auf die für alle sichtbaren und für alle geltenden Klassenregeln üblich. Regeln lassen sich nur dann umsetzen, wenn sie immer wieder eingefordert werden; die Papierform allein ist lediglich *l'art pour l'art.* Das weiß insbesondere

➲ **(29) Herr Costaldo** (vgl. Praxisbeispiel 15), dessen Regelkatalog sich weiterhin bewährt hat. Er verhält sich anders als seine Berufskollegen ➲ (01) Referendarin Mersch, ➲ (02) Lehrer Römer, ➲ (07) Herr Richter, ➲ (08) Herr Schnitzler oder (12) Frau Hansmann. Herr Costaldo weiß, dass man sich als Lehrer auch Konflikten mit seinen Schülern stellen und angemessen handeln muss. Ihm ist bewusst, dass Scheintoleranz eine tückische Option ist, denn sie lädt dazu ein, dass die negierten Probleme durch die Drehtür wieder hereinkommen. Schüler honorieren eine solche Haltung bei Lehrern generell nicht, sondern legen sie als Schwäche aus. Herr Costaldo weiß auch, dass Lehrerkritik an Schülerverhalten nur dann akzeptiert und befolgt wird, wenn der Lehrer selbst ein authentisches, zuverlässiges und wertschätzendes Verhalten gegenüber seinen Schülern an den Tag legt.

In diesem Schuljahr unterrichtet er eine neunte Klasse, die sich phasenweise bevorzugten Aktivitäten widmet. Dabei übt insbesondere das Handy als sekundärer Handlungsvektor eine große Versuchung aus. In der Einzelarbeitsphase „checkt" Linda in Seelenruhe ihre Mails. Herr Costaldo, der bei leichten Störungen generell so agiert wie ➲ (27) Frau Aragon, sieht das und sagt zu ihr: *„Linda, schalt dein Handy aus und löse die Aufgabe."* Sofort wendet er sich wieder der gesamten Lerngruppe zu, indem er an den Gruppentischen vorbei geht, um sich über den Fortschritt der Einzelarbeiten zu überzeugen. Linda hat ihr Gerät nicht ausgeschaltet, sondern teilt stattdessen lustige Fotos von „Grumpy Cat" per WhatsApp mit ihren Freunden. Herr Costaldo, der Linda seit seinem mobilisierenden Aufruf mit im Blick gehalten hat, bekommt auch dieses Fehlverhalten mit und sagt mit fester Stimme:

„Linda, mach dein Handy sofort aus. Unsere Regel lautet: Wie arbeiten im Unterricht konzentriert und aktiv mit". Dabei zeigt er auf Regel Nr. 4 des Klassenkanons.

Da Linda keine Anstalten macht, Herrn Costaldos Anweisungen zu folgen, veranlasst der Lehrer die Schülerin, das Gerät auszuschalten; unmittelbar danach zieht Herr Colstaldo das Mobiltelefon ein mit der Bemerkung: *„Du kannst das Gerät nach Schulschluss bei mir abholen.*" Auf Lindas Einwände geht Herr Costaldo nicht ein, denn er weiß, dass öffentliche Verhandlungen bei einer für die ganze Schule geltenden Regel nicht angebracht sind. Er hält es mit den Prinzipien 1-2-Sanktion (zwei gestufte Ermahnungen, dann Sanktion) sowie KISS & DRY (Keep it short and simple and don't repeat yourself). Als Linda nach Schulschluss das Handy bei ihrem Lehrer abholt, macht Herr Costaldo sie darauf aufmerksam, dass er Lindas Eltern bei ihrem nächsten Fehlverhalten mit einbeziehen wird.

Herr Costaldo ist sicher in seinen Entscheidungen, denn er hat schon mehrere Fortbildungsveranstaltungen zum Schulrecht mitgemacht. Daher kennt er seine Spielräume und Grenzen als Lehrer ganz genau. Er weiß, dass er grundsätzlich angemessen und verhältnismäßig vorzugehen hat und dass erst zielgerichtete erzieherische Einwirkungen ausgeschöpft werden müssen, bevor Ordnungsmaßnahmen greifen können.

§ Herr Costaldo weiß sicher, dass Linda durch ihr wiederholtes Fehlverhalten gegen § 42, Abs. 3 S. 1 SchulG NRW verstoßen hat: *„Schülerinnen und Schüler haben die Pflicht, daran mitzuarbeiten, dass die Aufgaben der Schule erfüllt und das Bildungsziel erreicht werden kann.*" Hieraus leitet sich ab, dass Störungen des Unterrichts unterbunden werden dürfen und zu unterlassen sind. Ohne Zweifel ist das Benutzen des Handys während des Unterrichts eine Störung und ist damit zu unterlassen. Um störende Anrufe oder Nachrichten zu verhindern, muss das Handy während des Unterrichts ausgeschaltet werden. Wenn ein Schüler das Telefon verbotswidrig im Unterricht benutzt, so ist zunächst auf den Schüler gemäß § 53 Abs. 2 SchulG NRW erzieherisch einzuwirken. Wenn die erzieherische Einwirkung den Schüler nicht dazu veranlasst, das störende Verhalten zu unterlassen, kann die Lehrkraft das Handy zeitweise wegnehmen, um weitere Störungen zu verhindern. Dabei sollte das Telefon immer vom Schüler ausgeschaltet werden. Spätestens am Ende des Unterrichtstages muss das Gerät dem Schüler wieder ausgehändigt werden.[71]

71 Vgl. dazu auch die Januar-2015-Information „Glänzend informiert" durch Lehrerrat aktuell.

4. Prävention durch Präsenz- und Stoppsignale

Zu den wirksamen und gleichzeitig Kräfte schonenden Instrumenten von Störungsprävention zählen non-verbale Präsenz- und Stoppsignale. Eindrucksvolle Präsenzsignale werden ausgesendet, wenn der Lehrer durch gezielte Raumnutzung Schülern den Eindruck von Ubiquität, von Allgegenwärtigkeit[72] vermittelt. Auf diese Strategie verzichten Lehrer, die als Aktionsraum lediglich den Platz in der Nähe von Tafel und Pult nutzen. KELLER 2008/2010 stellt fest: *„Ein elementarer Fehler ist, den Großteil des Unterrichts hinter dem Pult zu verbringen"*.[73]

Präsenzsignale – genau wie Stoppsignale – gehören zum CRM-Instrumentarium, das Schülerverhalten steuert. Wer als Lehrer auf diese Choreographie verzichtet, benimmt sich eines wichtigen Steuerungshebels. So wie Frau Wegener ➲ (18) ist ➲ (30) **Frau Simitris** nicht bereit, ihre ganze Berufszeit „eingequetscht" zwischen Tafel und Lehrertisch zu verbringen. Sie nutzt in ihrer 7. Klasse sowohl einen Sitzkreis als auch ganz bewusst das ZI. Zudem geht sie in Einzel- und Gruppenarbeitsphasen an den Vierertischen vorbei, um sich einen Überblick über den Arbeitsstand zu verschaffen. Dabei berät sie auch ihre Schüler freundlich, wenngleich tendenziell zurückhaltend, da sie die Selbstwirksamkeit ihrer Schüler fördern möchte. Zur Ergebnispräsentation bittet Frau Simitris ihre Schüler in das ZI, während sie sich an der Langseite des Klassenraums gegenüber der Fensterwand postiert. Ihre Schüler sind daran gewöhnt, Notizen zur Präsentation anzufertigen, um im Anschluss sinnvolle Fragen zu stellen oder Kritikpunkte zu äußern. So wahrt die Lehrerin Gruppenfokus und Gruppenmobilisierung.

Bei Klassenarbeiten erläutert Frau Simitris ihren Schülern zunächst klar die Aufgabenstellung, geht kurz auf Nachfragen ein und versammelt dann ihre Schüler zu Konzentration und Ruhe. Während der weiteren Arbeitszeit hält sich Frau Simitris wieder an der Langseite gegenüber den Fenstern auf. Sie ruft ihre Schüler per Glockenzeichen zehn Minuten vor Arbeitsende auf, ihre Lösungen zügig abzuschließen und ihre Ergebnisse noch einmal zu überprüfen.

Frau Simitris nutzt Präsenzsignale durch gezielte Lokation systematisch und sinnvoll, ohne in Hektik oder „Hampelei" zu verfallen, denn sie weiß, dass eine

72 Vgl. dazu das Merkmal „Withitness" bei KOUNIN 1976.

73 KELLER 2008/2010, S. 91.

übertriebene Choreographie schädlich wirkt. Ihre Schüler verstehen die nonverbalen Präsenzsignale ihrer Lehrerin und verbinden damit Vorhersehbarkeit, Sinnhaftigkeit und Verlässlichkeit.

Bei marginalen oder mittleren Störungen nutzt Frau Simitris ihre Repertoire an Präsenzsignalen gelegentlich auch zu Stoppzwecken. Als sich Yannik und Marco wieder einmal ihre Schreibetuis gegenseitig streitig machen, nimmt Frau Simitris zunächst affiliierenden Blickkontakt[74] zu den Störern auf. Als diese Maßnahme nicht hilft, geht Frau Simitris auf die beiden Schüler zu und stellt sich ostentativ hinter sie. Die Schüler fühlen sich ertappt und geben Ruhe. Sofort anschließend fordert die Lehrerin sie nacheinander zum Vorlesen auf.

Neben gezielter Lokation sind auch Mimik und Gestik – wie etwa das Ruhezeichen von ➲ (25) Frau Manzetti – sowie die Modulation der Stimme wirkungsvolle Präsenzsignale. Wesentlich ist dabei, dass diese Signale überzeugend und zielgerichtet eingesetzt werden, wobei sinnlose Übertreibung und ungerechtfertigte Anhäufung vermieden werden müssen. In diesem Zusammenhang ist der von Scrivener 2012 angebotene Katalog von Gesten für Lehrer[75] nicht sonderlich zielführend. Thiel et al. 2012 stellten in ihren empirischen Forschungen fest, dass Experten sekundären Handlungsvektoren auch durch „affiliierende Körperkontakte" präventiv begegnen.[76] Frau Simitris verzichtet aus naheliegenden Gründen darauf und rät auch ihren Referendaren in Ausbildung dazu. Sie ist der Ansicht, dass zu einem guten professionellen Miteinander auch ein Minimum an Distanz gehört, damit das Miteinander auf Dauer auch gut bleibt. Zur Lehrerprofessionalität gehört ihrer Meinung nach auch, dass Kritikgespräche grundsätzlich im geschützten Raum stattfinden und nicht im Plenum. Deshalb kündigt Frau Simitris Yannik und Marco auch ein Gespräch nach Stundenende an.[77]

➲ **(31) Lehrerin Meyer-Gerlach** setzt auf ein wertschätzendes Verhältnis zu ihren Schülern. Im Fall von leichten und mittleren Unterrichtsstörungen sind Humor und präventive Deeskalation ihre bevorzugten Strategien. Sie ist sich dessen bewusst, dass Deeskalation im Gegensatz zur Konfrontation noch Gestaltungs- und Umkehrspielräume beinhaltet. Als ihr Schüler Tobias aus der

74 Vgl. dazu Thiel et al. 2012, S. 739.
75 Scrivener 2012, S. 57ff. und S 136.
76 Thiel et al. 2012, S. 739.
77 Vgl. dazu auch Keller 2008/2010, S. 45.

siebten Klasse seine Plastiktrinkflasche achtlos auf den Boden wirft, sagt sie zu ihm: *„Tobias, du bist doch ein guter Basketballer. Wirf doch bitte deine Trinkflasche in den Papierkorb!“*[78] Tobias schmunzelt, nimmt die Flasche auf und wirft sie unter Anfeuerungsrufen seiner Mitschüler mit gezieltem Weitwurf in den Papierkorb.

Frau Meyer-Gerlach pflegt Lernmotivation und Volition[79] ihrer Klassen durch Belohnungssysteme – sogenannte Incentives[80] – zu verstetigen und so Unterrichtsstörungen vorzubeugen. Anfangs hat sie ihre Schüler nach zwei Stunden guter und störungsfreier Mitarbeit mit zehn Minuten „Time out“ belohnt, in denen sich die Schüler ihren bevorzugten Alternativen widmen durften. Nach ihrer Teilnahme an einer Reihe von Fortbildungen in Lernpsychologie hat Frau Meyer-Gerlach jedoch auf unterrichtsaffine Themen umgestellt, die sich als Transfer aus dem Unterricht ergeben. Sie bevorzugt jetzt Quiz oder andere Denksportaufgaben aus dem aktuellen Unterrichtsstoff. Natürlich bedeutet das für die Lehrerin mehr Vorbereitung – ganz im Gegensatz zur „Time out“ im Laissez-faire-Stil – aber es ist für sie die lernpsychologisch wertvollere Option.

2.2 Unterrichtsgestaltung: Kounins CRM-Dimensionen für Qualität und Effizienz

Neben den störungspräventiven CRM-Strategien (Lernförderliches Sozialklima; Regeln & Routinen; Professioneller Umgang mit Unterrichtsstörungen) muss jeder Lehrer, dem eine qualitätvolle und effiziente Lerngruppenführung am Herzen liegt, die vier proaktiven CRM-Dimensionen für die Unterrichtskonzeption nach Kounin 1976/2006 beherrschen. Diese proaktive, störungspräventive Unterrichtsgestaltung richtet sich vor allem auf den Unterrichtsfluss und umfasst vier Prinzipien (Dimensionen):

1. Allgegenwärtigkeit („Withitness“) und Überlappung („Overlapping“);
2. Steuerung von Unterrichtsabläufen durch Reibungslosigkeit („Momentum“) und Schwung;

78 Rhode & Meis 2014, S. 31.
79 Vgl. dazu Hasselhorn & Gold 2006/2013, S. 104ff.
80 Vgl. dazu auch Keller 2008/2010, S. 61. Grundsätzlich steht allerdings ein komplizierter und aufwändiger Modus von Incentives einer routinierten Anwendung im Berufsalltag entgegen.

3. Aufrechterhaltung des Gruppen-Fokus („Group Focus") durch Gruppenmobilisierung, Rechenschaftsprinzip und Beschäftigungsradius;
4. programmierte Überdruss-Vermeidung durch Abwechslung, Valenz und intellektuelle Herausforderung.

Hinter diesen vier Prinzipien für Unterrichtsqualität steht die Erkenntnis, dass ein so strukturierter Unterricht den Schülern wenig Freiraum für Unterrichtsstörungen lässt, ihnen stattdessen Raum zu ihrer intellektuellen und sozialen Selbstwirksamkeit sowie zu ihrer Progression in Form von echter Lernzeit gibt. Gestützt wird diese Erkenntnis durch das Ergebnis seiner empirischen videografischen Forschungen, dass reaktive Zurechtweisungen bei Verhaltensbrüchen weder zu besserem Benehmen bei dem Zurechtgewiesenen noch zu breitenwirksamen Welleneffekten führen.[81] Kounin als der Klassiker von CRM schlechthin postuliert, dass es *„verschiedene Dimensionen der Gruppenführung gibt, die in ihrem Vermögen, das Schülerverhalten im Unterricht zu beeinflussen, weit gewichtiger sind als die Disziplinierungstechniken. Mehr noch: Jene Dimensionen der Gruppenführung beziehen sich sowohl auf die Weckung von Arbeitsbereitschaft als auch darauf, schlechtes Betragen in den Griff zu bekommen"*.[82]

1. Allgegenwärtigkeit („Withitness") und Überlappung („Overlapping")

Mit „Allgegenwärtigkeit" („Withitness") bezeichnet Kounin 1976/2006 die Fähigkeit des Lehrers, jederzeit über das Geschehen innerhalb der Lerngruppe informiert zu sein.[83] Dazu zählen – wie unter 2.1 dargelegt – Ubiquität, Präsenz- und Stoppsignale sowie das Zurückweisen sekundärer Handlungsvektoren zugunsten primärer und somit Gewährleistung des Unterrichtsflusses. Dazu zählen auch eine ad-hoc-Bereitstellung von vorbereitetem Unterrichtsmaterial und ein routinierter und zielgerichteter Umgang mit Medien. Allgegenwärtigkeit und Überlappung setzen die Fähigkeit des Lehrers zu Multi-Channelling und Multi-Tasking voraus. Diese wiederum bedingt, dass der Lehrer in seinem Fachwissen absolut sicher und möglichst versiert ist, um sich auf die vielfältigen und nur allzu oft synchron ablaufenden Prinzipien der Stoffumsetzung besonders konzentrieren zu können.

81 Kounin 1976/2006, S. 28.

82 Ebd., S. 12.

83 *„Allgegenwärtigkeit wurde definiert als die durch sein konkretes Verhalten erfolgende Mitteilung des Lehrers an die Schüler, er sei im Bild über ihr Tun, oder auch, er verfüge über die sprichwörtlichen „Augen im Hinterkopf"* (also nicht so sehr als einfache verbale Ankündigung: „Ich weiß genau, was hier vorgeht"). Ebd. S. 90.

Der Begriff Überlappung („*Overlapping*") „*steht in Verbindung mit dem, was ein Lehrer unternimmt, wenn er sich zur gleichen Zeit mit zweierlei Sachverhalten abgeben muss*".[84] Überlappungen entstehen beim Aufeinandertreffen von primären und sekundären Handlungsvektoren, aber auch dann, wenn z.B. ein Schüler während des Tafelanschriebs auf den Lehrer zukommt, um ihm die Arbeitsergebnisse in seinem Heft zu zeigen. Hier sollte der Lehrer – je nach Fortschritt des Tafelanschriebs mit Adresse an das Plenum – abwägen, ob er zuerst dem Plenum einen weitergehende Arbeitsanweisung gibt und sich dann kurz dem Schüler zuwendet, oder ob er zunächst den Tafelanschrieb beendet, das Plenum auffordert, weiter abzuschreiben und sich dann dem Einzelschüler kurz widmet. Zur Steuerung von Übergängen sei noch einmal auf die Experten-Novizen-Studie von THIEL et al. unter 2.1.3 hingewiesen. KOUNINS Ergebnisse zeigen, dass „*sowohl Allgegenwärtigkeit als auch Überlappung in signifikantem Zusammenhang mit dem Führungserfolg stehen*".[85] Dieses wird u.a. an den Fallbeispielen ➲ (27) Frau Aragon und ➲ (30) Frau Simitris aufgezeigt.

➲ **(32) Herr Neumann** ist seit mehr als zehn Jahren Lehrer für Mathematik und Biologie an der Friedrich-Ebert-Gesamtschule. Er ist ungebrochen engagiert, bildet sich regelmäßig fort und arbeitet gern mit seinen Klassen und Kursen zusammen. Für etliche seiner Kollegen völlig unverständlich, freut sich Herr Neumann auf jeden Unterrichtstag. Herr Neumann ist bei seinen Schülern beliebt, weil sein Unterricht flüssig strukturiert und abwechslungsreich ist. Darüber hinaus genießt Herr Neumann wegen seiner Authentizität und Professionalität Achtung und Respekt bei seinen Schülern. Sie mögen es, dass er „hands-on" ist, Humor hat und sie nicht ewig „mit Sozialschmalz volllabert". Die Schüler akzeptieren auch, dass Herr Neumann ihnen bisweilen Grenzen aufzeigt. Auch die Schülereltern schätzen Herrn Neumann wegen seiner Expertise, Beratungskompetenz und Zuverlässigkeit. Sie danken es ihm, dass er ihre Kinder nicht lustlos verwahrt, sondern ihnen „wirklich etwas beibringt".

Zurzeit führt Herr Neumann seine Schüler in die Vektorenrechnung ein. Nachdem er sie über lehrerzentrierten ZI-Input grundlegend in die Materie eingewiesen hat, gibt er ihnen zwei niveaugestufte Aufgaben zunächst zur Einzelarbeit. Alle Schüler sollen die einfachere Aufgabe in Einzelarbeit lösen. Nach Beendigung dieser Arbeitsphase durch Glockenzeichen formieren sie

84 Ebd., S. 95.
85 Ebd., S. 97.

ihre Tische zu festgelegten Vierertischgruppen, vergleichen ihre bisherigen Resultate, um sich dann in Teams an die Lösung der schwierigeren Aufgabe zu machen. Herr Neumann kennt die kritischen Übergänge des Prozesses von der Einzel- zur Gruppenarbeit. Ihm ist auch klar, dass die abschließende Präsentationsphase durch einzelne Schüler von ihm eine hinreichende Gruppenmobilisierung verlangen wird. Ebenso wird eine möglichst weitgehende Vermeidung von sogenannten School Survival Skills in Form von vorgetäuschter Teilnahme zu verhindern sein.

Während der Einzelarbeit seiner Schüler hält er sich an der Rückwand des Kursraums auf und behält seine Schüler im Blick, auch, um auf Nachfrage kurze Denkanstöße zu vermitteln. Vor der Umstellung der Tische zur Gruppenarbeit weist Herr Neumann seine Schüler noch einmal darauf hin, dieses leise zu tun und bei der Teamarbeit nur in gedämpftem Ton miteinander zu sprechen. Er gibt erneut ein Zeitfenster zur Aufgabenerledigung vor. Während der Gruppenarbeit geht Herr Neumann wiederholt an den Schülertischen vorbei und überzeugt sich vom Fortschritt der Arbeit. Um die Selbstwirksamkeit seiner Schüler zu fördern, vermeidet er detaillierte Hilfestellungen, sondern gibt lediglich ein Schlüsselwort preis, das ihnen beim Weiterarbeiten helfen soll. Schüler, die nicht bei der Sache sind, werden vom Lehrer angesprochen oder einfach „aufgesucht". Während der abschließenden Präsentationsphase sollen die zuhörenden Schüler ihre Ergebnisse vergleichen, Abweichungen im Lösungsweg wie in den Ergebnissen melden, die festgehaltene richtige Lösung notieren und zuletzt bewerten, wie verständlich für sie die Ergebnisvorstellung durch ihre Mitschüler war. So sichert Herr Neumann die Gruppenmobilisierung.

Zum Ende des Unterrichts fasst der Lehrer kurz die Stundenergebnisse zusammen, gibt seinen Schülern eine weiterführende Aufgabe und weist sie kurz in mögliche Lösungsansätze ein.

2. Steuerung von Unterrichtsabläufen durch Reibungslosigkeit („Momentum") und Schwung

Der ideale und störungsarme Unterricht soll nach Kounin 1976/2006 kohärent, d.h., ohne sachlogische Brüche, reibungslos und geschmeidig verlaufen. Hier ist insbesondere die Fähigkeit von Lehrern gefragt, Übergänge zwischen den primären Handlungsvektoren so zu steuern, dass alle Schüler – unabhängig von ihrem Arbeitstempo oder dem Grad ihrer Aufmerksamkeit – einbezogen werden. Sie müssen Zeit genug haben, sich auf den Wechsel einzustellen, um dann bereitwillig und ohne unnötige Verzögerung mitarbeiten zu können. Bei der Dimension „Reibungslosigkeit und Sprunghaftigkeit" von Unterricht unterscheidet KOUNIN 1976/2006 fünf Formen des Lehrerverhaltens: Reizabhängigkeit, Unvermitteltheit, thematische Unentschlossenheit, thematische Inkonsequenz und Verkürzungen.[86] Diese Formen von fehlerhafter Unterrichtssteuerung beeinträchtigen die Kohärenz und Reibungslosigkeit des Unterrichtsflusses und leisten dadurch Störungen Vorschub.

➲ **(33) Lehrerin Gülsüm** hat ihren Schülern gerade eine Aufgabe zur Erledigung in Stillarbeit gegeben. Plötzlich fällt ihr Blick auf eine Bananenschale, die auf dem Boden liegt. Frau Gülsüm lässt sich von diesem sekundären Reiz so absorbieren, dass sie nicht nur den Verursacher auffordert, die Bananenschale sofort in den Papierkorb zu bringen, sondern ihren Schülern einen Vortrag über Ordnung und Sauberkeit im Klassenraum hält. Durch Frau Gülsüms unvermitteltes „Hineinplatzen" in die Schülerarbeit gerät die begonnene Stillarbeit in den Hintergrund, und der Unterricht verliert an Reibungslosigkeit und Schwung. Die Methode des „wandernden Papierkorbs" als zeitgerechter, stummer Impuls hätte die Störung der primären Handlungsvektoren für die gesamte Lerngruppe verhindert.[87]

Mit der von KOUNIN 1976/2006 angeführten Verkürzung ist eine „länger anhaltende thematische Inkonsequenz"[88] gemeint.

➲ **(34) Herr Büttgen** unterrichtet Erdkunde und Sozialwissenschaften an einer Gesamtschule. Als begeisterter Geograph hat er viele Länder bereist. Heute behandelt er mit seinen Schülern das Thema „Umweltveränderungen, dargestellt am Tropischen Regenwald". Nach kurzer, zielführender Einführung wird Herr Büttgen unvermutet an seine vor sieben Jahren unternommene Abenteuerreise in das Amazonasgebiet erinnert. Automatisch schwenkt er über in eine breite Darstellung seiner Reiseerlebnisse. Als es ihm schließlich gelingt, auf das eigentliche Thema zurückzukommen, bleiben ihm von der Stunde nur noch zehn Minuten. So wird das Primärthema stark verkürzt, und Herr Büttgen torpediert seinen eigenen Unterrichtsductus.

---

86 KOUNIN 1976/2006, S. 103.

87 Vgl. hierzu die Fallbeispiele ➲ (01) Frau Mersch und ➲ (26) Herr Diepenbach; die fehlerhafte Steuerung durch thematische Unentschlossenheit und Inkonsequenz lässt sich auch am Beispiel von ➲ (08) Herr Schnitzler nachvollziehen, der Unterricht im Zickzackkurs anbietet.

88 KOUNIN 1976/2006, S. 109.

Weitere Negativbeispiele für mangelnde Zügigkeit sind etwa „Festkleben" an Notizen, zeitraubendes Vorsortieren von OHP-Folien oder umständliches Suchen nach Farbstiften oder -kreiden. Auch ➲ (1) Referendarin Mersch mit ihrem vorherrschenden Bedürfnis, sich auf die Richtigkeit der Unterrichtsinhalte zu konzentrieren, statt auf den Unterrichtsfluss und die Involvierung ihrer Lerngruppe zu achten, gehört hierhin.

3. Aufrechterhaltung des Gruppen-Fokus („Group Focus") durch Gruppenmobilisierung, Rechenschaftsprinzip und Beschäftigungsradius

Das Wesentliche bei dieser Dimension ist das Ausmaß, mit dem es der Lehrer schafft, jeden einzelnen Schüler zu erreichen und in eine operante Auseinandersetzung mit dem Unterrichtsstoff zu involvieren. Dabei kommt es darauf an, wie es der Lehrkraft gelingt, die Herausforderungen an die Schüler zu kalibrieren, damit möglichst alle in die Lerninteraktion einbezogen werden.[89] Um dabei Motivation und Volition auf möglichst breiter Basis zu erhalten, ist der Umgang mit Fehlern wichtig. Für Hattie 2014 sind Ermunterung und Begrüßung von Fehlern durch Lehrer bedeutsam, um Schülern zu helfen, den Wert des Fehlers zu erkennen und für das Weiterkommen zu nutzen. Hattie sieht darin die Essenz guten Unterrichts. Das Fallbeispiel ➲ (28) Herr Falke verdeutlicht, wie man Kounins Dimension „Aufrechterhaltung des Gruppen-Fokus" durch Gruppenmobilisierung und positive Fehlernutzung in der Alltagspraxis umsetzen kann. Wie ein breiter Beschäftigungsradius erreicht und das Rechenschaftsprinzip praktiziert wird, weist auch das Fallbeispiel ➲ (32) Herr Neumann nach. Auch wenn nur ein einzelner oder zwei Schüler ihre Ergebnisse vortragen, sollen alle Schüler dem Unterricht folgen, d.h., der Lehrer muss auch während des Einzelvortrags die gesamte Lerngruppe im Fokus behalten. Jedes Lernen muss möglichst darauf überprüft werden, ob es richtig verstanden und hinreichend geübt sowie sicher angewendet wird. Dabei ist eines für Schüler unerlässlich: das Lehrer-Feedback als verlässlicher und ermutigender Lernbegleiter.

➲ **(35) Lehrerin Volcović** unterrichtet Mathematik in einer 7. Klasse. Sie bittet die Schülerin Anna, die Ergebnisse ihrer Einzelarbeit an die Tafel zu schreiben und zu erklären, wie sie zu den einzelnen Lösungsschritten gelangt ist. Das Plenum wird aufgefordert, seine Rechenergebnisse mit denen von Anna zu vergleichen. Nachdem Frau Volcović Annas Resultat bestätigt hat, bittet sie

89 Vgl. hierzu und im Folgenden Hattie 2014, S. 59.

alle Lerner, die dasselbe Ergebnis wie Anna haben, um ihr Handzeichen. So verschafft sich die Lehrerin einen ersten Überblick über den Lernerfolg ihrer Schüler. Alle diejenigen, die ein abweichendes Ergebnis haben, können ihr Resultat freiwillig zur gelenkten Diskussion und Beratung im Plenum vorstellen. Die zurückhaltenden Schüler, die sich dem Plenum noch nicht stellen möchten, werden von ihrer Lehrerin zur Beratung in den Sitzkreis gebeten, während das Plenum einen weitergehenden Arbeitsauftrag erhält. Auch bei Frau Volcović wird grundsätzlich nicht über Fehler gelacht, weil alle wissen, dass Fehler nützliche Helfer sind. Sonst wird schon im Unterricht von Frau Volcović gelacht, wenn die Lehrerin lustige Lernaufgaben stellt oder witzige Wortspiele macht.

Bei der Gruppenmobilisierung muss der Lehrer erkennen, was echte Teilnahme und was lediglich vorgetäuschte Teilnahme ist. Lehrkräfte sollen nach Kounin 2014 letztere vermeiden und sensibel sein für scheinbare Aufmerksamkeit. Bekanntlich verfügen Schüler über ein Repertoire an School Survival Skills, den Eindruck gespannter Aufmerksamkeit zu erwecken, etwa durch eifriges Kopfnicken oder auch durch „Schein-Meldungen". Ein erfahrener Lehrer erkennt diese Vortäuschungen in der Regel an Gestik und Mimik, oft auch am Augenausdruck seiner Schüler.

4. Programmierte Überdruss-Vermeidung durch Abwechslung, Valenz und intellektuelle Herausforderung

Regeln und Routinen gehören zu den statischen, d.h. stützenden Elementen eines störungspräventiven Unterrichts. Um ein breites Interesse von Lernern aufrecht zu halten, sind die aktivierenden Dimensionen für Qualität und Effizienz von Unterricht unerlässlich. Hierzu gehört als vierte Dimension die programmierte Überdruss-Vermeidung. Jeder Lehrende weiß, dass einerseits die Wiederholung im Sinne von Festigung „Mutter der Pädagogik" genannt wird, andererseits Abwechslung notwendig ist, um Motivation und Volition von Lernern zu erhalten. Ständige Abwechslung schafft Orientierungslosigkeit und Flüchtigkeit. Reine Wiederholung schafft Überdruss. Sie verändert nach Lewin 1935[90] die Valenz einer Tätigkeit und setzt zugleich die Arbeitsqualität herab, indem sie einen Wechsel von positiver (Gefallen) zu negativer (Ablehnung) Valenz erzeugt. Hier müssen Lehrer einen Mittelweg finden zwischen festigenden Wiederholungsphasen einerseits und motivierenden Phasen der Abwechslung

90 Zitiert bei Kounin 1976/2006, S. 132.

und der „intellektuellen Herausforderung“ nach Kounin 1976/2006, d.h., des lernenden Konstruierens, Rekonstruierens und Dekonstruierens andererseits.

Gerade bei der stabilisierenden Nutzung von Routinen wie Start-Aufgaben oder oft wiederkehrenden Arbeitsformen wie Einzel- oder Gruppenarbeit ist es wichtig, das Gebot der Abwechslung bei der Aufgabenstellung zu beachten. Wachsender Überdruss führt von Bedeutungsverlust zu Sinnentleerung und zeigt sich bei Schülern in Fehlerhäufungen und Fluchttendenzen, wie etwa Unruhe oder Beschäftigung mit bevorzugten Alternativen.

Ein qualitätvoller und effizienter Unterricht muss Überdruss programmatisch vermeiden, indem der Lernstoff inhaltlich und methodisch abwechselnd und dabei in Korrelation zueinander vertiefend präsentiert wird. Das setzt allerdings voraus, dass Lehrer ihren Unterricht strukturierend und unter Kalibrierung der intellektuellen Herausforderung vorbereiten und nicht nur „nach Schema F durchziehen“. Unter intellektueller Herausforderung versteht Kounin 1976/2006 *„Aktivitäten, die über den einfachen Gebrauch von Fertigkeiten hinausgehen und Abstraktionsvermögen oder Kreativität erfordern“*.[91]

Diese aufwändige Vorbereitung kostet fraglos Zeit und Mühe; sie entschädigt aber i.d.R. durch Anerkennung der Lerner in Form von breiter aktiver Teilnahme und Störungsarmut. Hier muss sich jeder Lehrer überlegen, was er dauerhaft investieren will: Zeit und Aufwand für eine gründliche Vorbereitung mit dem Erfolg einer für alle Beteiligten erfolgreichen Unterrichtsstunde oder Vermeidung von Zeit und Mühe zur Unterrichtsvorbereitung mit dem Misserfolg in Form von Störungen und schädigender Nervenbelastung.

➲ **(36) Herr Fendrich** ist Lehrer mit zwei Korrekturfächern am Sibelius-Gymnasium. Er weiß, dass für ihn ein gutes Zeitmanagement für Unterrichtsvorbereitung und extreme Korrekturbelastung (gehaltsneutral, ohne zusätzliche Vergütung gegenüber seinen Kollegen, die ausschließlich Nebenfächer unterrichten) wichtige School Survival Skills sind. Deswegen bereitet er schon vor Beginn des Schuljahres digitale Zeitraster vor für Unterrichtssequenzen, Stundenabfolgen und Leistungsüberprüfungen sowie Korrekturzeit. Gleichzeitig sichtet er notwendiges Inhaltsmaterial, insbesondere für die Klausuren, und speichert es ab. Am Wochenende bereitet er die nächste Arbeitswoche vor, indem er tabellarisch die Stundenverläufe mit Arbeitsformen und zu schulenden

91 Ebd., S. 142.

Kompetenzen sowie zu erreichenden Ergebnissen erstellt. Die digitale Version ermöglicht eine zügige Vorbereitung und eventuell spätere Modifikationen. Durch dieses proaktive Zeitmanagement verschafft sich Herr Fendrich mehr Freizeit unter der Woche und fühlt sich durch Konferenzen auch nicht so belastet.

Fazit: Guter Unterricht besteht aus einer Vielzahl von wohldurchdachten, aufeinander aufbauenden Schritten. Er generiert sich nicht von allein und funktioniert auch nicht „nach Schema F". Der Vier-Dimensionen-Lehrer ist der Steuermann eines störungsarmen, qualitätvollen und effizienten Unterrichtsflusses.

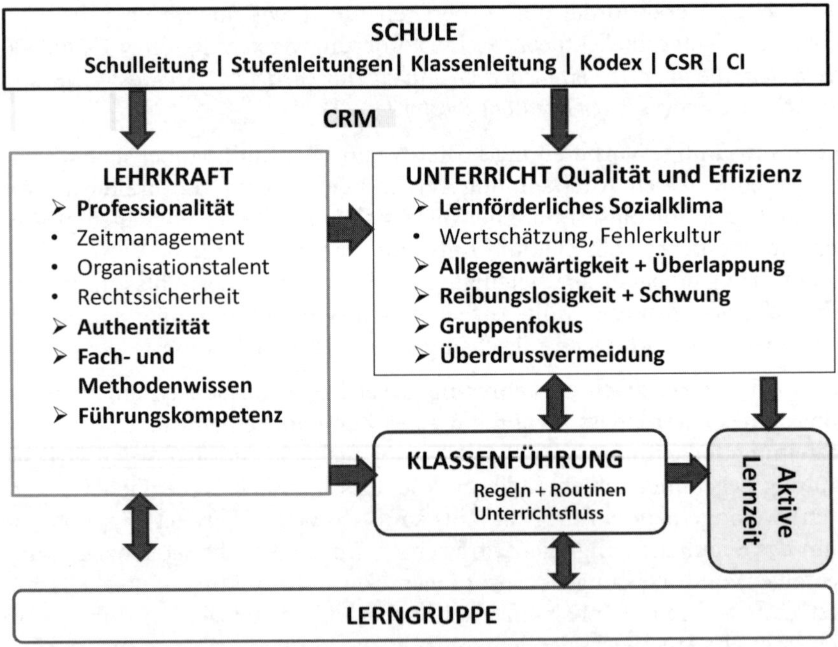

Abb. 7: CRM-Methodik und Wirkungsfeld (überarbeitet nach HELMKE *2007)*

2.3 Tool Kit Prävention – der Werkzeugkasten für die Praxis

PRÄVENTION

- Lehrerräume statt Klassenräume
- Lernförderliches Sozialklima schaffen (für Fairness und Verantwortung; gegen Häme und Aggression)
- Sinnvolle Raumnutzung durch Anpassung an Arbeitsformen (Sitzkreis und ZI)
- Begrüßungsritual
- Start-Aufgabe
- Datum-Agenda-Phase
- Sinnvoller Stundenabschluss (Resümee und Transfer)
- Der „wandernde Papierkorb“
- Klassenregeln: möglichst wenige, aber diese einfordern – Regeln gelten für Schüler und Lehrer
- Auf Unterrichtsfluss achten: Reibungslosigkeit und Schwung
- Primäre Handlungsvektoren bei Übergängen im Blick behalten („*Am Ball bleiben und nicht den Faden verlieren!*“)
- Kleine und mittlere Unterrichtsstörungen nur geringen Raum einräumen: en passant beenden und sofort zu den primären Handlungsvektoren zurückkehren
- Präsenzsignale: Ubiquität und gezielte Lokation („*Nicht hinter dem Pult versauern!*“)
- Stoppsignale: Blickkontakt, Ruhezeichen
- Breite Gruppenmobilisierung entwickeln
- Weg vom Lehrer-Schüler Ping-Pong: Einmal-Jungen-Mädchen-Meldekette
- Weg vom täglichen Kontrollzwang: Die Wochenarbeit
- Die Hotelglocke als Zeitwächter
- Motivationsanreiz: Belohnungssysteme
- Motivationssteigerung: Ergänzende Note für Teamleistung oder Schülerassistenz
- Motivationserhaltung:
  - Überdruss-Vermeidung durch Abwechslung und kalibrierte Herausforderung
  - Wertschätzung und Humor
- Fehlerkultur: Fehler gehören zu den nützlichen Helfern des Lernfortschritts
- Zeitmanagement und Organisationstalent: School Survival Skills für Lehrer

3 Aktion als Ad-hoc-Maßnahme des CRM

3.1 Intervention und Grenzziehung

Wenn sich auch der Unterricht mit den Mitteln der CRM-Prävention i.d.R. störungsarm, reibungslos und schwungvoll zeigt, so können dennoch Unterrichtsstörungen, die über einen mittleren Grad hinausgehen, nicht völlig ausgeschlossen werden. Die Lehrkraft, nach HATTIE 2009, als „*aktivierender Gestalter unterrichtlicher Prozesse*“ ist also nicht nur in den präventiven, und steuernden Bereichen gefragt, sondern auch ad hoc und proaktiv.

Gerade in der situativen Intervention tun sich viele Lehrkräfte schwer – Novizen mehr als Experten. Vereint doch alle Lehrer der insgeheime Wunsch, geliebt zu werden, zumindest aber beliebt zu sein. Everybody's darling sein – das ist cool! Zu spät wird oft erkannt, dass Schüler, mehrheitlich ab der Jahrgangsstufe 7, ihre Relation zu Lehrern pragmatisch sehen. Hat man bei dem bislang beliebten Lehrer keinen Unterricht mehr, ist der freundliche Schülergruß auf dem Schulflur nach den Sommerferien schnell vergessen. Dabei hat man eigentlich in den unteren Schuljahren gern bei dem Lehrer – nein, für den Lehrer gelernt.

Der Lehrkraft, die ausschließlich auf Beliebtheit setzt, fallen Intervention, erst recht Grenzziehung und noch mehr die Einhaltung der Grenze schwer.[92] *„Laut zu sagen, dass man bereit ist, andere Menschen zu führen, kann in der Schule schon als überheblich empfunden werden. (…) Im Unterschied zur Wirtschaft oder zu Bereichen des täglichen Lebens spricht man in der Schule aber nicht offen davon. (…) Ganz von selbst sollen die Schüler darauf kommen, wie sinnvoll es ist, Vokabeln zu lernen, Hausaufgaben zu machen und im Unterricht konzentriert mitzuarbeiten. Soweit die Theorie. Die Praxis sieht anders aus. Hier merken viele Kollegen recht schnell, dass sie Schüler und Eltern führen müssen, um die gesteckte Ziele zu erreichen. Allerdings entdecken sie auch: Niemand hat ihnen beigebracht, wie man Schüler und Eltern führt, worauf man dabei achten muss und welche Fehler man vermeiden muss*“.[93] Dabei sind Lehrer doch durch Studium und Expertise klassische Führungspersonen.

---

92 Vgl. dazu die Fallbeispiele ➲ (1) Referendarin Mersch [S. 3], ➲ (3) Frau Çakmak [S. 4] und ➲ (12) Frau Hansmann [S. 31].

93 HOEGG 2012, S. 6.

„Ihr Amt als Lehrerin und Lehrer ist juristisch klar definiert: Lenken, Leiten, Führen, Benoten und (Er-)Ziehen – alles, aus einer übergeordneten Position heraus".[94]

Aber: Lehrer sind Führungspersonen, die selten zu führen wagen. Eine der häufigsten Folklorefloskeln, die in diesem Zusammenhang fallen ist: „Ich hole die Schüler da ab, wo sie sind". Eigentlich nie wird gesagt, zu welchem Ziel man die Schüler führen will. Man macht sich auch gern „auf den Weg"; man erklärt aber nicht, wohin der Weg führen soll. Die abstruse Scheinlösung dieses Dilemmas wird oft so verbalisiert: Der Weg ist das Ziel.

CRM hingegen gibt bei nachhaltiger Umsetzung jeder Lehrkraft das geeignete Führungsinstrumentarium an die Hand, ohne Gefahr zu laufen, ein „Besen" oder gar ein „Drachen" zu sein. CRM empfiehlt sich daher, nicht nur für Solisten, sondern als Corporate Identity (CI)-Philosophie für das gesamte pädagogische Orchester einer Schule tonangebend zu werden.

Zur Entscheidungshilfe für Lehrer bei Ad-hoc-Intervention wegen zu hoher Lautstärke im Unterricht schaffen viele Schulen sogenannte Lärmampeln an, die in den Klassenräumen installiert werden. Je nach vorliegender Dezibelstärke springt die Ampel von Grün auf Gelb, dann von Gelb auf Rot. Das Aufleuchten von Rot soll Schülern anzeigen, dass sie leiser sein müssen. Nach Berichten von Lehrern, die Erfahrung mit diesen Lärmampeln haben, führt das Verfahren jedoch keineswegs automatisch und non-verbal dazu, dass Schüler ihr Störverhalten mäßigen oder sogar abstellen. Es besteht im Gegenteil bei Schülern oft ein sportlicher Anreiz darin, die Lärmampel mit vereinten Kräften auf Rot zu schreien. In jedem Fall – so das Lehrer-Feedback – ist die aktive verbale Intervention durch den Lehrer erforderlich, wodurch eine Grenzziehung erfolgt. Manche Schule, die Ausgaben für Lärmampeln getätigt hat, fragt sich inzwischen nach der Sinnhaftigkeit dieser Anschaffung.

Das auf Gelb – Rot verkürzte Farbenspiel wird in Analogie zur Intervention von Schiedsrichtern auf dem Fußballfeld gesehen. Gelb – Rot gilt international, ja global und ist daher für alle Beteiligten ohne umschweifige Erklärung

94 Rhode & Meis 2014, S. 8. Vgl. zur Rechtsposition von Lehrern § 57 Abs. 1, SchG NRW: (1) *„Lehrerinnen und Lehrer unterrichten, erziehen, beraten, beurteilen, beaufsichtigen und betreuen Schülerinnen und Schüler in eigener Verantwortung im Rahmen der Bildungs- und Erziehungsziele, der geltenden Rechts- und Verwaltungsvorschriften, der Anordnungen der Schulaufsichtsbehörden und der Konferenzbeschlüsse; sie fördern alle Schülerinnen und Schüler umfassend."*

sofort einsehbar. Darüber hinaus kann man es ohne aufwändige Vorbereitung einführen. Sowohl Hoegg 2012 als auch Rhode & Meis 2014 befürworten die Methode Gelb – Rot zur situativen Intervention bei Regelverstoß und weisen auf den Selbstbindungseffekt auf Seiten des Lehrers hin. Hoegg 2012 fügt sogar Schiedsrichterkarten in stabiler Ausführung zur Nutzung von Lehrern bei. Der Autor gibt eindeutige Hinweise zum Einsatz der Karten: Lehrkräfte sollen sie sichtbar bereitlegen bzw. griffbereit haben.[95] Die Schiedsrichterkarten sollen so verwendet werden: Bei Regelverstoß soll dem Störer die gelbe Karte gezeigt werden und sein Name an die Tafel geschrieben werden. Mit diesem äußeren Zeichen soll dem Störer klar gemacht werden, dass er die Grenze des Erlaubten oder Vereinbarten überschritten hat. Er soll nun vor die Wahl gestellt werden: Regelbeachtung oder Konsequenz. Die Art der Konsequenz soll ihm angekündigt werden. Ausdrücklich warnt Hoegg 2012: *„Keine Diskussion darüber!“* Beim nächsten Verstoß durch denselben Störer soll ihm die Rote Karte gezeigt und die Maßnahme verhängt werden. Zur Visualisierung soll der Name des Schülers, der schon an der Tafel steht, rot unterstrichen werden. Wiederum ist es wichtig, dass in diesem Stadium über die Maßnahme keine Diskussion geführt wird. Der Lehrer soll sich darüber eine Notiz anfertigen. Anders als auf dem Fußballrasen muss der Lehrer die Maßnahme Rot nach Stundenschluss mit einem kurzen Schülergespräch unter vier Augen abschließen. Zu Dokumentationszwecken kommt hier unser Diagnosebogen Unterrichtsstörungen – Schülergespräch (Abb. 3) zum Einsatz.

➲ **(37) Frau Gondram** hat in ihrer Klasse 7 lediglich das Schiedsrichtermodell – aber keine CRM-Strategien – eingeführt. Da die Schüler phasenweise über Gebühr laut werden, insbesondere dann, wenn Frau Gondram wieder einmal ihre Unterrichtsmaterialien nicht griffbereit hat und mitten im Unterricht zu Kopierzwecken aus dem Klassenraum stürzt, zieht die Lehrerin die Notbremse. Sie greift dann den erstbesten Störer heraus und wendet das Gelb-Rot-Modell an. Wenn der Störer opponiert, lässt sich Frau Gondram zunächst in eine Verhandlung zum Zweck der Grenzaufweichung verwickeln, dann in eine Konfrontation, die nicht frei von Aggression ist. Die Folge dieses Verhaltens ist, dass die Lehrerin im Bewusstsein ihres eigenen fehlerhaften Handelns die gebotene Konsequenz stark reduziert oder sogar völlig darauf verzichtet. Viel Lärm um nichts!

95 Vgl. hier und im Folgenden Hoegg 2012, S. 128.

Ob Lärmampel oder Schiedsrichtermodell, eines ist unbedingt zu beachten: Grenzziehung und Konsequenz sollen nur angewendet werden bei Regelverletzungen, die das mittlere Maß überschreiten, und auch nur dann, wenn die CRM-Präventionsstrategien nicht hinreichend erfolgreich sein sollten. Eine Inflation von inszenierter Lehrerintervention zeitigt einen Gewöhnungseffekt und damit eine Senkung der Hemmschwelle auf der Schülerseite, ist also kontraproduktiv. Zum anderen verstrickt sie den Lehrer in eine unverhältnismäßige Aktionismusspirale, öffnet Fehlentscheidungen die Tür[96] und führt sich schließlich selbst ad absurdum.

Fazit: Bei situativer Lehrerintervention gelten drei Gebote:

1. sparsamer und überlegter Gebrauch;
2. KISS & DRY;
3. Keine Verwicklung in Konfrontation.

3.2 Sanktion als Ultima Ratio

Viele Autoren, die sich mit Unterrichtsstörungen und situativer Lehrerintervention beschäftigen, befürworten generell Sanktionen als Ultima Ratio. Selten jedoch werden konkrete Vorschläge dazu gemacht, welche Maßnahmen verhängt werden sollen und welche Erziehungsziele sie haben. Gelegentlich wird pauschal auf Ordnungsmaßnahmen verwiesen. Nur wenige Autoren wagen sich bei dieser Frage aus der Deckung.

Die grundlegenden und absolut zu beachtenden Prinzipien bei der Wahl einer Sanktion sind: Rechtmäßigkeit, Angemessenheit und Verhältnismäßigkeit. In diesem Zusammenhang sind Gruppenmaßregelungen – da widerrechtlich – zu vermeiden, d.h., der Lehrer kann nicht der gesamten Lerngruppe eine Sanktion „verpassen", nur weil ein einziger Schüler stört. Ebenso sind sinnlose Maßregelungen zu unterlassen, wie etwa das x-fache Abschreiben der Hausordnung. Bei inszenierter Lehrerintervention soll die Sanktion in unmittelbar zeitlichem und kausalem Zusammenhang zum Regelverstoß stehen. In jedem Fall muss es das erklärte Erziehungsziel sein, den Störer für die Zukunft deutlich zu warnen und ihn danach wieder positiv in den Unterrichtsfluss einzubinden. Hier muss die

96 Kounin 1996/2006, S. 91ff. spricht bei situativen Zurechtweisungen von der Gefahr, Objekt- und Zeitfehler zu begehen.

Lehrkraft ruhig und sachlich bleiben und darf sich nicht emotional involvieren lassen. Und eines ist vor allem wichtig: Ein Lehrer darf nie nachtragend sein.

Ein weiterer Aspekt ist die Lastenverteilung der Sanktion. Sie soll bei Fehlverhalten aus erzieherischen Gründen in angemessener und verhältnismäßiger Weise vorübergehend zu Lasten des Störers gehen. Der Lehrer sollte sich durch Verhängung einer Sanktion nicht selbst weitere Lasten auferlegen, etwa durch ein aufwändiges Kontrollverfahren, langwierige Berichtspflichten oder zusätzliche Präsenzzeiten. Er sollte sich durch die Maßnahme auch nicht selbst in unnötigen Zugzwang bringen.

Die zu verhängende Maßnahme bei Rot muss also im turbulenten Arbeitsalltag an einer Schule machbar, einfach und wirksam sein. Hier einige Möglichkeiten:

- Versetzen des Störers an einen Einzeltisch
  Der Störer wird aus seiner Umgebung heraus genommen, seine Wellenwirkung wird gestoppt und weitere Ablenkungsmöglichkeiten deutlich eingeschränkt.
- Stundenprotokoll ad hoc
  Der Schüler protokolliert den Verlauf der Unterrichtsstunde ab Uhrzeit der roten Karte und gibt dem Lehrer das Protokoll am Ende der Stunde ab. Seine Konzentration wird auf das Unterrichtsgeschehen gerichtet. Der Lehrer kann die Abgabe zu einem Schülergespräch nutzen und hat gleichzeitig einen Nachweis des Störvorfalls ohne weitere Verwaltungsarbeit.[97]
- Lesen oder Anschreiben ad hoc
  Beide Aktionen binden die Aufmerksamkeit des Schülers an den Unterricht. Sie sind je nach Unterrichtsphase flexibel und ohne weiteren Aufwand einsetzbar. Allerdings hat die Lehrkraft keinen unmittelbaren Nachweis. Auch hierbei sollte ein Lehrer-Schüler-Gespräch unter vier Augen und eine Notiz durch den Lehrer folgen.

97 Es bleibt dem Lehrer hier und bei den folgenden Maßnahmen unbenommen, einen Eintrag ins Klassen- oder Kursbuch vorzunehmen. Diese Form von Dokumentation und Nachweis wird an Schulen unterschiedlich gehandhabt. Die Lehrkraft sollte sich nach den Usancen an seinem Arbeitsplatz richten.

- Entsendung in den Trainingsraum (T-Raum)
  Viele Schulen haben Trainingsräume nach dem Bielefelder Modell[98] eingerichtet, in die störende Schüler nach vorheriger Ermahnung[99] durch den Lehrer geschickt werden. Das Konzept des Trainingsraums basiert auf der Maxime „Aller Dinge sind drei“ und hat drei grundlegende Regeln, die sich auch als Klassenregeln eignen:
  1. Jeder Schüler hat das Recht, ungestört zu lernen;
  2. Jeder Lehrer hat das Recht, ungestört zu unterrichten;
  3. Alle müssen stets die Rechte der anderen beachten und respektieren.

  Ziele für den Schüler sind Reflexion seines Fehlverhaltens und Stärkung seiner Eigenverantwortung. Die Ziele für die Lehrkräfte sind ein gemeinsames programmiertes Konfliktmanagement sowie Vermeidung von emotionalen Konflikten. Die Ziele für die Lerngruppe sind ein Plus an reiner Lernzeit und ein Lehrer, der sich auf Gruppenfokus und Steuerung des Unterrichtsflusses konzentrieren kann.
  Das T-Raumprogramm hält weitergehende Schritte bereit: Nach drei Entsendungen werden die Erziehungsberechtigten durch die Schule benachrichtigt. Wird eine weitere Entsendung notwendig, bestellt die Schulleitung die Erziehungsberechtigten zum Gespräch ein.[100]
  Das Konzept T-Raum hat zweifellos Vorteile für eine Schule, wenn es von allen Lehrern umgesetzt wird. Die logistischen Anforderungen jedoch sind dabei nicht unerheblich: Bereitstellung eines eigenen Raums; Einplanung des T-Lehrer-Einsatzes mit Vertretungsreserve zu festgelegten Unterrichtszeiten; Dokumentationsaufwand (Erstellung von täglichen Anwesenheitslisten; Führen eines digitalen Dauerprotokolls); Gegenprüfung durch die Entsende-Lehrer, ob der T-Schüler den T-Raum auch aufgesucht hat.
- Beiziehung des Sozialarbeiters
  Schulen, die über Sozialarbeiter verfügen, ziehen diese bei erheblichen Stör- und Konfliktfällen bei. Es wird hier einerseits auf die Expertise der Sozialarbeiter abgehoben, andererseits auf die emotionale Entlastung der Lehrkräfte.

98 Zum Programm des Trainingsraums vgl. Balke 2000.

99 Das Trainingsraumprogramm vollzieht sich im Dreischritt (1. Ermahnung, 2. Ermahnung mit Option, 3. bei weiterer Nichtbeachtung der drei Regeln: Entsendung in den Trainingsraum)

100 An manchen Schulen wird das Bielefelder mit dem Flensburger Modell gekoppelt, d.h., nach erfolgreicher Absolvierung einer Karenzzeit wird das „Punktekonto“ des Schülers gestrichen und auf weitere Maßnahme verzichtet. Fraglich ist, ob sich das T-Raum-Modell dadurch *ad absurdum* führt.

Wenn alle erzieherischen Einwirkungen ausgeschöpft sind und das Fehlverhalten dadurch nicht abgestellt werden konnte, muss die Schule zu den schulgesetzlich vorgesehenen Ordnungsmaßnahmen greifen. Dieses sollte jedoch die Ausnahme bleiben und nur in krassen Fällen von umfangreicher Täuschung, Gewalt, Dealen, Mobbing, Sachbeschädigung oder beharrlicher Renitenz angewendet werden. Die ggf. gebotene Einleitung eines Strafverfahrens bleibt davon unberührt. Allerdings muss man sich dabei bewusst sein, dass der Gesetzgeber bei den Ordnungsmaßnahmen bewusst hohe Anforderungen an Einleitung und Durchführung des Verfahrens gestellt hat. Bei der vorgeschriebenen komplexen juristischen Choreografie lauern Formfehler, die zur Nichtigkeit des Verfahrens führen. Überdies ist der Verwaltungsaufwand nicht unerheblich.

Fazit: Jeder Schule kann empfohlen werden, ihren Katalog an erzieherischen Einwirkungen rechtskonform und in gemeinsamer Willensbildung auszubauen, statt zu früh oder inflationär zu Ordnungsmaßnahmen zu greifen. Letztere sollten nur in besonders krassen Fällen angewendet werden.

3.3 Tool Kit *Aktion* – der Werkzeugkasten für die Praxis

⚒ *AKTION*

- Grenzen ziehen! Klare Regeln – klarer Kurs.
- Wie ein Schiedsrichter handeln: auf Gelb folgt Rot.
- Überlegter und sparsamer Gebrauch von Sanktionen.
- Bei akuter Intervention keine Diskussion: KISS & DRY.
- Nicht in Konfrontationen verwickeln lassen!
- Störer schnell und positiv wieder in den Unterrichtsfluss einbinden.
- Der Deeskalation eine Chance geben.

Diagnose-Bogen CRM-Kompetenzen – Selbsteinschätzung für Lehrer

4–6 Min. 2 Min.

	Umsetzung meiner CRM-Kompetenzen	das gelingt mir überwiegend	das muss ich mir noch aneignen
Eigenkompetenz	Ich achte besonders auf:		
	• Ubiquität		
	• Nutzung des ZI in Instruktionsphasen		
	• lernförderliches Sozialklima		
	• eine positive Fehlerkultur		
	• Nutzung stützender Regeln und Routinen		
	• einen professionellen Umgang mit Unterrichtsstörungen		
Steuerungskompetenz	Ich steuere ich den Unterrichtsfluss:		
	• reibungslos		
	• schwungvoll		
	• durch bewusste Gestaltung der Übergänge		
	Ich halte den Gruppenfokus aufrecht durch:		
	• breite Gruppenmobilisierung		
	• Vermittlung des Rechenschaftsprinzips		
	• weiten Beschäftigungsradius		
	Ich erziele ein hohes Maß an echter Lernzeit durch:		
	• Lehrer-Instruktion, wo nötig und Schüler-Selbstwirksamkeit, wo möglich		
Steuerungskompetenz	• Überdruss-Vermeidung durch Abwechslung und intellektuelle Herausforderung		
	• Involvierung der Lernenden in Unterrichtsaktivitäten		
	• rechtzeitige Intervention bei kleinen und mittleren Unterrichtsstörungen durch mobilisierendes Aufrufen und unmittelbares Wiedereinbinden des Störers in den Unterrichtsfluss		
Steuerungskompetenz	Bei gravierenden Unterrichtsstörungen handle ich nach dem Schiedsrichtermodell: gelb – rot – Sanktion		
	Ich achte darauf, dass die Sanktion rechtmäßig, angemessen und verhältnismäßig ist		
	In dieser Situation verhalte ich mich nach dem Prinzip KISS & DRY		
Sozialkompetenz	Ich bin wertschätzend		
	Ich setze situativem Humor ein		
	Ich lege Wert auf ein lernförderliches Sozialklima		
	Ich achte auf einen angemessenen Umgang mit Fehlern (Fehler als Lernhelfer)		
	Ich bleibe ich auch bei Störungsfällen ruhig und sachlich		
	Ich lasse mich nicht in Konfrontationen und „Show-downs" verwickeln		
	Ich führe Kritikgespräche mit Schülern nach dem Vier-Augen-Prinzip durch		
Reflexionskompetenz	Ich evaluiere in Gedanken meine Lehrerfolge		
	Ich justiere meine Unterrichtssteuerung, wenn erforderlich		

Abb. 8: Diagnose-Bogen CRM-Kompetenz – Selbsteinschätzung für Lehrer 02

4 Trio im Schulalltag

4.1 Die Lehrkraft: Vorbild – Autorität – Zukunftsmanager?

Die Bundesländer üben die Bildungshoheit aus und sind mithin Bildungsgesetzgeber. Deutschland hat also im Gegensatz zu anderen Staaten kein zentral verfügtes einheitliches Bildungsrecht. Damit soll der Bedeutung und kulturellen Eigenart der einzelnen Regionen Rechnung getragen werden. Die Schulgesetze der Bundesländer legen die Rechte, Aufgaben und Pflichten ihrer Lehrkräfte fest. Schaut man sich die Schulgesetze für die öffentlichen Schulen an, finden sich hierzu grundlegende Übereinstimmungen. Im Einzelfall weichen die Schulgesetzgebungen jedoch voneinander ab.

Die gesetzlich aufgeführten Pflichten im unmittelbaren Lehrer-Schüler-Verhältnis, die in den Ländergesetzen vorkommen, sind: Unterrichten, erziehen, fördern, beurteilen, beaufsichtigen, beraten und betreuen.

Die geltenden schulgesetzlichen Aufzählungen der Bundesländer variieren hier zwischen zwei und sieben, wobei in allen Ländern das Unterrichten und Erziehen als elementare Aufgaben im Lehrer-Schüler-Verhältnis vorab genannt werden. Lediglich Berlin setzt das Fördern der Schüler (zur Selbstständigkeit) an die erste Stelle. Rund ein Drittel der sechzehn Bundesländer beschränkt sich jedoch auf diese zwei Kernaufgaben: Baden-Württemberg, Bayern, Niedersachsen, Sachsen und Thüringen. Dabei führen sie das Unterrichten als erste und somit wichtigste Lehreraufgabe an, während Niedersachsen und Sachsen dem Erziehen die erste Stelle einräumen. Sechs Länder benennen eine dritte Lehrerpflicht im direkten Schülerverhältnis. Brandenburg führt das aus der Fürsorgepflicht resultierende Beaufsichtigen an, Bremen das Betreuen, während die Länder Mecklenburg-Vorpommern, Rheinland-Pfalz, Sachsen-Anhalt und Schleswig-Holstein an dritter Stelle das Beraten für wichtig halten. Hamburg und Hessen setzen ebenfalls das Beraten an die dritte Stelle, fügen aber noch eine vierte Lehrerpflicht gegenüber Schülern hinzu: das Betreuen. Das Saarland hingegen sieht Beurteilen und Beaufsichtigen an dritter und vierter Stelle. Damit nennen insgesamt drei Bundesländer einen Kanon von vier Aufgaben in diesem Bereich. Nur zwei der 16 Bundesländer gehen über die Anzahl von vier Kernaufgaben im Lehrer-Schülerverhältnis hinaus: Berlin mit sechs (1. fördern, 2. unterrichten, 3. erziehen, 4. beurteilen, 5. beraten und 6. betreuen) und Nordrhein-Westfalen mit sieben Kernaufgaben im Lehrer-Schüler-Verhältnis

(1. unterrichten, 2. erziehen, 3. beraten, 4. beurteilen, 5. beaufsichtigen, 6. betreuen und 7. fördern). Damit Lehrer dauerhaft einen zeitgemäßen und qualitätvollen Unterricht leisten, schreiben zehn Bundesländer (62,5 %) ihren Lehrern eine Fortbildungspflicht vor und halten dafür eigene Angebote bereit.

Lehrkräfte führen ihre Kernaufgaben gegenüber Schülern übereinstimmend in eigener, unmittelbarer, pädagogischer Verantwortung aus, wobei Bayern ihnen expressis verbis Weisungsbefugnis zuschreibt.[101] Sie üben diese Aufgaben aus im Rahmen der Bildungs- und Erziehungsziele, der geltenden Rechts- und Verwaltungsvorschriften, der Anordnungen der Schulaufsichtsbehörden und der Konferenzbeschlüsse. Zudem haben Lehrer das Neutralitätsgebot zu wahren. „Schulleiterinnen und Schulleiter, Lehrerinnen und Lehrer sowie Mitarbeiterinnen und Mitarbeiter gemäß § 58 nehmen ihre Aufgaben unparteilich wahr. Sie dürfen in der Schule keine politischen, religiösen, weltanschaulichen oder ähnlichen Bekundungen abgeben, die die Neutralität des Landes gegenüber Schülerinnen und Schülern sowie Eltern oder den politischen, religiösen oder weltanschaulichen Schulfrieden gefährden oder stören."[102] Sieben von 16 Bundesländern (43,75 %) ist die pädagogische Freiheit ihrer Lehrkräfte eine schulgesetzliche Erwähnung wert mit dem Hinweis, dass diese nicht in unzumutbarer Weise durch Gesetze, Regelungen und Beschlüsse eingeengt werden darf.[103]

Mit dieser Festlegung von Kernaufgaben und Pflichten von Lehrern entsprechen die Ländergesetzgebungen für öffentliche Schulen den Hauptanliegen von CRM. Nach Hattie 2014 gehören Lehrer *„zu den wirkungsvollsten Einflüssen beim Lernen. Sie müssen direktiv, einflussreich und aktiv in der Leidenschaft des Lehrens und Lernens engagiert sein"*.[104] Diese Sicht Hatties spiegelt sich grundlegend in den Schulgesetzgebungen wider. Der Fokus ist hier wie dort auf Unterricht und Schüler gerichtet. Dabei spielt die Steuerung durch Erziehung (zur Selbstständigkeit), Beratung, Förderung und Beurteilung eine elementare Rolle. Auch die Empathie in Form der Fürsorgepflicht (Betreuung und Aufsicht) bleibt nicht unerwähnt und weist in die Richtung eines sozialen Lernklimas.

101 Gegenüber dem ihnen zugeordneten sonstigen pädagogischen Personal sind sie weisungsberechtigt. S. Bayerisches Gesetz über das Erziehungs- und Unterrichtswesen (BayEUG) § 59 Abs. 1. Dieses gilt entsprechend im Rahmen der Ausbildungspflicht gegenüber Referendaren bzw. Lehramtsanwärtern.

102 Schulgesetz für das Land Nordrhein-Westfalen (Schulgesetz NRW – SchulG) § 2 Abs. 8.

103 Das ist der Fall in Berlin, Brandenburg, Hessen, Mecklenburg-Vorpommern, Saarland und Thüringen.

104 Hattie 2014, S. 21.

Wesentlich ist ebenfalls die Beratung von Schülern und Eltern. Damit ist vor allem die Lern- und Zukunftsberatung gemeint, die Schulen ihren Schülern und deren Eltern bieten müssen. Da Lehrer über ihre Leistungsbeurteilungen samt Ermessensspielraum Anteil haben an den Stellschrauben von Schulformübergängen oder Numerus Clausus, wird ihnen oft nachgesagt, dass sie Zuteiler von Chancen und Zukunft seien. Sie stehen in dem Ruf, selektiv Zukunft zu managen. Hierbei ist jedoch immer auf die berufliche Erfahrung von Lehrern und ihre Leistungsbeurteilung in Relation zu vielen Vergleichskandidaten abzustellen. Auch Lehrer wissen, dass Leistungsbeurteilungen nur den jeweils aktuellen Stand widerspiegeln und kein Dictum für die Ewigkeit sind, sondern eine „Momentaufnahme". Verantwortungsvolle Lehrkräfte haben dieses stets präsent und sehen sich weniger als Zukunftsmanager und mehr als Zukunftsberater.

4

Die Zuschreibung der eigenen unmittelbaren pädagogischen Verantwortung im Rahmen der gesetzlichen Gegebenheiten sowie der Hinweis auf die Weisungsbefugnis ordnen der Lehrkraft eine Führungsposition zu. *„Führung ist, sozialpsychologisch definiert, eine zielsetzende und koordinierende Tätigkeit in einer Gruppe oder Organisation. (…) Führung im pädagogischen Sinne darf nicht nur aus Lenkung bestehen. Dann besteht die Gefahr, dass das Beziehungsklima erkaltet. Wer eine Klasse führt, muss Lenkung und Menschlichkeit miteinander verbinden."*[105]

Sind denn Lehrer auch Vorbilder? Die Zeit, als noch der Pastor, der Apotheker und der Lehrer die „local heroes" waren, d.h, die anerkannten sozialen und intellektuellen Vorbilder im Ort, ist lange vorbei. Dennoch wird an der Vorbildwirkung von Lehrkräften auch heute noch festgehalten: Lehrer sind mehr Vorbild für ihre Schüler als sie selbst vermuten. Auch Schulgesetzestexte spiegeln den Lehrer als Vorbild wider, ja, sie fordern ihn geradezu ein. So postuliert z.B. das Schulgesetz von Nordrhein-Westfalen: *„Insbesondere ist ein Verhalten unzulässig, welches bei Schülerinnen und Schülern oder den Eltern den Eindruck hervorruft, dass eine Schulleiterin oder ein Schulleiter, eine Lehrerin oder ein Lehrer oder eine Mitarbeiterin oder ein Mitarbeiter gemäß § 58 gegen die Menschenwürde, die Gleichberechtigung nach Artikel 3 des Grundgesetzes, die Freiheitsgrundrechte oder die freiheitlich-demokratische Grundordnung auftritt"*.[106]

105 Keller 2008/2010, S. 74–75.

106 Schulgesetz NRW – SchulG § 57 Abs. 4 i.d.F. vor dem 12. Schulrechtsänderungsgesetz vom 25. Juni 2015. Andere Schulgesetze u.a. von Baden-Württemberg oder Niedersachsen halten an diesem Grundgedanken fest.

Der Lehrer repräsentiert also unser demokratisches Staatsideal und nimmt qua Auftrag den staatlichen Erziehungsauftrag zum freien und toleranten Bürger einer Demokratie wahr. Dass er selbst dieses Staatsideal in seinem Auftreten und Agieren innerhalb der Schule als auch im öffentlichen Raum vorbildhaft vorleben muss, wird nicht nur durch diese gesetzliche Vorschrift gezeigt, sondern ergibt sich auch aus der inneren Logik seines Auftrages. Es geht hier also um Authentizität, d.h., um Glaubwürdigkeit. Der Lehrer soll das vorleben, zu dem er seine Schüler erziehen und bilden will. Damit zeigt sich bereits die Zukunftswirkung als Aufgabe von Lehrern.

Schüler finden Diskrepanzen zwischen Vorleben und Verlangen schnell heraus und nehmen sie als Authentizitätsbruch wahr, frei nach dem Prinzip „Wasser predigen, aber Wein trinken". Lehrkräfte, die systematisch zu spät zum Unterricht erscheinen, können nur schwerlich Pünktlichkeit von ihren Schülern einfordern. Lehrer, die immer wieder unangemessen lange Zeit zum Korrigieren der Klassenarbeiten und Klausuren in Anspruch nehmen, können kaum glaubhaft fristgerecht Hausaufgaben und Referate von Schülern einfordern. Und der wegen jeder Kleinigkeit aufgeregte und herumbrüllende Lehrer kann wohl kaum ein friedliches Sozialverhalten von seinen Schülern erwarten.

Sieland 2002 weist auf die Notwendigkeit hin positive Grundhaltungen vorzuleben. Ein depressiver oder gestresster Pädagoge kann kaum ermutigend wirken. Er ist die beste Antireklame für seine Erziehungs- und Unterrichtsziele.

Lehrkräfte als Orientierungsmodelle erfahren jedoch in der heutigen Zeit starke Konkurrenz von medial transportierten Vorbildern, so Experto in einem Internetblog und er führt aus: *„Lehrer haben es allerdings nicht immer leicht, mit diesen Vorbildern aus der Medienwelt zu konkurrieren. Insbesondere Idole aus jugendkulturellen Gegenwelten stehen oft im Kontrast zu den Werten, die in der Schule vermittelt werden sollen. (…) Lehrer sollten sich nicht dazu verleiten lassen, Schülernähe zu erzeugen, indem sie sich den medialen Vorbildern anpassen und beispielsweise jeden Modetrend mitmachen. Gerade weil die Jugendlichen auf der Suche nach Orientierung leicht an falsche Vorbilder geraten, ist es wichtig, dass ihnen in der Schule grundsätzliche Werte vermittelt werden.*

(...). Nur dann werden Lehrer ihrer Vorbildfunktion gerecht und können erwarten, dass sich das auch positiv auf ihre Schüler auswirkt."[107]

Was leitet sich aus der Vorbildfunktion ab? Ist Vorbild gleich Autorität oder sogar Macht? Wenn mit Autorität Amtsautorität gemeint ist, die mit Machtmitteln wie Gewalt, Zwang oder Repressalien arbeitet, dann kann es sich definitiv nicht um ein Vorbild an positiver Autorität handeln. *„Amtsautorität hat es in der Gegenwart im Allgemeinen schwer. (...) Im Lehramt ist die persönliche Autorität nach den soziokulturellen Entwicklungen der letzten Jahre ungleich bedeutsamer als die Durchsetzungsfähigkeit geworden*".[108] Unser demokratisches System setzt auch für den Lehrerberuf auf die persönliche Autorität, die durch Authentizität erworben wird. Rhode & Meis charakterisieren diese Authentizität als *„Verkörpern statt Bekleiden*".[109] Im Gegensatz zur Amtsautorität, die ein Ideenkonstrukt repräsentiert, *„bietet die persönliche Autorität Sicherheit [und Orientierung] im Hier und Jetzt*".[110]

4

Welche Kompetenzen zeichnen erfolgreiche Lehrkräfte aus? Neben der Eigenkompetenz einer durch Authentizität erworbenen positiven Autorität und Rollendistanz spielen ihre Fach- und Methodenkompetenzen eine große Rolle. Diese drei genannten Kompetenzen müssen durch Sozial- und Erziehungskompetenz – allen voran Geduld, Empathie und Humor – ergänzt werden, um ein förderliches Lernklima zu schaffen. Hinzu kommt bei erfolgreichen Lehrern eine hohe Organisations- und Kommunikationsfähigkeit. Aus diesen Teilkompetenzen speist sich seine Führungsrolle.

In der Folge der rückgewandten Hierarchie- und Autoritätsdiskussion seit den 1968er Jahren hat das Lehrerimage in der Öffentlichkeit erheblich gelitten. Die Schule als System der Vergabe von Bildungschancen wurde zunehmend als Dienstleistungssystem gesehen, dessen Effizienz in der Öffentlichkeit diskutiert und bewertet wurde. Auch höhere Ebenen setzten hier ihre Duftmarken. Geflügelte Worte wie „Lehrer sind faule Säcke", „überbezahlte und unterbeschäftigte Ferientechniker" oder „Lehrer haben vormittags Recht und nachmittags frei" haben sich trotz Ganztagsunterricht und allgemein anerkannt hoher Belastungsfaktoren im Lehrerberuf hartnäckig gehalten. Ein deutscher

107 http://www.experto.de/b2c/familie/erziehung/lehrer-sollten-vorbilder-sein.html Download: 01.03.2015.
108 Rhode & Meis 2014, S. 7.
109 Ebd., S. 13.
110 Ebd.

Verlag befeuerte diese negative Lehrerrezeption zusätzlich durch seinen Titel *„Das Lehrerhasser-Buch. Eine Mutter rechnet ab"* (KÜHN 2005).

Lehrkräfte bekommen diese öffentlich gepflegte Attitüde täglich von Bessermeinenden gespiegelt. Die geringe Ausstattung an Regelungskompetenz und organisatorischem Entwicklungspotential haben im Zusammenhang mit zu geringer Bezahlung zu einem erheblichen Rückgang der Bewerbungen von Lehrkräften um Schulleitungspositionen geführt. Diese Erkenntnis scheint jedoch bei den Zuständigen noch nicht angekommen zu sein, versucht man doch, das Manko mit einer symbolischen Erhöhung von Sekretariatsstunden oder mit Schulzusammenlegungen „auszugleichen", statt dem Phänomen auf den Grund zu gehen.

Nicht zuletzt hat die mediale Darstellung des Lehrerberufs in den letzten Jahren das Pädagogenimage tendenziell eher verschlechtert als verbessert und manchem Pauschalurteil Vorschub geleistet. In TV-Sendungen unterschiedlichster Art, in denen Schulen als Schauplatz dienten, wurde oft ein veraltetes Szenario geboten, das dem aktuellen Entwicklungsstand von Schulen bei weitem nicht entsprach. Dort fungierten noch Stecktafeln zur Umsetzung von Unterrichtsverteilung und Stundenplanerstellung zu einer Zeit als Schulen diese Organisationsaufgaben längst mit Rechnerprogrammen erledigten und Schüler schon in Laptop- oder Tablet-Klassen arbeiteten. Auch die dargestellten Schulrepräsentanten wurden in TV-Serien eher leicht verträumt bis leicht vertrottelt, vor allem schlecht gekleidet gezeigt. Erkennbar für jeden Zuschauer: Der Lehrer ist nicht Deutschlands Medienliebling. Er genießt nicht die öffentliche Anerkennung wie in Finnland, wo Lehrer als „Kerzen des Volkes" bezeichnet werden und hohes Ansehen genießen.

Wie ist das ramponierte Image des deutschen Lehrers zu erklären? Im Wesentlichen kommen dafür drei Gründe in Frage:

1. Lehrer tun sich schwer, ihre Führungsrolle außerhalb der Schulmauern zu übernehmen.
2. Schüler tragen durch ihr auf selektiver Wahrnehmung beruhendes Informationsmonopol in ihren Elternhäusern zu einer tendenziell negativen Sicht von Lehrern bei.
3. Die medial transportierte Darstellung des Lehrberufs zeugt von zumindest eingeschränkter Wertschätzung.

Erst in letzter Zeit besinnen sich zuständige Instanzen wieder etwas mehr auf die Verdienste von Lehrkräften; sogar das Kino leistet mit dem Film „*Frau Müller muss weg*“ (Deutschland 2014) einen positiven Beitrag. In Lehrern beginnt man allmählich wieder, die „Helden des Alltags“ zu sehen; ihre Beratung ist wieder mehr gefragt. Es gibt inzwischen den Schulpreis für besonders innovative Schulen und auch den „Deutschen Lehrerpreis für innovativen Unterricht“, 2014 verliehen in Berlin durch die Präsidentin der Kultusministerkonferenz.

Das sind erfreuliche Anzeichen der neuen Wertschätzung und Anerkennung von Lehrern, die sich nicht nur täglich um eine qualitätvolle Lernbegleitung und damit um die Zukunftsvorbereitung von Schülern verdient machen, sondern ohne deren Expertise die schulische Integration von Migrantenkindern in Deutschland nicht so erfolgreich verlaufen wäre. Hier gebührt Erziehern, Lehrern sowie Lehrenden an Universitäten nach Jahrzehnten intensiver und anspruchsvoller beruflicher Erfolgsarbeit ein öffentlicher Dank.

Fazit: Lehrer sind staatlich gewollte Vorbilder. Sie sind Bildungs- und Zukunftsberater von Schülern und deren Eltern. In diesem Sinn müssen sie in der Interaktion mit Schülern und Schülereltern „triofähig“ sein und sich auf diesem schwierigen Terrain behaupten können. Trotz starker Konkurrenz medial transportierter Vorbilder aus den Bereichen Unterhaltung und Sport beeinflussen sie in erheblicher Weise das Denken und Agieren ihrer Schüler, auch noch lange über deren Schulzeit hinaus. Wesentlicher Bestandteil des Vorbildseins in der Wahrnehmung von Schülern und Eltern ist eine positive Authentizität. Wer von seinen Schülern Qualität fordert, muss diese auch selbst bieten.

➲ **(38) Herr Adams** ist sich seiner Rolle als Lehrer an einer Gesamtschule im ländlichen Bereich und seiner Wechselwirkung in der Interaktion mit Schülern und deren Eltern bewusst. Er arbeitet nach den Prinzipien von CRM und übernimmt Verantwortung für den Lern- und Fördererfolg seiner Schüler. Einmal pro Woche bietet er seinen Schülern freiwillig eine Beratungsstunde in der Mittagszeit an, so dass seine Schüler Gelegenheit zum Sprechstundenbesuch haben. Herr Adams berät seine Schüler individuell im Hinblick auf die Bewältigung ihrer Lernschwierigkeiten und ihre Möglichkeit zu weiteren Lernfortschritten. Er gibt ihnen praktische Tipps zur Lernorganisation und zum Teamverhalten. Sein Sprechstundenangebot wird nun schon im dritten Jahr gern angenommen. Herr Adams weiß um die kostenlose Mehrarbeit, die er mit der Sprechstunde leistet; seine Erfahrung im Unterricht zeigt ihm aber, dass sich der Einsatz lohnt, da er nur selten mit Unterrichtsstörungen oder Leistungsverweigerungen zu kämpfen hat. Der „gute Draht" zu seiner Schülerschaft und sein Bestreben, dass aus seinen Schülern „etwas wird" ist ihm viel wert. Auch den Eltern seiner Schüler steht er in seinen restlichen drei Sprechstunden pro Monat wie auch an den Elternsprechtagen zur Verfügung. Seine Beratung wird auch von den Schülereltern geschätzt und angenommen. Herr Adams gilt dank seiner Authentizität und seines gepflegten Auftretens im Elternkreis als vertrauenswürdig. Natürlich ist der Lehrer auch gegenüber den digitalen Kommunikationswegen offen. Allerdings weiß Herr Adams ebenso, dass neben dem viel strapazierten Wort „Ja" gelegentlich auch ein „Nein" wichtig ist. So hat er neben den Präsenzsprechstunden eine Telefonsprechzeit während der Unterrichtswochen vereinbart und beantwortet Mails. Der Lehrer hat Eltern verständlich dargelegt, dass er die verbleibende Zeit nach Dienstschluss am Nachmittag zur Nach- und Vorbereitung des Unterrichts benötigt (Korrekturen, Unterrichtsreihen, Prüfungsvorbereitungen), und daneben – wie jeder andere – das Recht auf angemessene Familien- und Freizeit hat. Daher bittet er darum, auf Kommunikation ab Freitagnachmittag bis Sonntagabend zu verzichten – es sei denn, dass ein wichtiges und dringliches Ereignis eine Kontaktaufnahme unumgänglich macht. Bislang halten sich die Eltern daran, denn sie wissen, dass Herr Adams mit seinen zwei Korrekturfächern Deutsch und Englisch viel Arbeit „auf dem Tisch" hat. Diese Belastung mit zwei Haupt- und Korrekturfächern zwingt Herrn Adams zu einem disziplinierten Zeit- und Organisationsmanagement bei der Vorbereitung von Unterrichtsreihen und -materialien sowie bei zeitnaher Korrektur. Er ist bei seinen Schülern bekannt dafür, dass er die Klassenarbeiten binnen Wochenfrist korrigiert zurückgibt. Wenn trotzdem Fragen seiner Schüler nach der möglichen Rückgabe von Arbeiten aufkommen, reagiert Herr Adams stets entspannt und scherzhaft: „Wenig Fehler – schneller Lehrer. Hoffentlich!"

4.2 Die Schüler: Störer – Leidtragende oder Mitgestalter?

Den zweiten Part im Trio des Schulalltags spielen die Schüler. Auch ihre Rechte und Pflichten werden durch die Schulgesetze unserer Bundesländer festgelegt, wenngleich insgesamt nicht so ausführlich und detailliert wie die der Lehrkräfte. Das Schulgesetz von Bayern wartet sogar mit einer Rechtsdefinition des Schülers auf, indem es ausführt: *„Schülerinnen und Schüler im Sinn dieses*

Gesetzes und der auf Grund dieses Gesetzes erlassenen Vorschriften sind Personen, die in den Schulen unterrichtet und erzogen werden."[111] Die schulgesetzlichen Bestimmungen für Schüler legen die Schulpflicht fest; ebenso fordern sie ihre Teilnahmepflicht am Unterricht sowie an verbindlichen Schulveranstaltungen ein.[112] Die Schulgesetze erlegen Schülern auch Verhaltenspflichten auf, die dazu geeignet sind, die Aufgaben der Schule zu erfüllen und das schulische Bildungsziel zu erreichen.[113] Daraus ergibt sich auch die Pflicht für Schüler zur Einhaltung der Schulordnung sowie zur Erledigung von Hausaufgaben.[114] Flankierend hierzu weisen schulgesetzliche Bestimmungen auf die Steuerungsinstrumente der Schulen in Form von erzieherischen Einwirkungen und Ordnungsmaßnahmen hin.[115]

Demgegenüber werden Schülern auch gesetzliche Rechte zuerkannt, allen voran das Recht auf Bildung und Förderung und mithin das Recht auf Unterricht. Weiterhin haben Schüler das Informationsrecht über wesentliche Angelegenheiten des Schulbetriebs, das Auskunftsrecht über ihren Leistungsstand und auf Hinweise zu ihrer Förderung sowie das Recht auf Meinungsfreiheit und ein Beschwerderecht im Falle von ungerechtfertigt empfundener Behandlung oder Beurteilung.[116] Ihnen wird ein Mitwirkungsrecht eingeräumt, etwa bei der schulischen Unterrichtsplanung – hier u.a. das Kursangebot der Schulen – und auch Wahlmöglichkeiten im Rahmen von Wahlpflichtbereichen. Schüler haben genau wie ihre Erziehungsberechtigten und Lehrer über Gremienbildung ein Mitwirkungsrecht innerhalb der Schulverfassung.

Trotz dieser insgesamt weitreichenden Regelungen durch Schulgesetze, Verordnungen, Erlasse, Lehrpläne sowie Ausbildungs- und Prüfungsordnungen entwerfen viele Schulen zusätzlich eigene Schulvereinbarungen oder Schulverträge. Dazu unterziehen sie sich oft langwieriger Konzeptions-, Diskussions- und Abstimmungsprozesse in den einzelnen Schulgremien und in den final

111 BayEuG i.d.F. v. 31. Mai 2000 § 56 Abs. 1.

112 Vgl. hierzu u.a. die Schulgesetzgebungen von Bayern § 56, Brandenburg § 44, Berlin § 46, Nordrhein-Westfalen § 42, Saarland § 30 und Thüringen § 30.

113 Vgl. hierzu u.a. die Schulgesetze von Bayern § 56, Berlin § 46, Nordrhein-Westfalen § 42 und Thüringen § 30.

114 Vgl. hierzu z.B. Brandenburg § 44, Berlin § 46 und Nordrhein-Westfalen § 42.

115 So z.B. das Schulgesetz von Baden-Württemberg, letzte Änderung und Inkrafttreten am 12. Mai 2012 und § 53 Schulgesetz Nordrhein-Westfalen vom 15.Februar 2005, zuletzt geändert durch Artikel 3 des Gesetzes vom 17. Juni 2014.

116 Vgl. hierzu z.B. BayEuG i.d.F. v. 31.05.2000 § 56 bzw. Schulgesetz des Landes Berlin § 46.

entscheidenden Schulkonferenzen. Warum handeln Schulen so? Die Erklärungsmuster sind vielfältig und lauten sinngemäß so:

- Wir wollen das, was uns wichtig ist, in unserer Schulvereinbarung niederlegen.
- Wir wollen es basisdemokratisch erreichen und nicht von oben aufgedrückt bekommen.
- Wir sind Pädagogen, keine Juristen. Gesetze brauchen wir hier nicht; eine Vereinbarung ist uns da lieber.
- Wir drücken uns in unserem Schulvertrag einfacher aus, damit uns Schüler und Eltern verstehen können; die Gesetzestexte sind oft kompliziert und unverständlich.
- Den Schulvertrag bekommen Eltern und Schüler bei der Aufnahme in unsere Schule überreicht. So haben sie das Wichtigste gleich zur Hand; im Gesetz schlägt doch kein Mensch freiwillig nach.
- Schüler und Eltern müssen bei der Aufnahme die Schulvereinbarung unterschreiben. Das hat einen hohen Verpflichtungsgrad. Wir können das dann einfordern, wenn etwas nicht klappt.

Viele Schulen in Deutschland – von Grundschulen über Realschulen bis zu Gesamtschulen und Gymnasien – haben ihre Vereinbarungen ins Netz gestellt. Die Beschäftigung mit Schulvereinbarungen geht über Deutschland hinaus. Auch in unseren Nachbarländern, z.B. in der Schweiz und in Österreich, werden Schulvereinbarungen als Beitrag zum Qualitätsmanagement von Schulen begriffen. So im Kanton Solothurn und in den vom österreichischen Bildungsministerium bereits 2001 vorgestellten Schulvereinbarungen, die als modernes Mittel der Bürgergesellschaft gepriesen wurden. In der Tat entwerfen die Schulvereinbarungen unisono das Ideal des jungen, verantwortungsvollen Mitglieds einer demokratischen Bürgergesellschaft mit den tragenden Tugenden wie Respekt, Toleranz und schulisch-gesellschaftlichem Engagement. Schulverträge spiegeln in erster Linie den Entwurf des idealen Schülers wider und stellen rein inhaltlich der Gegenentwurf zum schulgesetzlich festgelegten idealen Lehrer.

Schulvereinbarungen werden als Rahmenkonzept für vergleichbare Minimalanforderungen in allen Schultypen gesehen und sollen ihre Funktion in der Kommunikation und im Umgang aller Mitglieder der Schulgemeinschaft erfüllen. Allen Beteiligten ist klar, dass diese Dokumente kein neues Recht schaffen und auch kein Instrument zur Durchsetzung bestehenden Rechts sind. Von daher sind sie ein geeignetes Mittel zur besseren Lehrer-Eltern-Schüler-Verständigung und zum Umgang intra muros. Anders als Gesetze entfalten Schulvereinbarungen keine rechtliche Außenwirkung. Sie bleiben ein innerschulisches Instrument von Corporate Identity. Und sie sind nur so gut wie sie authentisch vorgelebt und im abweichenden Fall eingefordert werden.

Fazit: Für Schulvereinbarungen wie für Klassenregeln gilt der Satz von Erich Kästner: *Es gibt nichts Gutes, außer man tut es.*

Die größer werdende Bedeutung der Bürgergesellschaft ist sicherlich eine valide Erklärung für die Tendenz öffentlicher Schulen, die Schulvereinbarung – bislang ein Kennzeichen privater Schulen – in ihre Schulprogramme aufzunehmen. Bleibt zu fragen, ob auch das Ansteigen von Fehlverhalten auf Seiten der Schüler – der Schüler als Störer des Unterrichtsbetriebs – ein weiterer Beweggrund ist. Die Vorkommnisse in „Deutschlands schlimmster Schule", der Rütli-Schule im Berliner Vorort Neukölln, die sich breit in der Presse niedergeschlagen haben, lassen vermuten, dass die Neigung zur Schaffung von Schulvereinbarungen ein präventiver Akt zur Vermeidung des Rütli-Syndroms sein könnte. Die Lehrer an der Rütli-Schule hatten 2006 *„öffentlich beim Berliner Bildungssenator zur Schließung ihrer Schule aufgerufen, weil sie der Gewalt durch Schüler nicht mehr standhalten könnten. Dies führte zu einer innenpolitischen Debatte über das Schulsystem in Deutschland, Gewalt an Schulen und die Integration von Kindern mit Migrationshintergrund.*"[117] Hier ging es also definitiv um das Phänomen *Schüler als Störer des Schulbetriebs*. Erfreulicherweise blieben die Vorgänge in dieser krassen Form eine Ausnahme, und dank ihres innovativen Konzepts auf dem neu gestalteten Rütli Campus ist die Schule jetzt auf einem guten und erfolgversprechenden Weg.

Das bestätigt in aller Konsequenz die These von HOEGG: *„Die meisten Schüler wollen kooperieren und dem Lehrer folgen, denn dies ist die bequemere Variante*".[118] Nach HOEGG 2012 lassen sich *„bei großzügiger Anwendung die meisten Schüler einem der folgenden Typen zuordnen: Etwa 40 % sind pflegeleichte und flexible Unterstützer. Etwa 50 % sind eher vorsichtige und zurückhaltenden Wechselwähler, und etwa 10 % sind schwierige und widerspenstige Gegenspieler.*"[119] Es gilt also für den Lehrer, zusätzlich zu den Unterstützern zunächst die

117 URL: https://de.wikipedia.org/wiki/Gemeinschaftsschule_auf_dem_Campus_Rütli
118 HOEGG 2012, S. 24.
119 Ebd., S. 57.

Wechselwähler durch Authentizität, Klarheit und CRM-basierten Unterricht zu gewinnen. Die präventiven und situativen CRM-Techniken zum professionellen Umgang mit Störern sind hier die geeigneten Steuerungsstrategien. Den meisten Schülern gibt eine solch positive Führung das Gefühl von Sicherheit und Verlässlichkeit in einer sich ständig verändernden Welt. Da wird Schule plötzlich wieder zum geschützten Raum, zu einer „kleinen Insel der Seligen".

Für Schüler – viel mehr als für Lehrer – ist die Schule nicht nur Ort des Lehrens und Lernens, sondern auch Ort der sozialen Begegnungen in Form von Freundschaften und Peer Groups. Schule ist auch der Ort der Selbsterprobung und Selbstfindung innerhalb einer Gemeinschaft Gleichaltriger. Von daher gewinnt der CRM-Aspekt der förderlichen Lernatmosphäre auch noch tiefergehende soziale Bedeutung. Eine Zeit lang kursierte das Wort von „Schule als Lebensraum". Das mag für das Ganztagsformat unserer Schulen eher gelten als noch für das auslaufende Halbtagsformat. Dennoch muss klar sein, dass Schulen Teil des Alltagslebens sind und keine künstlichen, extraterrestrischen Institutionen ferner Galaxien. Und nicht zuletzt gibt es – Gott sei Dank – auch ein Leben außerhalb der Schule. Schüler sehen ihre Schulzeit als eine Mischung aus Lernen und sozialem Erleben wie Freundschaft, Gruppen- und Gemeinschaftsgefühl – und das alles mit möglichst hohem Spaßfaktor. Eine nicht unwesentliche Prägung der Parameter Lernen und Soziales ist der eigene, mitgebrachte familiäre Hintergrund mit seinem inkorporierten Sozialen Kapital. Da spielt es eine wichtige Rolle, ob das Elternhaus Wert auf Bildung legt oder ob lediglich der Versorgungsaspekt wichtig ist. Je nach Alter der Schüler spielen Lernen und soziale Interaktion unterschiedlich starke Rollen, die nicht immer deckungsgleich mit der Sicht ihrer Erziehungsberechtigten sind. Interferenzerscheinungen zwischen Lernen und Spaß oder sich beweisen wollen können zu Unterrichtsstörungen führen – in Mittelstufenklassen mehr als in Oberstufenkursen. Manche Störung ist auch dem Spaßfaktor geschuldet.

Wie wird denn CRM von Schülern bewertet? Nach empirischen Forschungen durch SCHÖNBÄCHLER *„vorwiegend positiv"*.[120] Schüler von CRM praktizierenden Lehrkräften sind *„in hohem bis sehr hohem Maße überzeugt, dass ihre Lehrperson bei Regelverstößen sofort Signale sendet und bei Störungen eingreift, fachkompetent und abwechslungsreich unterrichtet, die Schülerinnen und Schüler gern hat und sie zu verstehen versucht, über die Abläufe im Schulzimmer im Bilde ist und klare*

120 SCHÖNBÄCHLER 2008, S. 163.

Erwartungen an das Verhalten formuliert, den Umgang mit Hilfsmaterialien gut organisiert und darauf achtet, dass die Zeit genutzt wird.“[121] Die Reziprozität von Lehrerverhalten und Unterrichtssteuerung auf der einen Seite und dem „Schülerecho“ auf der anderen kommt in diesen Ergebnissen deutlich zum Ausdruck.

Die Ergebnisse SCHÖNBÄCHLERS zeigen auch auf, welche Kriterien erfüllt sein müssen, damit Schüler ihre Lehrer wertschätzen und ihnen Respekt entgegenbringen. Schüler orientieren sich in drei Richtungen: Da ist zunächst einmal die fachliche Komponente. Hierbei ist es für Schüler wichtig, dass der Lehrer einen hohen fachlichen Wissensstand hat und den Unterrichtsstoff verständlich und klar vermitteln kann. An zweiter Stelle kommt die personelle Komponente. Lehrerqualitäten wie Wertschätzung, Fairness, Verständnis und Offenheit gegenüber den Problemen der Schüler kommen nun ins Spiel. Ein dritter Schüleraspekt ist die Steuerungsqualität des Lehrers mit den Komponenten Durchsetzungsvermögen, „Klarheit in der Ansage“ und professionellem Umgang mit Unterrichtsstörungen. Wenn Schüler von einem Lehrer sagen: „Der ist streng“, dann ist das häufig eine Umschreibung für Führungsqualität.

Wie weiß man als Lehrer, ob man bei seinen Schülern mit seiner Fachkompetenz und seiner Persönlichkeitskompetenz „ankommt“? Zum einen durch das Echo in Form von Breite und Stetigkeit der Unterrichtsbeteiligung durch die Schüler; zum anderen durch den Grad von Konzentration auf die Aufgabe und von Anwendung erlernter Methoden in unterschiedlichen Arbeitsformen und nicht zuletzt durch das Resultat von Klassenarbeiten und Klausuren. Doch nicht nur in diesen überwiegend reproduktiven Bereichen wird der Lehrerfolg für Lehrer wie für Schüler gleichermaßen sichtbar, sondern auch in produktiven Bereichen wie in der besonderen Lernleistung oder im Referat aus einem Lieblingsfeld des Schülers.

Lehrkräfte sollten ihren Klassen und Kursen in geregelten Abständen – etwa einmal pro Halbjahr – einen Feedback-Bogen vorlegen. Damit geben sie ihren Schülern die Möglichkeit, als Lernpartner und Mitgestalter in Aktion zu treten. Lehrer sollten sich mit Hilfe des folgenden Schülerfeedback-Bogens einen Überblick über die Wirksamkeit ihres Unterrichts verschaffen und diesen als Instrument zur beruflichen Weiterentwicklung begreifen.[122]

121 Ebd., S. 184 u. S. 186.
122 Feedback-Bögen unterschiedlichster Art finden sich im Internet, aber auch bei KELLER 2008/2010, S. 98.

Schülerfeedback-Bogen zur Lehrer- und Unterrichtsqualität

10–12 Min. 30 Min.

Herr/Frau ……	trifft voll zu	trifft eher zu	trifft eher nicht zu	trifft gar nicht zu
1. ist freundlich				
2. ist geduldig				
3. hat Freude am Lehrberuf				
4. hat Humor				
5. ist offen für Schülerprobleme				
6. ist fair				
7. lebt uns das vor, was von uns verlangt wird				
8. benotet transparent und gerecht				
9. lobt uns für gute Leistungen				
10. hilft uns bei Lernschwierigkeiten				
11. kann den Unterrichtsstoff klar und verständlich vermitteln				
12. bietet einen abwechslungsreichen und interessanten Unterricht				
13. unterbindet Unterrichtsstörungen				
14. kann sich in der Klasse durchsetzen				
15. schlichtet Streitigkeiten in der Klasse				
16. fördert alle Schüler gleichmäßig				
17. behandelt alle Schüler gleich				
18. hält Fehler für nützliche Lernhelfer				
19. gibt auch eigene Fehler zu				
20. Ich lerne gern bei meinem Lehrer/meiner Lehrerin				

Abb. 9: Schülerfeedback-Bogen zur Lehrer- und Unterrichtsqualität

Wir stellen fest, dass Schüler nicht in überwiegender Anzahl und auch nicht dauerhaft Störer sind. Sind sie denn Leidtragende? Sicherlich dann, wenn die Unterrichtsführung eintönig, mäandrierend, in endlosem und schlechtem Instruktionsvortrag, ziel- und ergebnislos vonstattengeht; sicherlich auch dann, wenn ihre Lernbemühungen keine Anerkennung finden; und ganz sicherlich dann, wenn sie von ihren Mitschülern gehänselt, drangsaliert und gemobbt und von ihren Lehrern nicht wertgeschätzt werden. Methoden, die nach dem Muster des Nürnberger Trichters Schüler lediglich als Rezipient von Lernstoff ansehen, bis der Rand voll ist, gehören wohl hoffentlich der Vergangenheit an. Diskussionen über eingeschränkte Chancengleichheit von Schülern, von Verlierern unseres Bildungssystems in einem „dreigliedrigen Schulsystem" werden so lange geführt werden, wie es dieses von außen differenzierte System gibt. So lange werden Themen wie „Auf- und Abschulen" allenthalben bedient werden. Der Zukunftsweg, den viele Kommunen derzeit beschreiten, heißt deshalb „Weg von der Dreigliedrigkeit – hin zur Zweigliedrigkeit". Gewinner werden Gesamtschulen und Gymnasien sein, wobei die relativ neu gekürte Sekundarschule voraussichtlich eine Übergangsform mit Umwandlungspotential zur Gesamtschule ist. Aus der Sicht der Eltern stellt das Gymnasium im Ganztagsformat die beliebteste Schulform dar, wobei die Gesamtschulen mit ihrem neunjährigen Bildungsangebot seit Jahren hohe Anmeldezahlen verzeichnen[123]. Im Gegensatz zu Gymnasien bilden Gesamtschulen jedoch in der Regel nur vergleichsweise kleine Oberstufen und weisen entsprechend geringere Abiturientenzahlen aus. Hier gibt es also noch Nachholbedarf.

Schon mit Hilfe des Schülerfeedback-Bogen zur Lehrer- und Unterrichtsqualität wird der Weg beschritten, Schüler als Lernpartner zu begreifen. Man gibt ihnen die Chance zum Rollenwechsel: weg vom Störer und Leidtragenden, hin zum aktiven Mitgestalter. Das Feedback-Verfahren gibt guten wie schlechten Schülern eine echte Möglichkeit zur Evaluation – vorausgesetzt, der Bogen wird nicht zu häufig eingesetzt und benimmt sich damit nicht selbst seiner Aussagekraft.

123 Hohe Anmeldezahlen bei Gesamtschulen sind sicherlich der Qualität und Beliebtheit dieser Schulform geschuldet; die vorgezogene Anmeldezeit vor allen anderen Sekundarschultypen – wie etwa in Nordrhein-Westfalen – ist ein zusätzliches politisches Mittel, um Gesamtschulen auch noch im 48. Jahr nach der ersten Gründung in Kierspe gezielt zu fördern, obwohl sie sich längst im Alltag des deutschen Schultypenangebots etabliert haben.

Eine weitere Möglichkeit, Schülern die Rolle von Lernpartnern zu übertragen, ist die Schülerassistenz wie sie ➲ (23) Herr Wielpütz[124] für seinen Biologie- und Chemieunterricht nutzt. Das Modell lässt sich auf eigentlich alle Unterrichtsfächer anwenden und im Einzelfall vielfältig ausgestalten. Die Schüler eines Leistungskurses Mathematik baten ihre bisherige Lehrerin,

➲ **(39) Frau Kierbach,** die am Ende des vorletzten Schuljahres ihrer Schüler das Pensionsalter erreichte, noch ein weiteres Jahr anzuhängen, um sie in Mathematik zum Abitur zu führen und ihnen einen kurzfristigen Lehrerwechsel zu ersparen. Die Schüler schätzten Frau Kierbach wegen ihres qualitätvollen Unterrichts, wegen ihrer Fähigkeit, komplexe Fachinhalte anschaulich zu vermitteln. Die Lehrerin kannte ihre Schüler bereits aus deren Anfangsjahren am Gymnasium und hatte stets ein gutes Verhältnis zu ihnen. Nach reiflicher Überlegung sprach sie mit ihrer Schulleitung darüber und stellte mit deren Unterstützung einen Antrag auf Verlängerung bei der Bezirksregierung. Sie informierte auch ihre Schüler über ihre positive Entscheidung und bat sie, sich zu überlegen, welche lernpartnerschaftlichen Aufgaben sie in der Folge übernehmen würden. Die Schüler wussten, dass Frau Kierbach ernsthafte gesundheitliche Beeinträchtigungen hatte und rechneten ihr das Engagement hoch an. Fortan organisierten sie den „Wochendienst LK Mathe" mit folgenden Aufgaben: Begleit- und Tragedienst zwischen Lehrerzimmer und Kursraum; Aufstellung und Abräumung von Medien, Materialausteilung, Ordnungsdienst im Kursraum, generelle Bereitschaft zur Ergebnispräsentation, Angebot und Durchführung freiwilliger Referate zu relevanten Themenbereichen. Überdies teilten sie sich zu Lerntandems auf, um den Unterrichtsstoff zu wiederholen und sich auf Klausuren vorzubereiten. Diese Lernpartnerschaft und die erfreuliche Arbeitsatmosphäre im LK Mathematik sprachen sich in der Schule herum. Alle Schüler dieses Kurses konnten zum Abitur zugelassen werden. Bei der Abiturfeier erhielt Frau Kierbach besonderen Applaus; der Kurssprecher hielt eine Dankrede und überreichte der Lehrerin einen Blumenstrauß. Frau Kierbach freute sich über diese Anerkennung und sagte: „Nun kann ich beruhigt in Pension gehen."

Auch als Klassenpaten – wie im Praxisbeispiel ➲ (06) **Frau Scherer**[125] – können Schüler als Mitgestalter in Aktion treten. Dabei übernehmen Schüler hö-

124 Vgl. S. 21.
125 Vgl. S. 5.

herer Jahrgänge für ihre Mitschüler in Anfangsklassen die Aufgabe, sie in das Schulleben einzuführen, Organisationswege zu erklären, an Elternabenden dabei zu sein, und ihnen als Ansprechpartner in Pausen zur Verfügung zu stehen. Auch an Tagen der Offenen Tür und an Schulfesten üben die Paten erfolgreich die Aufgabe von „Goodwill Ambassadors“ aus. Dadurch wird das Zusammengehörigkeitsgefühl der jüngeren und älteren Schüler untereinander gestärkt und der Schulöffentlichkeit gezeigt, dass ältere Schüler bereit sind Verantwortung zu übernehmen. Für Eltern ist die Rückmeldung wichtig, dass sich neben den Lehrern auch die Schülerschaft um ihre Kinder kümmert. Das Klassenpatenmodell wird an vielen Schulen erfolgreich durchgeführt.

Eine Reihe von Schulen hat auch „Schülerstreitschlichtungen“ eingerichtet. Auch dieses ist ein Feld für mitgestaltende Schüler. Unter der Anleitung von entsprechend weiter gebildeten Lehrkräften werden Schüler in die Techniken der Mediation eingewiesen und übernehmen die Aufgabe, Streitigkeiten ihrer Mitschüler zu schlichten. Schulen mit Streitschlichtung halten i.d.R. einen eigenen Raum für diese vertraulichen Gespräche vor, der in den Pausen den Schlichtungswilligen zur Verfügung steht. Die betreuenden Lehrkräfte bilden nicht nur die Schülerschlichter aus und organisieren die regelmäßige Besetzung des Schlichtungsbüros, sondern sind auch meistens bei den Schlichtungsgesprächen anwesend und kontrollieren im Nachgang die Wirksamkeit der getroffenen Vereinbarungen.

Der Schulsanitätsdienst bietet interessierten Schülern eine sinnvolle Art der Mitgestaltung. Schüler, die einen medizinischen Beruf ergreifen möchten, sind oft die ersten Anwärter. Wieder muss eine Lehrkraft die Aufsicht und Organisation führen, die sich bei den medizinischen Hilfsdiensten wie z.B. dem Roten Kreuz regelmäßig fortbildet und ihre „Sanitätsschüler“ anleitet. Ebenso gilt es, einen Wochendienst einzurichten, der im Notfall die Erstversorgung vor Ort leisten kann und im Bedarfsfall den Krankenwagen ruft. Folgendes Organisationsschema hat sich in der Praxis bewährt: Bei Unterrichtsbeginn zeichnen die eingeteilten Sanitätsschüler die Anwesenheitsliste im Sekretariat ab und nehmen das Sanitäts-Handy mit in den Unterricht. Über dieses Handy können sie im Bedarfsfall gerufen werden. Wegen dieses besonderen Dienstes für die Schulöffentlichkeit darf das Sanitäts-Handy als einziges Mobiltelefon in Schülerhand eingeschaltet bleiben. Bei der Einteilung des Wochendienstes ist es aus Gründen von Krankheit oder Klassenarbeiten bzw. Klausuren ratsam, für jeden Tag zwei Schüler einzuteilen und auch zwei Prepaid-Handys vorzuhalten.

Die St.-Anno-Schule hat sich über Jahre hinweg in sozialen Projekten des Schulumfelds in Zusammenarbeit mit der Caritas engagiert und bietet dazu eine Arbeitsgemeinschaft für Schüler an. Zu den im Projekt befindlichen Einrichtungen gehören Werkstätten für körperbehinderte junge Menschen, ein Altenheim sowie eine Unterstützungsaktion für Menschen in den Krisengebieten Afrikas. Die Schüler der Arbeitsgemeinschaft „Nachbarschaftshilfe" helfen in drei Gruppen in den Einrichtungen mit. Eine Gruppe bereitet eine Stadtteilausstellung mit den jungen Leuten in den Werkstätten vor, die andere Gruppe liest den Senioren im Altenheim vor und geht mit ihnen spazieren, und die dritte Gruppe sammelt Sachspenden für Menschen in den Krisengebieten Afrikas. Durch diese Maßnahme hat sich die St.-Anno-Schule einen hohen Bekanntheitsgrad in den umliegenden Stadtteilen erworben. Zugleich bieten die Werkstätten als auch das Altenheim Praktikumsplätze für St.-Anno- Schüler an. Die Menschen in den Einrichtungen schätzen das Engagement der Schüler und sprechen lobend von ihnen.

Nicht zuletzt ist eine aktive Schülervertretung für jede Schule wichtig. Erfahrungsgemäß sind es eher die Fraktionen der Eltern und Schüler, die Anträge zur Qualitätsentwicklung vorbereiten und einbringen, während die Fraktion der Lehrkräfte eher den Part der Bewahrer des Bewährten spielt. Es ist wichtig, dass Schüler früh die Erfahrung machen, dass Engagement eine gute Sache ist, wenn sie anerkannt und geschätzt und nicht ausgenutzt wird. Hier kommt es sehr auf die positive Führung durch die SV-Vertrauenslehrkräfte an. Eine Schulleitung sollte bei der Vielzahl von organisatorischen Herausforderungen nicht nur an die großen Aufgaben wie Personaleinstellung und -entwicklung, Unterrichtsverteilung und Stundenplanerstellung denken, sondern die kleinen, aber für das Ganze sehr wichtigen Stellschrauben wie Beauftragungen von Klassen- und Kursleitungen und Ansprache von geeigneten Lehrkräften für Sonderaufgaben nicht vergessen. Meist sind es die kleinen Maßnahmen, die – an Schlüsselstellen vorgenommen – das größte Veränderungspotential entfalten.

Schulen müssen ihren Schülern Mitgestaltungsmöglichkeiten anbieten, sonst verspielen sie zum einen das Engagement und den Einsatz der Inkorporierten Kapitalien ihrer Schüler, zum anderen einen wichtigen Teil ihrer Qualitätsentwicklung als lernende Organisationen. Eine Schule, die ihre Schüler zur Mitgestaltung anregt und sie dabei unterstützt, wird die Erfahrung machen, dass Schüler sich überwiegend gern und zuverlässig einbringen. Es ist für sie die Erfahrung, dass die Schule sie als Individuum außerhalb von Noten und Abschlüssen wahrnimmt und sie wegen ihrer menschlichen Qualitäten schätzt und ihnen etwas zutraut.

Fazit: Die aktive Einbindung von Schülern ist auch eine Form von Förderung, wenngleich auf Selbstwirksamkeit und Persönlichkeitsentwicklung gerichtet und nicht mit dem Touch der Hilfsbedürftigkeit versehen, wie das jahrelang praktizierte „Fördern der Schüler am unteren Leistungsrand". Die Initiative „Schüler als Lernpartner" ist nicht an Alternativen gebunden wie Spitzen- oder Breitenförderung; diese Initiative fördert jeden Schüler und stärkt jede Schülerpersönlichkeit.

4.3 Die Schülereltern: Nörgler oder Kooperationspartner?

Die Rechte und Pflichten der Erziehungsberechtigten werden in den geltenden Schulgesetzen der Bundesländer aufgeführt, aber im Gegensatz zu denen von Lehrern und Schülern eher wenig detailliert dargelegt. Die Schulgesetzestexte von Berlin und Niedersachsen warten zunächst mit einer Rechtsdefinition der Erziehungsberechtigten auf: „*Erziehungsberechtigte im Sinne dieses Gesetzes sind diejenigen Personen, denen das Personensorgerecht für das Kind zusteht.*"[126] Diese Ausführung ist gleichzeitig ein wichtiger Hinweis für Eltern wie für Lehrkräfte, denn sie tangiert die Interaktion des Trios im Schulalltag. § Eltern müssen die Schule informieren, wenn sich an dem gemeinsamen Sorgerecht für ihr Kind etwas ändert, und Lehrer dürfen Auskünfte über Leistungsstand und soziales Verhalten von Schülern nur dem bzw. den Sorgeberechtigten erteilen. Sind beide Eltern sorgeberechtigt, können Lehrer davon ausgehen, dass jeder Elternteil auch für den anderen handelt.[127] Die geltenden schulgesetzlichen Regelungen postulieren, dass die Schülereltern in ihrem Verantwortungsbereich die Bildungs- und Erziehungsarbeit der Schule unterstützen. Das bedeutet, dass sie nach Anmeldung ihres Kindes an der Schule auch Sorge für die Einhaltung der Schulpflicht tragen. Ebenso sind sie dafür verantwortlich, dass ihre schulpflichtigen Kinder am Unterricht und an den sonstigen verbindlichen Veranstaltungen der Schule regelmäßig teilnehmen. Die Schulgesetze von Nordrhein-Westfalen und Baden-Württemberg weisen zusätzlich auf die Pflicht der Erziehungsbe-

126 § 55 Niedersächsisches Schulgesetz (NSchG) i.d.F. vom 19. Juni 2013.
127 § 88 Abs. 4 Schulgesetz für das Land Berlin vom 26. Januar 2014. Zuletzt geändert am 26. März 2014.

rechtigten hin, ihre schulpflichtigen Kinder für einen ordnungsgemäßen Schulbesuch angemessen auszustatten.[128] Diese Regelung betrifft im Wesentlichen die Ausstattung der Schulpflichtigen mit den für den Unterricht notwendigen Materialien. Nicht nur Schüler, sondern auch Schülereltern haben Informations-, Beteiligungs- und Mitwirkungsrechte innerhalb der Schule. Sie haben das Recht, innerhalb der Schulverfassung in den Elterngremien mitzuwirken, in Fällen von Konflikten oder Beeinträchtigung der Schullaufbahn ihrer Kinder beteiligt und beraten zu werden und über Leistungsstand, Förderbedarf und Sozialverhalten ihrer Kinder eine individuelle und sachgerechte Auskunft zu erhalten. Das Auskunftsrecht von Eltern bezieht sich nach detaillierter Ausführung durch das Brandenburgische Schulgesetz auf:

1. die Lernentwicklung, den Leistungsstand und das Arbeits- und Sozialverhalten,
2. die Leistungsbewertung, Versetzung und Kurseinstufung sowie
3. die Maßnahmen bei Entwicklungsauffälligkeiten oder Lern- und Leistungsbeeinträchtigungen verschiedener Ursachen oder bei sonderpädagogischem Förderbedarf.[129]

Auch die Eltern volljähriger Schüler können mit deren Einwilligung Auskünfte über Angelegenheiten des schulischen Ausbildungsweges, insbesondere zum Leistungsstand, einholen. Auch ohne Einwilligung von volljährigen Schülern können Eltern von der Schule ihres Kindes Auskunft begehren, wenn es sich um wichtige persönliche schulische Angelegenheiten im Sinne von gravierenden Störungen der Schülerlaufbahn handelt. Als solche gelten z.B. die bevorstehende oder erfolgte Entlassung von der Schule, schwerwiegendes Fehlverhalten mit der Folge einer Ordnungsmaßnahme, lang anhaltendes unentschuldigtes Fehlen, Gefährdung der Zulassung bzw. Nichtzulassung zu einer Jahrgangsstufe oder einer Schul- oder Abschlussprüfung, Nichtbestehen einer Schulprüfung oder Beendigung des Schulverhältnisses durch den volljährigen Schüler.[130]

Das Auskunftsrecht der Erziehungsberechtigten trifft auf die Auskunftspflicht der Schule. Schulen sind gehalten, mit ihren Informationen sorgfältig und ver-

128 Vgl. § 41 Abs. 1 Schulgesetz für das Land Nordrhein-Westfalen (Schulgesetz NRW – SchulG) i.d.F. vom 25. Juni 2015 bzw. § 85 Gesetz über die Schulen im Land Brandenburg (Brandenburgisches Schulgesetz – BbgSchulG) vom 1. August 1983; letzte Änderung am 12. Mai 2012.

129 § 46 Brandenburgisches Schulgesetz i.d.F. vom 2. August 2002, zuletzt geändert am 14. März 2014.

130 Ebd.; vgl. dazu auch die Schulgesetze von Berlin, Nordrhein-Westfalen und Niedersachsen.

trauensvoll umzugehen. Für Lehrkräfte folgt aus ihrer Beratungspflicht, dass sie sich entsprechend auf Elterngespräche vorbereiten müssen. Ratsuchende Eltern haben nicht nur das Recht auf eine angemessene Auskunft, sie schätzen auch die Bildungsberatung durch Lehrer. Eltern generell, vor allem Eltern mit Migrationshintergrund und Alleinerziehende, brauchen diese Beratung umso mehr, als sie oft Informationsdefizite, gleichzeitig aber auch Forderungen an das Schulsystem haben. Informationsdefizite auf Seiten der Erziehungsberechtigten ergeben sich aus vielfältigen Gründen. Zu diesen gehört die transportierte, selektive Wahrnehmung von Vorgängen in der Schule, die durch das Informationsmonopol der Kinder gesteuert wird und von Erziehungsberechtigten oft genug kritiklos für bare Münze genommen wird. Diese Form der einseitigen Informationskanalisierung ist i.a. nicht dazu angetan zur Vertrauensbildung beizutragen, sondern tradiert tendenziell eherne Vorbehalte, wenn nicht Vorurteile. Der halbjährige Schulsprechtag bringt für Eltern oft ungeahnte Informationskomplettierungen durch die Lehrer mit und ist damit gut für unliebsame Überraschungen. Auch diese Tatsache wirkt sich nicht förderlich auf die Eltern-Lehrer-Kommunikation aus. Eine dritte Quelle von Informationsdefizit auf Seiten der Erziehungsberechtigten sind komplexe schulrechtliche Zusammenhänge, eine sich ständig verändernde Schulwelt – zumindest gegenüber der eigenen erlebten Schulzeit – sowie ein zeitweiliges Auseinanderklaffen von Postulaten der Elternverbände und Entwicklungshemmnissen eines überregulierten Schulsystems.

Was steht eigentlich seit jeher zwischen Eltern und Lehrern? Die Defizitorientierung! Eltern und Lehrer sind gefangen in der unheiligen Allianz gegenseitiger Zuschreibungen von Defiziten. Die Voreingenommenheit von Eltern gegenüber Lehrern ist seit Jahrzehnten unverwüstlich – nicht zuletzt durch mediale Zementierung – und lässt sich mit der Trias faul – arrogant – ungerecht kennzeichnen. Kampagnen wie die Erhebung von Unterrichtsausfall durch Schüler als verlängerter Arm ihrer Eltern, die sich an Aktionen von Elternverbänden beteiligten, sind sicherlich im Kern der Sache begründet, haben aber in dieser Form nicht zu einem förderlichen Klima beigetragen. Eine überzogene Aversion von Eltern gegenüber Krankheitstagen von Lehrern ist weder berechtigt noch hilfreich, sollten die Eltern doch wissen, dass ihre eigenen Arbeitsstätten auch nicht von Krankheit verschont bleiben. Aber krank sein und dann noch als Lehrer unter dem wachsamen Auge der Öffentlichkeit – nein, das geht wirklich gar nicht!

Die Vorbehalte von Lehrern gegenüber Eltern sind nicht minder beständig und enthalten Zuschreibungen wie Bildungsferne – Erziehungsunfähigkeit – Selbstverwirklichung und schnödes Abliefern der Kinder im Versorgungsbetrieb Schule – hohe Ansprüche an die Schule bei fehlender Gegenleistung. Das kam bei Einführung des Ganztagsformats noch hinzu: Eltern wollen ihre Kinder gewaschen, gewickelt, gefüttert mit Wohlbefinden und guten Noten am Ende des Schultags entgegennehmen. Der neue Hype ist das genaue Gegenteil: die überbehütenden „Helikoptereltern", die ihre Kinder per Handy fernsteuern. Tappen Lehrer wie Eltern in die Falle von eigennützigen Suggestionsverstärkern des Informationszeitalters?

Es ist kein Wunder, dass diese Antipoden zu ritualisierten Anlässen wie Elternsprechtagen mit Blick auf Halbjahres- und Versetzungszeugnis aufeinanderprallen. Hinzu kommt, dass bei diesem Anlass, noch dazu, wenn das Gespräch auf Wunsch des Lehrers zustande kommt, die Vorahnung von Konflikt in der Luft liegt. Längst haben findige Berater die Marktlücke Eltern-Lehrer-Gespräch entdeckt und geben hilfreiche Tipps zum guten Umgang miteinander. „Vermeiden Sie Fallen wie gegenseitige Schuldzuweisungen und leichtfertige Versprechungen", empfehlen solche Ratgeber, und damit haben sie nicht Unrecht. Gerade dann, wenn Fehlverhalten wie etwa häufige Unpünktlichkeit des Kindes, fehlende Auftragserledigung oder Störungen im Unterricht durch den Lehrer angesprochen werden müssen, ist sehr darauf zu achten, dass dabei nicht der Eindruck bei den Eltern erweckt wird, sie hätten in der Erziehung ihres Kindes versagt. Genauso wenig ist das unhaltbare Versprechen durch Eltern hilfreich: „Ich kontrolliere ab sofort jeden Tag die Hausaufgaben meines Kindes". Diese klassischen Gesprächsfallen können Lehrer vermeiden, indem sie zwar das Problem, aber auch einen Lösungsweg aufzeigen und die Eltern dabei ins Boot holen.

Herr Adams ➲ (38)[131] gestaltet seine Elterngespräche, indem er sich auf die Problemanalyse, aber gleichzeitig auf das konzentriert, was der Schüler noch lernen muss, um in seiner Schullaufbahn erfolgreich zu sein. Er äußert sich etwa so: *„Ich bin davon überzeugt, dass Marcus mehr lernen könnte. Dazu müsste er den Sinn unserer Klassenregeln einsehen und sich vor allem daran halten. Ich möchte heute mit Ihnen darüber sprechen, wie wir Marcus gemeinsam da-*

131 Vgl. S. 79.

bei unterstützen können.“[132] Wesentlich in einem Lehrer-Eltern-Gespräch sind Lernhilfen und Fördermöglichkeiten, ein Zeitplan mit Feedbackterminierung zur Umsetzung mit konkreter Aufgabenverteilung und eine ausgewogene Beurteilung der Schülerpersönlichkeit. Ein Lob, wenn auch nur ein kleines, wirkt nicht nur bei Schülern Wunder, sondern auch bei Eltern.

In jedem Fall sollten sich beide Gesprächsparteien rechtzeitig vor dem Termin Gesprächsnotizen im Sinne einer Prioritätenliste machen. Erscheinen zum Gesprächstermin sollte immer das komplette Trio: Lehrer, Eltern und Schüler. Lehrern wird empfohlen, die Teilnahme von Eltern und Schülern einzufordern. Warum ist das so wichtig? Zunächst zeigt es dem Schüler, dass auch er anerkannter Gesprächspartner ist und seine eigene Sichtweise äußern kann. Außerdem fördert die Schülerteilnahme das Vertrauen zur Schule und zum Lehrer, denn der Schüler nimmt wahr: „Hier soll nichts hinter meinem Rücken gesagt und beschlossen werden.“ Zeitpläne mit Aufgabenverteilung betreffen vor allem Schüler, denn sie sollen Lernstoff nacharbeiten oder aufbessern. Ihre proaktive Einbeziehung ist ein Zukunftsvorteil. Nicht zuletzt ist die Schülerteilnahme deshalb wichtig, weil dadurch verhindert wird, dass das Gesagte und Vereinbarte gegenüber dem abwesenden Dritten instrumentalisiert wird. Eltern sollten sich Fragen zum Leistungsstand, aber auch zum Sozialverhalten ihres Kindes notieren und Veränderungen in beiden Bereichen ansprechen. Hier gibt z.B. die Website www.elternwissen.de detaillierte Anregungen, die sinnvoll und alltagstauglich sind. Es wird auch darauf hingewiesen, dass Elternsprechtage ebenso für Lehrer, v.a. für Hauptfachlehrer, anstrengend sind und fortwährende Umstellung – in vielen Schulen im Zehn-Minuten-Takt – auf viele und verschiedene Gesprächsteilnehmer bedeuten. Ein Experte wird diese Anforderung routinierter und erfahrener meistern können als ein Novize. Beide sollten jedoch Eltern nie den Eindruck vermitteln, dass Elternsprechtage lästige Veranstaltungen und Orte für lustlose Auskünfte nach 08/15-Art und sie selbst reine Auskunftsautomaten seien. Auch stereotype oder gar missverständliche Auskünfte von Lehrkräften gegenüber Eltern sollten unterbleiben wie etwa: „Seien Sie beruhigt! Ihr Sohn schwimmt im Mittelfeld mit“ oder – für Eltern oft genug missverständlich – „Ihr Kind ist ja so still! (es ist doch gut, wenn mein Kind nicht im Unterricht stört, gegenüber: Mein Kind beteiligt sich nicht hinreichend am Unterricht).“

132 Vgl. Eichhorn 2014, S. 63.

Lehrkräfte sollten die Gelegenheit auch nutzen, um mit Erziehungsberechtigten über ihren Unterricht, insbesondere über CRM, zu sprechen und ihnen genau erklären, welche klaren Anforderungen sie an Elternhäuser haben und warum Eltern wissen müssen, dass der Familienfaktor eine wichtige Rolle bei der Persönlichkeits- und Bildungsentwicklung von Schülern spielt. Lehrer sollten ratsuchenden Eltern spiegeln, wie eine Kooperation von Elternhaus und Schule genau funktionieren kann. Lehrkräfte sollten Eltern hierbei die Wichtigkeit von Regeln und Routinen verdeutlichen und ihnen nahebringen, wie die Vorgehensweisen miteinander in Einklang gebracht werden können. Ein lernförderliches Klima in der Schule sollte sein Pendant auch im häuslichen Umfeld finden: Fehlverhalten sollte auch zu Hause präventiv gesteuert werden und im Akutfall die rote Stopp-Karte auf den Plan rufen. Es ergeben sich also eine Reihe wichtiger Anknüpfungspunkte, die über die bloße „Drei in Mathe“ hinausgehen.

Die gegenseitigen Erwartungen von Eltern- und Lehrerschaft sind also gar nicht außergewöhnlich. Eltern wünschen eine verlässliche Schule, möglichst mit Ganztagsbetrieb. Die Verlässlichkeit ist für Erziehungsberechtigte von hoher Priorität, weil sie die Schule als starken und beständigen Partner bei ihrer Lebensgestaltung an ihrer Seite brauchen. Die Schule soll gleichzeitig ein Schutzraum mit Wohlfühlcharakter für ihre Kinder sein und unerwünschte Außeneinflüsse von ihnen fernhalten. Für Lehrer spielen die Erwartungen Zuverlässigkeit und Mithilfe der Eltern in der Schülerbildung eine Rolle. Bei rechtem Licht betrachtet sind Eltern und Lehrer doch gar nicht so weit auseinander.

Beide Seiten neigen noch dazu, Voreingenommenheiten zu konservieren und aneinander herumzunörgeln. Dabei ist es längst hohe Zeit, Kooperationspartner für den Lernerfolg von Schülern zu werden. Hier scheint sich nach neuesten Ergebnissen der Allensbach-Studie zum Thema „Was Eltern wollen“ vom Herbst 2014[133] eine positive Veränderung anzubahnen, denn die Studie stellt den Lehrern ein gutes Zeugnis aus. Das Ergebnis zeigt: 70 % der 1126 befragten Eltern schulpflichtiger Kinder – unabhängig von deren sozialen Lebensbedingungen – sprechen den Lehrern ihrer Kinder großes Vertrauen aus und suchen ihren Rat in Bildungs- und Erziehungsfragen. Die Allensbach-Studie belegt aber auch, dass sich Eltern mit der Erziehung überfordert fühlen. Sie möchten zwar

133 Vgl. hier und im Folgenden die IdF-Umfrage 6297 im Autrag der Vodafone Stiftung Deutschland. Schon 2010 wies eine Bertelsmann Studie auf die Notwendigkeit einer systematischen und professionellen Elternberatung durch Schulen hin.

ihre Kinder bei Hausaufgaben und Vorbereitung von Klassenarbeiten unterstützen und machen sich Gedanken um die Zukunft ihrer Kinder, doch sehen sich 54 % der Eltern dieser Aufgabe nicht gewachsen, insbesondere solche mit niedrigem Bildungsabschluss. Mehr als die Hälfte der von Allensbach befragten Erziehungsberechtigten schätzen Kindererziehung auf Grund der gesellschaftlichen Veränderungen heute als schwieriger ein. 90 % der Befragten sehen ihr zentrales Erziehungsziel in dem Leitbild der Selbstentfaltung durch Selbstständigkeit und Willensfreiheit. Dennoch wollen sie auf Grenzen nicht verzichten. Den nötigen Rat dazu holen sich 73 % in der Schule. Der Lehrer ist also der erste Ansprechpartner für Bildung und Erziehung. Digitale Ratgeber und Apps stehen dagegen im Hintergrund. Die große Unsicherheit und das große Vertrauen in die Lehrer entsprechen dem Elternwunsch nach einer Ausgestaltung des Informationsangebots an Schulen und verknüpfen damit die Forderung, dass die Zeit für die Elternberatung in die Arbeitspläne von Lehrern integriert werden muss.

Viele Schulen kündigen ihre Sprechtage im Rahmen von Halbjahres- oder Jahresplänen an. Es ist sinnvoll, acht bis zehn Tage vor Termin Eltern und Schüler per Rundbrief noch einmal zum Sprechtag einzuladen und an die Wichtigkeit dieser Gesprächstermine zu erinnern. In der Regel geben Lehrkräfte Listen mit Sprechzeitintervallen aus, damit Schüler ihre Eltern dort eintragen können. Meist werden diese Listen am Tag selbst an den Türen der Lehrerräume angebracht, so dass noch weitere Einträge erfolgen können. Lehrer achten darauf, dass längerer Gesprächsbedarf mit Eltern und Schülern bei komplexeren Problemlagen zu gesonderten Terminen erfolgen. Hierbei müssen Lehrer auf die Berufstätigkeit von Eltern Rücksicht nehmen. Auf der anderen Seite stellen die beruflichen Verpflichtungen von Erziehungsberechtigen grundsätzlich keinen ausreichenden Verhinderungsgrund dar, denn der Arbeitgeber ist gehalten, ihnen auf Grund der gesetzlichen Pflichten aus dem Schulverhältnis für wichtige Gespräche mit der Schule frei zu geben.

Erziehungsberechtigte sollten sich rechtzeitig vor dem Termin zusammen mit ihren Kindern überlegen, zu welchen Lehrkräften sie gehen wollen und welche Gesprächsthemen ihnen dabei wichtig sind. Bei den Zeitplanungen sollten Pufferzeiten eingeplant werden, denn nicht immer gelingt es, Gespräche im Staccato-Stoppuhrtakt zu führen. Eltern, die mit nachvollziehbaren Ergebnissen vom Sprechtag zurückkommen wollen, sei der folgende Elternfragebogen empfohlen:

Elternfragebogen für den Sprechtag

6–8 Min. 2 Min.

1. Lernverhalten meines Kindes	
Welche Stärken hat mein Kind in Ihrem Fach?	
Wo liegen die Schwächen?	
Ist das Lernverhalten konstant?	
Haben sich seit unserem letzten Gespräch Veränderungen ergeben?	
Wie sind die Leistungen im schriftlichen Bereich?	
Beteiligt sich mein Kind regelmäßig am Unterricht? Wie sind die Leistungen im mündlichen Bereich?	
Fertigt mein Kind seine Hausaufgaben zuverlässig an?	
2. Lern- und Förderbedarf meines Kindes	
Wie können die Schwächen behoben werden a) im schriftlichen Bereich? b) im mündlichen Bereich? c) bei der Anfertigung von Hausaufgaben?	 a) b) c)
Wie kann ich mein Kind dabei unterstützen?	
3. Sozialverhalten meines Kindes	
Hat sich mein Kind gut in der Klasse eingelebt?	
Wie verhält es sich gegenüber den Mitschülern?	
Kann es sich in Arbeitsgruppen integrieren?	
Wie verhält es sich in Pausen?	
Hält es sich an Klassenregeln?	
Stört es im Unterricht?	
Fällt es durch Aggressionen auf?	
Haben sich in letzter Zeit auffallende Verhaltensänderungen ergeben?	
Gibt es besondere Vorkommnisse, die ich wissen sollte?	
4. Vereinbarungen	
a) Zum Lernverhalten:	
b) Zum Lern- und Förderbedarf	
c) Zum Sozialverhalten	
Sonstiges	

Abb. 10: Elternfragebogen für den Sprechtag

Schulen und Lehrer sollten mit Eltern eine Bildungs- und Erziehungspartnerschaft eingehen, um der Elternberatung den gebührenden Stellenwert für den Lernerfolg der Schüler einzuräumen. Ministerien, die ganztägige Sprechtage um die Hälfte reduziert haben, sollten sich ernsthaft fragen, ob dieses im Sinn einer wirksamen Elternarbeit ist angesichts einer heterogenen Schülerschaft in Zeiten ständigen gesellschaftlichen Wandels. Zeit, die in qualifizierte Beratung von Eltern und Schülern investiert wird, ist eine Investition in die Zukunft. Damit würden sich auch die seit Jahrzehnten stereotypen Themen in schulischen Elterngremien ändern, und stets aufs Neue bediente Standardthemen wie Gewicht von Schultaschen, Mensaangebot und Schultoiletten bekämen frische Konkurrenz.

Fazit: Schaffen Sie eine systematische Bildungs- und Erziehungspartnerschaft mit Ihren Schülereltern und beziehen Sie die Schüler ein! Fangen Sie mit dem nächsten Elternsprechtag damit an! Investieren Sie in diese Qualitätsoffensive durch verbesserte Kommunikation und Kooperation! Eltern sind gewinnende Partner, die Vertrauen mitbringen. So gelingt der Weg vom Trio infernale zum Winning Team.

5 Strukturelle Maßnahmen

Schulen, die sich CRM als Unterrichtsmethodik zu eigen gemacht haben, sind gut beraten, die CRM-Komponenten wie förderliches Sozialklima, Regeln und Routinen, Kooperation und Selbstwirksamkeit sowie professioneller Umgang mit Störungen und Konflikten in ein umfassendes Leitbild zu integrieren, das prägend für das Schulleben wirkt. Nur durch eine Einbettung in ein stimmiges Ganzes kann CRM sich über die Grenzen der Klassen- und Kursräume hinaus entfalten und alle anderen Bereiche der Schule mit Leben erfüllen. Viele große und kleine Schulreformen sind deswegen nur Stückwerk von kurzer Lebensdauer geblieben, weil sie Fremdkörper im Gesamtsystem blieben. CRM-Schulen müssen daher den Blick über das Geschehen im Klassenraum hinaus auf alle wesentlichen Bereiche des Schullebens richten und diese so gestalten, dass sie die CRM-Methodik widerspiegeln. CRM muss der Prägestempel für Corporate Identity und Corporate Social Responsibility werden, mit denen sich Schulleitung, Lehrer, Schüler und deren Eltern identifizieren und danach handeln. Wegemarken zu diesem Ziel sind Lehrerbüros, Lernstudio, Elternbildungszentrum, aber auch mediative Konfliktbewältigung und Schulkodex.

5.1 Lernstudio[134]

Der soziale Trainingsraum nach dem Bielefelder Modell[135], den viele Schulen als situative Maßnahme gegen Unterrichtsstörungen in ihr Handlungsprogramm aufgenommen haben, hat sich nach Aussagen von Lehrkräften an Trainingsraum-Schulen nur bedingt bewährt. Zum einen wird moniert, dass der in dem Modell vorgesehene Dreierschritt aller Prozeduren zu langwierig ist, da der Etappenverlauf wiederholter Überprüfung bedarf und der Zusammenhang zwischen Ursache und Konsequenz zeitlich zu weit auseinanderliegt; dadurch sind Kausalität sowie Sinnhaftigkeit eingeschränkt. Darüber hinaus produziert das T-Raum-Modell ein überzogenes bürokratisches Verfahren, das einer eigenen Verwaltungssäule gleichkommt.

Als Gegenmodell zum sozialen Trainingsraum kann die Einrichtung eines Lernstudios für Schulen sinnvoll sein. Beiden Modellen liegt die Idee von

134 Nicht zu verwechseln mit Namensgebungen von Nachhilfeketten.
135 Vgl. S. 68.

Time-out zu Grunde. Während der T-Raum jedoch die schriftliche Reflexion des Schülers über sein Fehlverhalten zum Ziel hat, verfolgt das Lernstudio die Absicht der Förderung und Stärkung von Selbstwirksamkeit. Auch das Lernstudio benötigt einen eigenen Raum und Lehrkräfte zur Betreuung. Hier empfiehlt sich die feste Einplanung von Lehrern innerhalb ihres Arbeitsdeputats, damit das Lernstudio zu regelmäßigen Zeiten in jeder Schulwoche geöffnet ist. In der Praxis haben sich Öffnungszeiten von Montag bis Donnerstag in Randstunden bewährt. Sinnvoll ist die Einrichtung von Lernstudios in Schülerbibliotheken, die neben Büchern auch über PC-Plätze verfügen. Genau wie beim T-Raum-Modell werden Schüler nach vorheriger Benachrichtigung der Erziehungsberechtigten entsandt. Das Entsendeverfahren verläuft über die digitale Eintragung in den Terminkalender des Lernstudios durch den Entsendelehrer. Die beaufsichtigende Lehrkraft im Lernstudio bestätigt die Anwesenheit des Schülers durch Rückmeldung. In den Trainingsraum werden Schüler geschickt, die wegen Fehlverhalten vorübergehend vom Unterricht ausgeschlossen werden; ins Lernstudio werden Schüler von Lehrern überwiesen, weil sie in bestimmten Lernbereichen gefördert werden sollen oder weil sie eigenständig eine anspruchsvollere Aufgabe lösen sollen.

Das Lernstudio ist keine erzieherische Maßnahme und weit davon entfernt, eine Galeerenveranstaltung zu sein, sondern es ist ein Ort zu weitergehender individueller Förderung. Gründe für die Entsendung ins Lernstudio können sein: Anfertigung von Referaten, Aufarbeitung versäumten Lernstoffs, Erprobung bestimmter Lern- und Arbeitstechniken, sowie individuelle Vorbereitung zu Klassenarbeiten oder Prüfungen. In jedem Fall stellt der entsendende Lehrer die Notwendigkeit und den Umfang der Förderung im Lernstudio fest. Er gibt den konkreten Förderauftrag, nimmt die Arbeitsergebnisse der Entsendeschüler entgegen und gibt den Schülern eine Rückmeldung. Eine Schule, die ein Lernstudio einrichtet, beweist ihrer Schüler- und Elternklientel, dass sie das Erfordernis der individuellen Schülerförderung ernst nimmt und professionell umsetzt. Ein solches Angebot wird erfahrungsgemäß positiv aufgenommen und ist ein Plus für die Binnenqualität und Außenwirkung einer Schule. Es ist daher erforderlich, dass das Lernstudio seinen Platz im Schulprogramm bzw. in der Schulvereinbarung einnimmt und dass Schüler sowie Eltern über den Sinn und die Vorzüge dieser Einrichtung regelmäßig informiert werden.

➲ (40) **Herr Sattler** ist Lehrer an der Robert-Koch-Sekundarschule und gehört zum Kreis der Initiatoren des dortigen Lernstudios. Die Mitglieder der „Arbeitsgemeinschaft Lernstudio" haben die Schülerbibliothek als geeigneten Ort ausgesucht, weil dort nicht nur umfangreiche Bestände an Nachschlagewerken und Fachbüchern im Präsenzbereich vorhanden sind, sondern auch zehn Rechnerplätze. Die Bibliothek ist in Schulwochen von Montag bis Donnerstag ganztägig und freitagvormittags geöffnet. Sie wird – genau wie der Kiosk der Schule – von einem festen Elternkreis betreut, der den Buchbestand verwaltet, die Ausleihe regelt und die Aufsicht führt. Seit der Entstehung des Lernstudios hat die Mentorin der Lehramtsanwärter dafür gesorgt, dass die Referendare sich dort zu regelmäßigen Anwesenheitszeiten zum Zweck der individuellen Schülerförderung einfinden und somit dazu beitragen, dass sich die echte Lernzeit der Schüler über den Fachunterricht hinaus erhöht. Nachdem die Mitglieder der „Arbeitsgemeinschaft Lernstudio" ihr Konzept im Rahmen einer Lehrerkonferenz präsentiert und zur Diskussion gestellt haben, wird das Modell Lernstudio der Eltern- und Schülerschaft vorgestellt und schließlich in der Schulkonferenz verabschiedet.

Nach einer kurzen Anlaufzeit machen die Mitglieder des Kollegiums zunehmend Gebrauch von dem Angebot, indem sie Schüler mit einem konkreten Förderauftrag in das Lernstudio schicken. Lara, Klasse 7, wird von ihrer Englischlehrerin ins Lernstudio entsandt, weil die Schülerin nach zweiwöchiger Krankheit Probleme im Bereich Simple Past und Present Perfect hat, obwohl ihre Fachleistungen sonst zufriedenstellend sind. Laras Englischlehrerin möchte nicht, dass sich das Problem zementiert und weitere Lernblockaden auslösen könnte. Daher sendet sie Lara mit passendem Arbeitsmaterial ins Lernstudio. Dort soll Lara ihren Arbeitsauftrag möglichst eigenständig erledigen. Im Bedarfsfall wird ihr von den anwesenden Referendaren ein weiterführender Tipp gegeben. Die Englischlehrerin nimmt Laras Ergebnisse zur Durchsicht mit nach Hause und gibt ihr nach der nächsten Englischstunde eine Rückmeldung. Dann entscheidet sich, ob Lara noch eine weitere Fördereinheit braucht oder nicht.

5.2 Handlungsfähigkeit in Konfliktfällen mit den Mitteln der Mediation

Es ist nur folgerichtig, dass an CRM-Schulen, die eine Schülerstreitschlichtung zur Optimierung ihres Sozialklimas einrichten, nicht nur Schüler in der

Bewältigung von Konflikten mit den Mitteln der Mediation geschult werden, sondern auch Lehrer.

Bei CRM, aber auch bei Konfliktbewältigung durch Mediation, hat die Lehrerbildung zweifellos Nachholbedarf. Es ist nicht zukunftsweisend, Lehrer nur für berufliche Schönwetterlagen und Schaustunden auszubilden und zu hoffen, dass dann alles andere auch klappt, sondern sie benötigen ein solides Handlungsinstrumentarium mit Alltagstauglichkeit. Der realistische Blick auf den Schulalltag zeigt, dass der Lehrerberuf nicht nur von Friedfertigkeit und Harmonie begleitet wird, sondern dass Konflikte zunehmend auftreten. In Zeiten größer werdender Schülerheterogenität und sich stärker manifestierendem Elternwillen ist Konfliktpotential vorprogrammiert. Diese Parameter gilt es zukünftig angemessen in der staatlichen Lehrerbildung zu berücksichtigen. Lehrkräfte benötigen neben ihren Fach- und Methodenkenntnissen auch eine Ausbildung in professioneller Konfliktbewältigung.

Zu den Desideraten künftiger Lehrerbildung gehört im Übrigen auch eine grundlegende Kenntnis des Schulrechts. Sie gibt der Lehrkraft Handlungs- und Entscheidungssicherheit und zeigt ihr gleichzeitig Reichweite sowie Grenzen ihres beruflichen Agierens auf. Warum Schulrecht in der Lehrerbildung einiger Bundesländer eine Rolle spielt, in anderen jedoch kaum oder gar nicht, ist erstaunlich. Zugutekommen würde eine Elementarbildung in diesem Bereich unmittelbar allen Lehrkräften und mittelbar Eltern und Schülern. Solide Grundkenntnisse in Mediation und Schulrecht sind ein Plus für die Lehrerprofessionalisierung.

Aktive Lehrkräfte können sich diese Kenntnisse zur Erweiterung ihres Handlungsinstrumentariums in Fortbildungen oder in berufsbegleitenden Studiengängen aneignen. Diese werden von Berufsverbänden oder Instituten für Fortbildung, aber auch im Rahmen berufsbegleitender Fernstudiengänge angeboten.

Ein erster Einblick in die Konfliktbewältigung durch Mediation sei hier vermittelt. Zunächst: Was ist Mediation? Mediation – nicht mit Meditation zu verwechseln – ist ein Verfahren der außergerichtlichen Konfliktbeilegung durch komplexe Verhandlungsstrategien. D.h., Mediation kann nur da angewendet werden, wo Verhandlungsspielraum vorhanden ist. Mediation kann sich nicht über gesetzliche Regelungen hinwegsetzen und kann sie nicht ersetzen. Für den

Schulbereich heißt das, dass etwa eine Nichtzulassung eines Schülers zum Abitur wegen unzureichender Punktzahl kein Feld für die Mediation ist, da diese Regelung rechtlicher Bestandteil der Ausbildungs- und Prüfungsordnung ist. Die Nichtzulassung ist ein hoheitlicher Verwaltungsakt und keine Verhandlungsmasse. Dagegen ist folgende Konfliktsituation durchaus ein Fall für mediatives Vorgehen:

Frau Schmitz, Mutter von Lena aus der 6. Klasse, steht zum wiederholten Mal unangekündigt und äußerst aufgebracht vor der Klassentür, als es zur Stunde läutet, und ➲ **41 Lehrer Zeitler** gerade den Raum pünktlich zur Klassenarbeit in Mathematik betreten will. Frau Schmitz besteht lautstark darauf, sofort von Herrn Zeitler angehört und über den aktuellen Leistungsstand ihrer Tochter Lena in Mathematik informiert zu werden, da sie das Recht auf Auskunft habe. Herr Zeitler, der schon eine Fortbildung in Konfliktsteuerung durch Mediation absolviert hat, hört Frau Schmitz ruhig und höflich an. Er bestätigt ihr ein generelles Auskunftsrecht und beginnt – angesichts der nun vorrangigen Klassenarbeit –, einen Gesprächstermin zu einem anderen Zeitpunkt zu verhandeln. Der Lehrer könnte ihr als Lösungsoption vorschlagen, sich nach Beendigung der Klassenarbeit vor dem Elternsprechraum einzufinden und entweder so lange zu warten oder die Zeit anderweitig zu nutzen. Eine Alternative wäre ein Telefontermin noch am selben Tag. Die Schülermutter entscheidet sich für die Alternative. Herr Zeitler sagt zu und verabredet mit Frau Schmitz eine Uhrzeit, zu der sie ihn anrufen kann. Er erkennt ausdrücklich das Interesse der Schülermutter am Lernerfolg von Lena an und hält die Gesprächswege mit der Erziehungsberechtigten offen, statt ihr empört eine Abfuhr mit den Worten zu erteilen: „Was wollen sie denn schon wieder? Sie sehen ja wohl, dass das jetzt gar nicht geht!"

Mediation ist ein interdisziplinäres Verfahren, das mit Mitteln aus der Konflikt- und Verhaltensforschung arbeitet, das sich psychologisches Problemlösen zu Nutze macht, das auf die Erkenntnisse der Kommunikationswissenschaften zurückgreift und das das Harvard-Konzept als Verhandlungstechnik mit dem Ziel einer Win-Win-Lösung einsetzt. Es hat sich seit den 1990er Jahren etabliert und ist verbreitet in Skandinavien, den Niederlanden, in Österreich und in der Schweiz. In Deutschland ist das Verfahren inzwischen in vielen Bundesländern als gerichtsnahe Mediation den Zivilgerichten angegliedert. Die Mediation ist bei uns in der Berufsordnung für Rechtsanwälte und im

Rechtsdienstleistungsgesetz verankert (§ 7a BORA, Berufsordnung für Rechtsanwälte i.d.F. vom 01.01.2015). Die meisten Anwälte haben sich daher in der Mediation fortgebildet. Allerdings findet Konfliktbewältigung durch Mediation keineswegs nur in Kanzleien und Gerichten statt, sondern wird üblicherweise genutzt in Fällen wie Tarifauseinandersetzungen, Großprojekten im öffentlichen Raum, bei Nachbarschaftsstreitigkeiten und auch in Schulen, wie am Beispiel der Schülerstreitschlichtung dargelegt.

Zu den Grundprinzipien der Mediation gehört die Konzentration auf die Sache und die Interessen, denn das erklärte Ziel ist die Zusammenführung der Einzelinteressen zum gemeinsamen Interesse, dem Interessensausgleich. So hat Lehrer Zeitler von vorn herein auf das Interesse von der Erziehungsberechtigten Frau Schmitz am Schulerfolg ihrer Tochter Lena abgehoben und nicht auf Frau Schmitz als Person, die durch ihr wiederholt unangekündigtes Erscheinen den Unterrichtsablauf stört. Herr Zeitler hat mit der Schülermutter Optionen entwickelt: Erste Option: erneutes Erscheinen vor dem Elternsprechraum; in der Zwischenzeit Warten oder andere Dinge erledigen. Zweite Option: Telefontermin am selben Tag). Frau Schmitz hat sich für den Telefontermin entschieden. Diese einvernehmliche Wahl der für beide Parteien besten Option eröffnet Herrn Zeitler zwei Dinge: er kann jetzt ungestört die Mathematikarbeit durchführen und hat genügend Zeit, sich auf das Telefonat mit Frau Schmitz argumentativ einzustellen. Er kann überdies davon ausgehen, dass sich inzwischen die Aufregung der Schülermutter etwas gelegt hat und sie auch erkennt, dass ein unangekündigtes Gesprächsbegehren in einem eng getakteten Unterrichtstag nicht zu realisieren ist. Diese Einsicht wird umso leichter fallen, als Herr Zeitler ihr Entscheidungsmöglichkeiten eingeräumt und Wertschätzung entgegengebracht hat. Auf diese Weise erkennt Frau Schmitz in Lehrer Zeitler einen kompetenten und zuverlässigen Gesprächspartner, dem sie Vertrauen entgegenbringen kann. Nicht zuletzt wird das Vorgehen sich auch auf Lena positiv auswirken, denn Streit zwischen Eltern und Lehrern belastet auch immer das Lehrer-Schüler-Verhältnis, während eine offene und vertrauensvolle Lehrer-Eltern-Kommunikation die Eigenwahrnehmung des Schülers stärkt.

Herr Zeitler ist nach dem gut verlaufenen Telefonat mit Frau Schmitz zufrieden, dass er den Konflikt mit den Mitteln der Mediation erfolgreich steuern konnte und freut sich darüber, dass er die wesentlichen Techniken, die er in der

Fortbildung erlernt hatte, nun professionell nutzen konnte. In Gedanken geht er noch einmal die wichtigsten Vorgehensweisen durch, die er sich zur Sicherheit im akuten Fall auch als Memo in sein Handy geschrieben hatte:

1. Setting zuschneiden (Ort und Zeit festlegen):
- Herr Zeitler legt das Setting neu fest, indem er zwei Optionen aufzeigt: Warten oder Telefonat.

2. Emotions- und Wertschätzungsfaktoren einbringen:
- aktives Zuhören durch Blickkontakt und begleitende Mimik)
- nicht unterbrechen
- Neutralität (Herr Zeitler hat jegliche Voreingenommenheit vermieden)
- Ich-Botschaften formulieren („Ich freue mich, dass Ihnen Lenas Fortschritte in Mathematik so am Herzen liegen“)
- Konzentration auf Interessen (hier: Schulerfolg).

3. Sondierungs- und Klärungsfaktoren einbringen:
- Nachfragen
- Optionen entwickeln (hier: Wiederkommen oder Telefonat am selben Tag)
- gemeinsame/geeignete Interessen herausarbeiten (Herr Zeitler und Frau Schmitz fühlen sich gemeinsam für den Lernerfolg Lenas in Mathematik verantwortlich)
- Koalitionsfalle vermeiden (Herr Zeitler tappt nicht in die Koalitionsfalle, indem er sich von vorherein die vorherrschende Meinung im Kollegium zu Eigen macht, dass Frau Schmitz „nervt“).

4. Finalisierungsfaktoren einbringen:
- *Was bis wann* formulieren
- Leistungen und Gegenleistungen festlegen (vor dem Elternsprechraum warten; anrufen: gegenüber Vergabe und Einhaltung des Termins sowie Auskunftsleistung)
- Einverständnisabfrage.

5. Erfolgskontrolle der Vereinbarung:
- Herr Zeitler wird am Ende des Gesprächs auf den nächsten Sprechtag oder einen Sondertermin hinweisen, um Lenas Etappenfortschritte mit Frau Schmitz erneut zu besprechen.

Wer in Konfliktfällen handlungsfähig bleiben will – so rät Herr Zeitler auch seinen Kollegen – dem seien die **Zehn Gebote der Mediation** empfohlen:

1. Sachen von Personen unterscheiden.
2. Auf Interessen, nicht auf Positionen konzentrieren.
3. Neutralität wahren und Koalitionen meiden.
4. Ruhig und authentisch bleiben.
5. Sachfragen stellen.
6. Aktiv zuhören.
7. Den Konflikt mit Blick auf gemeinsame Interessen strukturieren.
8. Gemeinsamen Interessen zusammenführen.
9. Eine tragfähige Lösung vereinbaren und einhalten.
10. Die Beständigkeit der Lösung kontrollieren.

5.3 Von Klassenregeln zum Schulkodex

Unser Fallbeispiel ➲ (15) Herr Costaldo[136] hat demonstriert, wie ein Set von fünf Klassenregeln an der Leibniz-Schule den Umgang mit Regeln für Lehrer und Schüler einfacher und effizienter macht. Diese fünf Regeln wurden in allen Klassenräumen ausgehängt und da leicht memorier- und anwendbar, von den Lehrern der Leibniz-Schule vorgelebt und von ihren Schülern eingefordert:

Wir sind Schüler der Leibniz-Schule:

1. Wir engagieren uns für unsere Schule.
2. Wir sind fair und friedlich.
3. Wir vermeiden Müll, Beschädigung und Gewalt.
4. Wir arbeiten konzentriert und aktiv im Unterricht mit.
5. Wir befolgen die Anweisungen der Lehrer.

➲ **(42)** Die **Leibniz-Schule** arbeitet nach dem CRM-Konzept; d.h., die dort tätigen Lehrer wenden die CRM-Techniken zum präventiven und situativen Umgang mit Unterrichtsstörungen erfolgreich an. Die Schule hat die Kartenmethode Gelb – Rot in den Katalog ihrer Interventionsmaßnahmen bei Fehlverhalten aufgenommen. Regelmäßig evaluiert die Lehrerschaft Funktionali-

136 Vgl. S. 33.

tät und Effizienz ihres Klassenmanagements. Bei der letzten Lehrerkonferenz kam zur Sprache, dass die Kartenstufe Rot bei vergleichbarem Fehlverhalten von Schülern unterschiedliche Konsequenzen durch Lehrer nach sich zieht. Daher wurde die Frage diskutiert, ob es sinnvoll sei, ausgehend von den Klassenregeln einen verpflichtenden Schulkodex aufzustellen, der angemessene und vergleichbare Konsequenzen für bestimmte Formen des Fehlverhaltens festlegt, insbesondere bei verhaltensauffälligen Schülern. Während sich die Novizen wie auch die Teilzeitkräfte des Leibniz-Kollegiums für einen Schulkodex aussprachen, argumentierten die Experten und Vollzeitkräfte eher zurückhaltend. Dennoch wollte sich die Gesamtheit der Lehrerschaft dem Thema nicht von vorherein verschließen. Man war sich bewusst, dass ein geschlossenes Auftreten der Lehrerschaft richtungsweisend und hilfreich für die Persönlichkeitsentwicklung der Leibniz-Schüler sei und das Handeln der Lehrer erleichtern würde. Darum wurde eine Arbeitsgruppe „Schulkodex" einberufen, die die Materie aufbereiten und in der nächsten Sitzung erste Ergebnisse vorstellen sollte.

Die gemäß den Interessengruppen anteilig besetzte Arbeitsgruppe erarbeitete zunächst folgende zehn grundsätzliche Forderungen:

1. Die fünf Klassenregeln sollen über das Binnenverhältnis der Klassen und Kurse hinaus für den gesamten Bereich des täglichen Zusammenlebens aller an der Leibniz-Schule Tätigen gelten. Sie sollen gleichzeitig Klassenregeln wie Schulkodex sein.
2. Sie sollen daher in Schulprogramm und Schulvereinbarung aufgenommen werden.
3. Sie werden ab der Klasse 5 eingeführt und sollen zur Bewusstmachung am Beginn jedes Folgeschuljahres durch die Klassenleitungen thematisiert werden.[137]
4. Sie sollen jährlich in Elterngremien hinsichtlich ihrer Sinnhaftigkeit und den damit verbundenen Konsequenzen erörtert werden; dazu erscheinen sie als ständiger Punkt auf den Tagesordnungen der Elterngremien auf Klassen- und Schulebene.
5. Alle Lehrer, Betreuer sowie Verwaltungskräfte der Leibniz-Schule nehmen täglich ihre Vorbildfunktion bewusst und aktiv wahr. Hinschauen und handeln statt wegsehen und ducken!

137 Vgl. zu Schulkodices Rattay et al. 2011, S. 102ff.

6. Ein geschlossenes Vorgehen aller Verantwortlichen in Lehre, Betreuung und Verwaltung ist unabdingbar für einen gemeinsamen Erfolg an der Leibniz-Schule.
7. Konsequenz als Rückmeldung von Verhalten ist unerlässlich für die Persönlichkeitsentwicklung von Schülern: mittleres bis schweres Fehlverhalten wird sanktioniert, gutes Verhalten wird durch Anerkennung belohnt.
8. Aktuelle Fälle von Verhaltensauffälligkeiten sollen als ständiger Tagesordnungspunkt auf die Agenda der Lehrerkonferenz gesetzt und erörtert werden.
9. Es gibt keine Rezepte nach Schema für den Umgang mit verhaltensauffälligen Schülern. Jeder Lehrer hat einen Ermessensspielraum. Er handelt entsprechend seiner Persönlichkeit und auf Grund der vorliegenden Situation nach den CRM-Grundsätzen. Er ergreift angemessene, verhältnismäßige und rechtmäßige Maßnahmen und kontrolliert deren Umsetzung und Erfolg.
10. Bei Regelungsbedarf, der über das CRM-Instrumentarium und die inkorporierten erzieherischen Einwirkungen hinausgeht, greifen nach Maßgabe die schulgesetzlichen Ordnungsmaßnahmen.

Die Arbeitsgruppe ging bei dem Entwurf ihres Forderungskatalogs von der Grundüberlegung aus, dass ein Schulkodex kein Strafgesetzbuch sei und auch nicht sein soll. Er orientiert sich vielmehr an einem positiven Leitbild, das im Einklang mit dem Auftrag öffentlicher Schulen stehen muss. Mithin muss das Erfordernis im Vordergrund stehen, Schüler zu freien und verantwortlichen Mitgliedern einer demokratischen Gesellschaft zu erziehen und zu bilden. Die Mitglieder der Arbeitsgruppe zogen auch existierende Kodices einzelner Schulen zu Rate, die auf der unmittelbaren Kausalität von Fehlverhalten und Konsequenz basieren und holten von dort Erfahrungsergebnisse ein. Die Rückmeldungen, die sie erhielten, waren sehr gemischt. Es zeigte sich in der Summe, dass die Anwendung normativer Kodices zu komplex, zu starr und daher im Schulalltag nicht in der beabsichtigten Einheitlichkeit umzusetzen war.

Zudem prüfte die Arbeitsgruppe die Schulgesetzgebungen der Bundesländer mit Blick auf die dort festgeschriebenen Ordnungsmaßnahmen, die nach Ausschöpfung der erzieherischen Maßnahmen angewendet werden können. Man erkannte, dass das präventive und situative CRM-Instrumentarium mit den inkorporierten erzieherischen Einwirkungen grundsätzlich wirksam und ausreichend ist. Im Ausnahmefall von wiederholtem oder krassem Fehlverhalten sowie bei Akutfällen von Gewaltausübung oder Gefahr im Verzug greifen danach die schulgesetzlichen Ordnungsmaßnahmen. Die Mitglieder der Arbeitsgruppe erkannten, dass diese gestufte Vorgehensweise einen Schulkodex in der geforderten Form eines festen Maßnahmenkatalogs überflüssig macht.

In aller Deutlichkeit sah die Arbeitsgruppe auch, dass ein Schulkodex als Strafkatalog nicht mit dem vorherrschenden Leitbild vereinbar ist. Ein Schulkodex ist kein Strafgesetzbuch; er orientiert sich nicht an Parametern wie Sanktion und Wiedereingliederung, sondern am Leitbild einer demokratischen Gesellschaft. Er darf bestehende gesetzliche Regelungen nicht aushebeln und keiner „Paralleljustiz" Vorschub leisten.

Fazit: Ein Schulkodex ist ein Leitbild; er darf kein Schuldkodex und kein Leidbild sein.

Regelungsbedarf und Umfang

In zeitlichem Abstand zur nächsten Lehrerkonferenz mailte die Arbeitsgruppe „Schulkodex" ihre zehn Grundsatzforderungen mit Erläuterungen an das Kollegium sowie an alle Tätigen in Betreuung und Verwaltung und hing diese Ergebnisse zusätzlich auf einer Pinnwand im Lehrerzimmer aus. Es wurde auch Raum für Anregungen und Vorschläge aus dem Kollegenkreis gegeben. Diese Initiative führte zu breiter Diskussion, vor allem im Lehrerzimmer. Die Fraktion der Strafkatalog-Forderer sah sich zunächst enttäuscht, die Anhänger der Leitbildidee sahen sich gestärkt. Es war vorgesehen, dass erst eine gültige Beschlussfassung in der Lehrerkonferenz die Voraussetzung dafür sein sollte, das Thema Schulkodex in den Eltern- und Schülerversammlungen der Schule vorzustellen, bevor darüber endgültig in der Schulkonferenz, dem höchsten schulischen Gremium, entschieden werden sollte.

Der Diskussions- und Abstimmungsprozess in der Lehrerkonferenz der Leibniz-Schule ergab folgende Ergebnisse:

1. Mehrheitlich entschieden sich die Mitglieder der Lehrerkonferenz gegen einen Schulkodex i.S. eines Strafkatalogs.
2. Die Mehrheit der Anwesenden votierte für die bisher ausgeübte CRM-Methodik mit dem inkorporiertem Interventionsverfahren Gelb – Rot; danach, falls erforderlich, Anwendung der gesetzlichen Ordnungsmaßnahmen.

3. Die Präferenz der Kombination von CRM-Methodik und nachgelagerter Anwendung von Ordnungsmaßnahmen wurde mit der Forderung verbunden, darüber zu befinden, welche Auswirkung Rot-Entscheidungen haben sollten, wenn sie einen Schüler wiederholt beträfen. An dieser Stelle forderte das Lehrerkollegium mehrheitlich einen Regelungsbedarf i.S. einer weiterführenden, allgemein verbindlichen Lösung, die im Alltag unproblematisch umzusetzen sei.
4. Die Forderung wurde erhoben, die bisher erfolgreich ausgeübte CRM-Methodik durch weitere geeignete Maßnahmen zu verstärken, um das Profil der Leibniz-Schule nach innen und außen noch stärker zu prägen.

Die Mitglieder des Arbeitskreises wurden beauftragt mit der Vorbereitung eines Entwurfs zu den Themen „Umgang mit Rot-Entscheidungen“ und „Entwicklung weiterer Maßnahmen zur Stärkung des CRM-Profils der Leibniz-Schule“.

In der Folge beriet und verabschiedete die Lehrerkonferenz der Leibniz-Schule in Wunschberg folgende Beschlüsse zur Umsetzung:

Klassen- und Kursbücher werden durch ein einheitliches digitales Verwaltungsprogramm ersetzt, das jeder in Lehre, Betreuung und Verwaltung Tätige über Tablet nach der BYOD-Vorgehensweise[138] bedient. Der Schul- und Medienverein bezuschusst ggf. die Anschaffung von Tablets. Das Programm Pre & Be[139] wird durch die Schule angeschafft und durch Firewalls vor dem Zugriff Unbefugter geschützt. Die Datenübermittlung auf den Schulserver hat jeweils zum Ende jeder Schulwoche zu erfolgen und dann sofort auf den Tablets gelöscht zu werden. Alle Beteiligten sind zur Verschwiegenheit nach außen über die Einträge verpflichtet.

Über Tablet müssen folgende Einträge erfolgen:

- alle in den Unterrichtsstunden behandelten Themen;
- alle den Schülern erteilten Lernaufträge für die Woche;[140]
- alle Verspätungen von Schülern;

138 BYOD = Bring your own device.

139 Pre & Be = Presence and Behaviour

140 Der Begriff „Lernaufträge“ wird an Stelle der bisher üblichen, jedoch zwiespältigen Begriffe „Hausaufgaben“ bzw. „Schulaufgaben“ verwendet. Vgl. dazu Arnold & Prescher 2014, S. 89. Die Aufträge der Lehrer zielen auf zusätzliche Lernzeit in eigenständiger Erprobung und Anwendung der Themen, Inhalte und Techniken, die in den Unterrichtsstunden behandelt wurden.

- Gründe für verspäteten Unterrichtsbeginn durch Lehrkräfte;
- alle außergewöhnlichen Vorkommnisse während der Unterrichtsstunde;
- Gründe und Zeiten für nachgeholten Unterricht;
- alle Fehltage und Beurlaubungen von Schülern;
- alle Fehlstunden von Schülern;
- alle Vertretungsstunden von Lehrern für Lehrer;
- alle Inhalte der Vertretungsstunden;
- alle Fälle von Gelb und Rot.

Die nachfolgenden Gründe sprechen für die Einführung von Pre & Be über Tablets: Sofortige Informationszusammenführung und -auswertung, da das Programm alle Berechnungen vornimmt; leichte Anwendbarkeit; schneller und verlässlicher Zugriff auf die Daten für alle Beteiligten über Passwörter; Schutz vor Klassenbuchschwund kurz vor Zeugnisterminen; Zugriffsmöglichkeit auf die Daten für Autorisierte vor Sprechtagen und Einzelbesprechungen mit Erziehungsberechtigen sowie im Lernstudio.

Rot-Verweise: Beim ersten Rot-Verweis erfolgt ein Gespräch durch den erteilenden Lehrer mit Schüler(n) und Erziehungsberechtigten. Schüler und Eltern werden darauf hingewiesen, dass im Wiederholungsfall die Anwendung einer Ordnungsmaßnahme drohen kann. Das nach Muster erstellte Kurzprotokoll wird zur Schülerakte gegeben. Schülereltern bzw. volljährige Schüler erhalten eine Kopie. Beim zweiten Rot-Verweis erfolgt das Gespräch durch den erteilenden Lehrer mit Schüler(n) und Erziehungsberechtigten, Betreuungspersonal, ggf. Klassenleitung, Stufenleitung und Schulleitung. Schüler und Eltern wird die getroffene Ordnungsmaßnahme angekündigt. Der Protokollmodus verläuft wie beim ersten Rot-Verweis. Danach wird das Verfahren der Ordnungsmaßnahmen offiziell eröffnet.

Klassenleitung: Die Leibniz-Schule in Wunschberg führt ab dem nächsten Schuljahr das Klassenleitungsteam anstelle des Klassenlehrers ein. Dabei wird die Klassenleitung gemeinsam von einer Lehrerin und einem Lehrer übernommen. Beide sind gemeinsam für die Schülerführung in ihrer Klasse verantwortlich. Bei persönlichen und disziplinarischen Problemen ist der Lehrer der erste Ansprechpartner für die Jungen in der Klasse, die Mädchen wenden sich in diesen Fragen zunächst an die Lehrerin. In allen anderen Bereichen sind beiden Klassenleiter gleichermaßen ansprechbar. Beide Klassenteamlehrer sollten mit mehr als zwei Wochenstunden – nach Möglichkeit mit

Hauptfächern – in ihrer Klasse unterrichten. Die Klassenleitungsteams werden nach Rücksprache durch die Schulleitung benannt und übernehmen die Aufgabe gemeinsam für zwei Jahre. Im dritten Klassenleitungsjahr scheidet einer der beiden Teampartner aus und wird durch eine andere Lehrkraft ersetzt, die im Folgejahr zusammen mit einem neuen zweiten Teampartner die Klassenleitung übernimmt (Jahr eins und zwei: A+B; Jahr drei: A+C; Jahr vier: C+D). So sind personelle Übergänge durch zeitliche Überlappung angemessen strukturiert und kommen der Beständigkeit im Führungs-, Sozial- und Lernklima einer Klasse zugute.

Klassenpaten: Die Leistungskurse Pädagogik der Leibniz-Schule stellen die Klassenpaten für die Jahrgänge fünf und sechs. Für die Klassen sieben bis neun übernimmt das Betreuungspersonal, v.a. die Sozialarbeiter, diese Aufgabe. Sie stehen im Normalfall zusätzlich zur Begleitung von Unterrichtsgängen, Exkursionen und Fahrten zur Verfügung.

Schulplaner „Meine Schullaufbahn"

Jeder Schüler der Sekundarstufe I führt ab dem nächsten Schuljahr einen von der Leibniz-Schule herausgegebenen Schulplaner. Der Schulplaner enthält folgende Informationen:

- Adresse und Ruf- und Faxnummer der Leibniz-Schule;
- eine Lehrerliste mit Angabe der Fächer und Sprechstunden;
- den Terminplan der Schule;
- die Regeln der Schule;
- die Schulvereinbarung;
- einen ausreichenden Teilbereich für Lernaufträge während des Schuljahrs mit einer Rubrik für Lehrer-Eltern-Lehrer-Mitteilungen;
- ein Kalendarium mit Schulferienübersicht;
- Informationen zur Streitschlichtung, zum Erste-Hilfe-Dienst, zum Lernstudio und zur Handynutzung in der Schule;
- Platz für persönliche Einträge, darunter: Meine Stärken – Wo ich besser werden will – Meine Ziele für dieses Schuljahr.

Nach Zustimmung in den Teilgremien der Eltern und Schüler beschloss die Schulkonferenz der Leibniz-Schule die Gesamtheit der Tagesordnungspunkte einstimmig unter Enthaltung der Mitglieder der Arbeitsgruppe „Schulkodex". Die Schulkonferenz beauftragte daraufhin die Lehrerkonferenz mit der

Bildung einer Arbeitsgruppe „CRM-konforme Weiterentwicklung der Schule“ und forderte, dass daran weiterhin Mitglieder aus der Arbeitsgruppe „Schulkodex“ teilnähmen, darüber hinaus neue Mitglieder bestellt werden sollten.

Wege zur Implementation und Nachhaltigkeit

Innovative Wege sind steinig, oft genug zunächst unwägbar. Wer sicher und erfolgreich zum Ziel gelangen will, braucht eine tragende Gesamtvision, Energie und Frustrationstoleranz sowie hinreichende Unterstützung. Er benötigt auch ein sicheres Augenmaß für die Gestaltung des Wandels und muss zugleich die Akzeptanz der Beteiligten im Blick behalten. Die Implementierung von Veränderungsprozessen erzeugt nur dann Nachhaltigkeit, wenn das Neue eine überzeugende Botschaft der Verbesserung hat, wenn es alltagstauglich ist und wenn es sich stimmig in das Gesamtsystem integrieren lässt. Nur dann wird es von den Beteiligten dauerhaft angenommen und getragen werden.

Von dieser Grundüberlegung ausgehend wandten sich die Mitglieder der neuen Arbeitsgruppe „CRM-konforme Weiterentwicklung der Leibniz-Schule“ noch einmal dem neuen Schulkodex zu, der aus den Klassenregeln entstanden war. Werden diese Regeln Tragkraft für das Gesamtsystem der Schule haben?

Der Einleitungssatz „*Wir sind Schüler der Leibniz-Schule*“ enthält das Bekenntnis einer Identifikation mit der Schule und ist gleichermaßen eine Botschaft nach innen wie nach außen. Er drückt die Verbundenheit des einzelnen Schülers mit seiner Schule aus und gleichzeitig das Zusammengehörigkeitsgefühl der Schüler untereinander.

Regel Nr. 1 „*Wir engagieren uns für unsere Schule*“ beinhaltet, dass die Schule nicht nur als „Penne“ aus der Zeit der „Feuerzangenbowle“ angesehen wird, sondern einen ideellen Wert darstellt, den man sich zu eigen macht und für den man sich einsetzt. Auch hier wird die Reichweite der Botschaft impliziert, die für das Innengeschehen gilt, aber gleichzeitig über das Schulareal hinaus Wirksamkeit entfaltet.

Die zweite Regel „*Wir sind fair und friedlich*“ definiert eine grundsätzliche Haltung gegenüber anderen Menschen, seien es Mitschüler, Besucher der Schule oder Tätige in Lehre, Betreuung und Verwaltung. Die Maxime des „*fair play*“ hat nicht nur Geltung in der Hitze des Wettkampfs im Sportunterricht, sondern gilt generell im Schulalltag. Man lernt, die Bedürfnisse des anderen wahrzunehmen und anzuerkennen und das eigene Handeln zu kontrollieren. Die Verpflichtung zum friedlichen Verhalten heißt nicht, Duckmäusertum zu predigen, wohl aber den hohen Wert von Frieden. Auch hier steht wieder der Appell an den einzelnen Schüler, aber auch an die Gemeinschaft aller im Vordergrund. Ebenso gilt diese Regel innen wie außen.

Regel Nr. 3 „*Wir vermeiden Müll, Beschädigung und Gewalt*" führt den Grundgedanken der zweiten Regel im Einzelnen für das Alltagshandeln in und außerhalb der Schule aus.

Die vierte Regel „Wir arbeiten konzentriert und aktiv im Unterricht mit" wendet sich der Bedeutung von Unterricht, von aktivem Lernen und damit der praktizierten CRM-Methodik zu. Insbesondere Schülern und Lehrern, aber auch allen anderen an der Schule Arbeitenden muss der Wert des Lernens bewusst sein als Schub- und Tragkraft für eine sinnvolle zukünftige Lebensgestaltung. Schule als Zukunftsbereiter greift den alten Satz auf „Nicht für die Schule, sondern für das Leben lernen wir" und geht über Schulmauern sowie Zeitbegrenzung hinaus.

Regel Nr. 5 „*Wir befolgen die Anweisungen der Lehrer*" ist Verpflichtung und Desiderat in einer Schule, die den Stellenwert von Regeln und Ritualen erkannt hat und ihn täglich umsetzt. Lehrer und Schüler wissen gleichermaßen, dass diese Forderung ein Entwicklungsprozess ist. Die Regel drückt die Erkenntnis aus, dass „*Lehrpersonen zu den wirkungsvollsten Einflüssen beim Lernen gehören*"[141] und bestätigt die Führungsaufgabe der Lehrer.

Die Arbeitsgruppe der Leibniz-Schule zieht die Schlussfolgerung, dass die Bedeutung des Schulkodex für das System Leibniz-Schule gegeben ist.

Der nächste Schritt führt von der Erkenntnis der hohen Bedeutung von Lernzeit zu der Überlegung: Wie kann Lernzeit über Unterricht und Lernstudio hinaus noch auf eine breitere Basis gestellt werden? Welcher Stellenwert kommt dabei den täglich erteilten Lernaufträgen zu? Können sie so in das Ganztagssystem integriert werden, dass sie ein Mehr an Qualität und Wirkung für die Lernzeit entfalten?

141 Hattie 2014, S. 21.

5

Lernaufträge dienen der eigenständigen Erprobung, Anwendung und Vertiefung des Gelernten durch den Schüler. Sie haben darüber hinaus eine Vorbereitungsfunktion für schriftliche Leistungskontrollen wie Klassenarbeiten und Klausuren. An Lernaufträge sind qualitative Ansprüche wie Methodenanwendung, Transferleistung, Stringenz der Argumentationsführung, Memorierfähigkeit und Angemessenheit sowie Fälligkeit der Ausführung geknüpft. In Bezug auf Jahrgangsstufen und Fächer variieren sie in Umfang und Schwierigkeitsgrad. Verständlicherweise sehen sich lernunterstützende Erziehungsberechtigte oft außer Stande, die geforderten Lernaufträge zu verstehen sowie bei Anwendung und Lösung zu helfen. Das ist nicht verwunderlich, denn ihre eigene Beschäftigung damit liegt Jahrzehnte zurück, und inzwischen haben sich auch fachliche Methoden gewandelt. Um sich nicht am Ende eines harten Arbeitstages damit „herumschlagen" zu müssen – noch dazu mit zweifelhafter Erfolgsaussicht – werden Schüler nach dem Schulunterricht in Nachhilfeinstitute geschickt, die es „richten" sollen.

Abgesehen von Unterschieden in inhaltlicher und methodischer Vermittlung dieser Institute sowie in der Qualifizierung des dort tätigen Personals, ist stets davon auszugehen, dass diese Institute in erster Linie gewinnorientiert und nicht personenorientiert arbeiten – egal, welch frohlockende Botschaften ihre Glanzbroschüren enthalten. Ein weiterer, ganz erheblicher Nachteil ist die fehlende Passung zum Schulunterricht. Da die Nachhilfeinstitute i.d.R. nicht mit Schulen kooperieren, können sie lediglich über die Schüler in Erfahrung bringen, worin deren Lerndefizite bestehen. Ein direkter Kontakt zu der Lehrerschaft, die detaillierte, professionelle Auskünfte geben könnte, besteht überwiegend nicht. Viele Institute versuchen diese Informationsbarriere durch eigens erstelltes Lernmaterial zu überwinden, dessen Fokus auf das Gros der Hilfesuchenden und weniger auf die Schwierigkeiten des einzelnen gerichtet ist. Dieses ist der alles entscheidende Nachteil dieser Einrichtungen.

Um Lernpassung und individuelle Förderung zu realisieren, muss die Erledigung der Lernaufträge in die Ganztags-Unterrichtszeit der CRM-Schule integriert werden. Nur so wird eine sinnvolle Ausdehnung echter Lernzeit am Lernort erzielt und Qualitätssicherung durch professionelle Begleitung erreicht. Lehrer, die die Lernprozesse in den Unterrichtsstunden steuern und das Lernverhalten ihrer Schüler kennen, können sie bei der Erledigung der Lernaufträge viel individueller, passgenauer und effizienter fördern, als es durch externe Kräfte von Nachhilfeinstituten möglich sein kann. Auf diese Weise kann die Zeit für Lernaufträge durch vertiefende Verknüpfung von Lernbestand und Lernerweiterung so genutzt werden, dass die „*Lernenden Wissen und Ideen konstruieren und rekonstruieren*".[142] Nach HATTIE ist gerade die Konstruktion dieses Wissens durch die Lernenden entscheidend. Die Integration der Erledigung von Lernaufträgen in die Unterrichtszeit unter der Ägide von Lehrkräften schafft damit ein Plus an echter Lernzeit für Schüler.

Die Arbeitsgruppe der Leibniz-Schule entwickelt dazu den folgenden Umsetzungsvorschlag: Von montags bis donnerstags einer jeden Schulwoche wird nach der Mittagspause für alle Schüler eine angemessene Zeit für Lernaufträge in den Stundenplan integriert. Die Aufsicht, Beratung und individuelle Förderung erfolgt durch Lehrkräfte, vorzugsweise durch die Klassenleitungsteams. Sie können dabei digital auf die Wochenarbeitspläne für alle Klassen und Kurse zugreifen, die alle Lehrer grundsätzlich in ihrer ersten Unterrichtsstunde in der Woche ihren Schülern bekannt geben und in die Schulplattform Leibniz-Net einstellen. Die Lehrer prüfen die erledigten Lernaufträge hinsichtlich von Richtigkeit, Vollständigkeit und Qualität und zeichnen sie ab. Die Leibniz-Schule hat in den letzten Jahren ein Programm an Arbeitsgemeinschaften aufgelegt, das vier Bereiche abdeckt: sprachlich – sportlich – musisch-künstlerisch und handwerklich. In diesen vier Segmenten arbeitet die Leibniz-Schule mit Kooperationspartnern zusammen, die an der Durchführung der Arbeitsgemeinschaften in der Schule beteiligt sind. So kommen zusätzlich Trainer benachbarter Sportvereine, Kräfte der örtlichen Musikschule und lokale Handwerker im Ruhestand ins Haus. Auf diese Weise konnte die Leibniz-Schule ihr Angebot an Arbeitsgemeinschaften über die Veranstaltungen, die durch Lehrer geleitet werden, hinaus deutlich vergrößern. Einige dieser Arbeitsgemeinschaften, so z.B. die AG Chinesisch, die AG Hockey oder die AG Schreinern sind kostenpflichtig. Die Schulkonferenz hatte das AG-Angebot beschlossen, nach einem Jahr evaluiert und dann über die Fortsetzung positiv entschieden. Auch der Vorschlag der Arbeitsgruppe zur Einführung einer integrierten Zeit für Lernaufträge wird mehrheitlich angenommen und soll nach einem Schuljahr evaluiert werden. Eine dauerhafte Einrichtung der Zeit für Lernaufträge wird bereits ins Auge gefasst. Insbesondere die Elternvertreter der

142 HATTIE 2014, S. 21.

Leibniz-Schule begrüßen diese Lösung; so können sie davon ausgehen, dass ihre Kinder die Lernaufträge bereits erledigt haben, wenn sie von der Schule nach Hause kommen.

Professionalität, Authentizität und Wertschätzung guter Schulen

Das Kollegium der Leibniz-Schule zeichnet sich durch hohe Verantwortung für seine Schüler und starken Willen zur pädagogischen Professionalisierung aus. Die Leibniz-Lehrer sind sich bewusst, dass sie Zukunftsmentoren ihrer Schüler und damit *Change Agents* im Sinne von HATTIE sind. Hierin werden sie tatkräftig von ihrer Schulleitung unterstützt und finden breiten Rückhalt in ihrer Eltern- und Schülerschaft. Die Leibniz-Schule hat sich durch ihre professionelle Zukunftsorientierung bereits jetzt einen guten Ruf als Lernende Organisation erarbeitet. Die Lehrerschaft widmet sich seit Jahren konsequent der Frage: Wie erreichen wir als CRM-Schule einen hohen Standard im Interesse unserer Schüler? In der Beantwortung dieser Frage hat man im Verlauf der Diskussion die Qualitätsmerkmale Professionalität, Authentizität und Wertschätzung identifiziert.

5

Zur Optimierung von Professionalität hat man seitdem folgende Maßnahmen ergriffen:

- Schulkodex und Schulvereinbarung;
- regelmäßige Schulungen für die Lehrer in CRM-Techniken und Mediation;
- Implementation einer Streitschlichtung;
- Einrichtung des Lernstudios,
- zusätzliche Digitalisierung von Klassen- und Kursbüchern;
- Klassenleitungsteams und Klassenpaten;
- Einführung eines Schulplaners;
- breites Angebot von Arbeitsgemeinschaften für Schüler unter Kooperation mit außerschulischen Partnern;
- stundenplantechnische Implementation der „Zeit für Lernaufträge".

Zur Verbesserung von Authentizität hat die Leibniz-Schule folgende Schritte unternommen:

- Das Prinzip der verlässlichen Schule: alle Stunden – gerade auch die Randstunden – werden im Krankheitsfall und bei beruflich bedingter Abwesenheit der Lehrer grundsätzlich durch Unterricht vertreten: Die Eltern können sich bei ihrer privaten und beruflichen Planung auf zuverlässige Unterrichtszeiten einstellen. Die Leibniz-Schule möchte eine feste Bezugsgröße für die Zeitplanung der Erziehungsberechtigten sein; sie hat deswegen durch Festlegung einer einheitlichen Schulfahrtenwoche pro Schuljahr sowie durch ein differenziertes Vertretungskonzept i.d.R. keinen Unterrichtsausfall zu verzeichnen;
- aktive Umsetzung von geschlossenem Vorgehen aller Verantwortlichen in Lehre, Betreuung und Verwaltung;
- die Erweiterung der CRM-Methodik um das Gelb-Rot-Interventionsverfahren und das einheitliche Vorgehen im Stufenmodell Gelb-Rot-Ordnungsmaßnahmen.

Der Schulbaustein Wertschätzung ist bislang durch folgende Maßnahmen entwickelt worden:

- Aktive Verpflichtung aller an der Leibniz-Schule Tätigen in Lehre, Betreuung und Verwaltung zu Freundlichkeit und Sachlichkeit im Umgangston nach dem Prinzip „*Suaviter in modo, fortiter in re*“;
- Umsetzung echter Toleranz und Vermeidung von Scheintoleranz;
- Verbesserung der Lehrer-Eltern-Kommunikation durch Entwicklung eines Elternfragebogens für den Sprechtag;
- regelmäßige Einholung von Eltern- und Schülerfeedbacks.

Bei der Revision des bislang Erreichten stellt die Arbeitsgruppe „CRM-konforme Weiterentwicklung der Leibniz-Schule“ fest, dass durchaus noch Optimierungsbedarf bei den Qualitätsmerkmalen besteht.

In diesem Schulhalbjahr haben die Lehrer ihre In-House-Schulung dem CRM-Thema „Steuerung von Übergängen im Unterricht“ gewidmet. Im Verlauf der Schulung stößt auch der Aspekt der Klassenraumführung auf Interesse, und die Frage schließt sich an, ob man nicht auch an der Leibniz-Schule auf Lehrer geführte Klassenräume umstellen solle, ganz so, wie es in Amerika, dem CRM-Ursprungsland, üblich ist. Das wäre ein weiterer Baustein für die Professionalität der Schule. Nach längerer Abwägung, ob die Anzahl geeigneter Räume mit der der Lehrer übereinstimme, ob die Schulflure für die fortan

„wandernden Schüler" ausreichend seien und ob das Lehrerzimmer dann aufgegeben werden solle, beauftragt das Plenum erneut die Arbeitsgruppe mit der Prüfung der Möglichkeiten und der Entwicklung eines geeigneten Konzepts.

Nach Abgleich von Gesamtzahl geeigneter Klassenräume mit der Anzahl der Lehrer ergibt sich, dass die Anzahl der Lehrkräfte die der Räume übersteigt. Daher werden zunächst die Lehrer für Kunst, Musik, Erdkunde, Informatik, Naturwissenschaften und Sport ihren Fachräumen zugewiesen. Ziel ist es, in diesen Fachräume angemessene Arbeitsplätze für Lehrer einzurichten. In wenigen Fällen werden sich Lehrer mit zweistündigen Lerngruppenfächern – wie etwa Religion – einen Raum zu zweit teilen müssen. Dieses trifft teilweise auch auf Klassenleitungsteams zu. Unter diesen Prämissen ist eine Umstellung von Klassenräumen auf Lehrerräume an der Leibniz-Schule möglich. Folgende Sachfragen werden diskutiert:

1. Was spricht überhaupt für Lehrerräume?
2. Wie sollen sie eingerichtet werden?
3. Wie entschädigt man die nun „ambulanten" Schüler für den Verlust ihres Klassenraums?
4. Welche Verpflichtungen bringt das Konzept für die Lehrer mit sich?
5. Hat die Umstellung von Klassen- auf Lehrerräume Auswirkungen auf das Stundenraster?
6. Wird das Lehrerzimmer durch die Lehrerräume überflüssig?

Die Arbeitsgruppe holt auch in diesen Fragen die Erfahrungswerte anderer Schulen ein, die bereits auf das Lehrerraumprinzip umgestellt haben. Die Resonanz durch die Lehrerraum-Schulen ist durchweg positiv und zeigt eine Reihe praktischer Lösungsmöglichkeiten auf. Die Mitglieder der Arbeitsgruppe wenden sich zunächst der Frage zu: Was spricht für Lehrerräume statt Klassenräume? Es fallen Begründungen wie:

- *„In den Fünf-Minuten-Pausen stellen Schüler oft Unfug in ihren Klassenräumen an, wobei es nicht selten zu Sachbeschädigung kommt".*
- *„Nach dem Unterricht sehen die Klassenräume häufig unordentlich und schmutzig aus; der Ordnungsdienst wird – wenn überhaupt – nur halbherzig erledigt."*
- *„Lehrer müssen mit Packen von Lehrmaterial bis in die dritte Etage laufen, während sich Schüler in ihren Klassenräumen eine gemütliche Zeit machen."*

- *„Erwerbstätige mit universitärer Ausbildung haben i.d.R. eigene Arbeitsplätze an ihren Arbeitsstellen. Das sollte auch Lehrern zustehen."*
- *„Wenn eigene Arbeitsplätze für Lehrer eingerichtet werden, können Unterrichtsvorbereitungen und zumindest ein Teil der vielen Korrekturen an Ort und Stelle erledigt werden."*[143]
- *„Begründer der CRM-Methodik wie Doyle und andere weisen auf die Bedeutung des Klassenraums für ein förderliches Lernklima hin und geben konkrete Hinweise zu deren Einrichtung. Dabei gehen sie von Lehrerräumen aus, die an amerikanischen Schulen üblich sind."*

Dieses letzte Argument wird als gewichtiges, systemimmanentes CRM-Erfordernis angesehen.

Danach wird die Frage der Einrichtung der geplanten Lehrerräume diskutiert. Auf Grund der Erkenntnisse, die man an Lehrerraumschulen gewinnen konnte, schlagen die Mitglieder des Arbeitskreises vor, dass folgende Einrichtungsgegenstände zusätzlich zu Schülertischen und -stühlen sowie Klassenschrank beschafft werden sollen: Regale für Schülermaterialien, Stapelstühle für Sitzkreise sowie abschließbare Lehrerschreibtische und Lehrerschränke. Letzte sollen der Aufnahme von Materialien und Medien dienen. Alle Lehrerräume sollen mit Beamer und Projektionswand ausgestattet werden. Lehrer bringen ihre Notebooks mit; die Notebooks für Schüler werden bei Bedarf auf Medienwagen aus dem zentralen Schulmedienraum geholt. In den Fachräumen sollen Arbeitsplätze mit vergleichbarer Ausstattung eingerichtet werden. Die Frage „Stammraum von Klassen" soll auf folgende Weise gelöst werden: Auf der Tür des Lehrerraums steht nicht nur der Name des dort „residierenden" Lehrers, sondern auch der Zusatz „Stammraum der Klasse X bzw. Kursraum der Stufe Y". Für die Stammraumklassen bleiben jeweils zwei Wände im jeweiligen Raum zum Aushang der Klassenregeln, Wochenpläne und Schaubilder reserviert. Die anderen Wände können für weitere Lerngruppen genutzt werden. Im Fall aktueller Raumänderungen haben die Klassen Vorrecht auf die Nutzung ihres Stammraums. Alle Schüler stauen ihre Materialien und Utensilien für den Schultag in Schließfächern an zentralen Stellen der Schule; die für den Unterricht benötigten Utensilien wie etwa Schere, Stifte oder Lineale werden für den Ad hoc-Einsatz am Regalplatz des Stammraums aufbewahrt

143 Die Anerkennung eines häuslichen Arbeitszimmers durch das Finanzamt ist dann allerdings nicht mehr möglich.

und – falls erforderlich – in einen Fachraum mitgenommen. Der geplante Einsatz von Tablets zur Einführung in den digitalisierten Unterricht wird – falls die Erprobungsphase positiv verläuft – nicht nur das Teaching Design verändern, sondern auch die Logistik der Materialmitnahme. Lehrkräfte, die sich einen Raum teilen müssen, suchen sich ihre Raumpartner einvernehmlich aus.

Als nächstes wird die Frage erörtert, wie die Interessen der Schüler bei der Umstellung auf Lehrerräume berücksichtigt werden können. Die Mitglieder der Arbeitsgruppe einigen sich auf einen Entwurf für die Lehrerkonferenz, der folgende Eckpunkte enthält:

- Alle Lehrerräume werden mit einheitlichen Regalsystemen zur Aufnahme von Schülermaterialien[144] ausgestattet. Im Unterricht und in der Zeit für Lernaufträge greifen Schüler darauf zurück.
- Da die Lernaufträge in der Schule erledigt werden, brauchen Schüler keine Lernmaterialien nach Hause mitzunehmen.
- Alle anderen Schülermaterialien wie z.B. Sporttaschen werden in abschließbaren Schließfächern aufbewahrt, die an zentraler Stelle im Erdgeschoss der Leibniz-Schule aufgestellt werden.
- Bei diesen Voraussetzungen können Schüler Unterrichtsräume wechseln, ohne viel Gepäck mit sich tragen zu müssen. Sie warten vor dem Unterrichtsraum, bis der Lehrer seinen Raum aufschließt.
- Es wird eine zusätzliche Aufenthaltsmöglichkeit für Schüler auf jeder Etage geschaffen. Sie können während Regen- und Schneepausen neben dem allgemeinen Aufenthaltsareal im Schulgebäude genutzt werden.

Welche neuen Pflichten kommen durch das Konzept auf die Lehrer zu? Lehrer erhalten die Schlüsselgewalt über ihre Räume und sind zu pünktlichem Öffnen und Schließen der Räume verpflichtet. Private Gegenstände der Lehrkräfte – ausgenommen Notebooks – dürfen nicht mit in die Räume gebracht werden. Lehrer übernehmen die Verantwortung für den dauerhaft ordnungsgemäßen Zustand und respektieren die Arbeitszeiten der Reinigungskräfte. Die Nutzungszeit der Lehrerräume wird während der Schulzeit i.d.R. montags bis donnerstags auf 7:30–18:00 Uhr und freitags auf 7:30–16:00 Uhr festgelegt. Nach vorheriger Lautsprecherdurchsage des Hausmeisters wird die Leibniz-Schule zu den festgelegten Zeiten geschlossen und die Alarmanlage eingeschaltet.

---

144 Vgl. dazu das Beispiel ➲ (11) Herr Köster S. 31.

Wird die Leibniz-Schule künftig bei ihrem 45-Minuten-Raster bleiben können, oder muss das Stundenraster verändert werden, um die Schülerfluktuation durch Raumwechsel zu minimieren? Das 90-Minuten-Raster mag für Hauptfächer geeignet sein, gilt das aber auch für Nebenfächer mit zwei Wochenstunden? Dieser weitergehenden Frage, die den eigentlichen Arbeitsauftrag überschreitet, möchte die Arbeitsgruppe nicht durch Erarbeitung von Lösungsvorschlägen nachgehen. Sie wird jedoch auf die Problematik des Stundenrasters bei der Konzeptvorstellung hinweisen.

Gegner des Lehrerraumprojekts haben schon bei der initiierenden Konferenz darauf abgehoben, dass sich das Lehrerzimmer der Leibniz-Schule über Jahrzehnte bewährt habe und nicht ohne Not aufgegeben werden dürfe. Es sei für das Gemeinschaftsgefühl und den kurzen Informationsweg innerhalb des Kollegiums äußerst wichtig. Genau diese Vorteile könnten Lehrerräume nicht bieten. Die Mitglieder der Arbeitsgruppe überlegen sich, wie sie diese Einwände auffangen und entschärfen können. Sie erarbeiten dazu folgende Vorschläge:

- Das Lehrerzimmer bleibt weiterhin der ausschließlichen Nutzung durch das Kollegium vorbehalten.
- Es wird als Konferenz-, Fortbildungs- und Besprechungsraum für Gruppengespräche genutzt.
- Lehrer-, Stufen- und Klassenkonferenzen finden grundsätzlich dienstags während der Schulwochen im Lehrerzimmer statt. Gruppenbesprechungen müssen sich zeitlich nachrangig einrichten. Die Buchung des Lehrerzimmers zu Konferenz- und Besprechungszwecken erfolgt über das Programm Leibniz-Ticket.
- Die in den angrenzenden Räumen eingerichtete Lehrerbibliothek sowie der Computerraum der Leibniz-Lehrer steht den Lehrern weiterhin außerhalb ihrer Unterrichtszeit zur Verfügung.
- An zwei Tagen pro Schulwoche (montags und donnerstags) finden sogenannte Informationspausen statt. In diesen Pausen informiert die Schulleitung über aktuelle Fragen und Themen. Aufsichtsführende Lehrkräfte können sich im Nachgang über die Schulplattform Leibniz-Net informieren.
- Die digitale Schulplattform Leibniz-Net wird um einen ausschließlich für Lehrkräfte zugänglichen Bereich erweitert, damit so die gewohnten kurzen Informationswege des Kollegiums weiterhin gewährleistet sind.

- Freitags während der Schulwochen findet zwischen 14:30 und 16:00 Uhr im Lehrerzimmer ein informelles Treffen für alle an der Schule in Lehre, Betreuung und Verwaltung Tägigen statt. Die Teilnahme ist erwünscht.

Auf diese Weise könnte das Zusammengehörigkeitsgefühl der Leibniz-Lehrer erhalten und das Lehrerzimmer weiter sinnvoll genutzt werden.

Ein weiterer Schritt zu weitergehender Professionalisierung, Authentizität und Wertschätzung könnte nach Ansicht der Arbeitsgruppenmitglieder durch zwei weitere Vorhaben gelingen: Zum einen durch ein stimmiges und aktuell zu haltendes Konzept für die Lehrerfortbildung, zum anderen durch ein regelmäßiges Angebot von Beratungsveranstaltungen für Eltern. Letzteres würde eine Weiterentwicklung des Bausteins „Wertschätzung" darstellen. Auch diese Entwicklungsansätze will die Arbeitsgruppe der Konferenz vorstellen, ohne zu diesem Zeitpunkt schon Lösungsansätze zu präsentieren.

Nach längerer Diskussion der Vor- und Nachteile sowie der Finanzierung beschließt die Lehrerkonferenz das Lehrerraumkonzept zur Weitervorlage an die Eltern- und Schülergremien. Der lokale Kooperationspartner der Leibniz-Schule, die AEGIS-Versicherungen, bietet zwischenzeitlich an, sehr gut erhaltenes Büromobiliar zur Verfügung zu stellen und dem Förderverein einen größeren Betrag zur Anschaffung weiterer Beamer für die Lehrerräume zu spenden. Der Förderverein der Leibniz-Schule sieht sich überdies in der Lage, die Einrichtung der Etagenaufenthaltspunkte für die Schüler finanziell zu tragen. Unter diesen Voraussetzungen stimmt die Schulkonferenz schließlich dem Vorhaben zu, wenn auch nicht einstimmig. Eine Erprobungsphase von drei Jahren mit Evaluation nach 1,5 Jahren wird vereinbart.

Dresscode für alle?

Seit einigen Monaten macht der Artikel über die Einführung eines Dresscodes für Lehrer durch die schweizerischen Schule Kreuzlingen[145] die Runde unter den Lehrern der Leibniz-Schule. Mit ihren 1900 Schülern und 300 Lehrkräften ist die Schule Kreuzlingen größer als die Leibniz-Schule; noch größer ist aber ihr Mut, sich dieser ebenso notwendigen wie heiklen Frage zu stellen.

145 Vgl. hier und im Folgenden NEUE ZÜRCHER ZEITUNG vom 20.11.2014; vgl. SPIEGEL ONLINE vom 21.11.2014: „Dresscode für Lehrer. Enge Jeans und fusselnde Strickjacken sind tabu."; vgl. SÜDDEUTSCHE vom 24.11.2014 und STERN, BILDUNGS-Blog vom 01.12.2014.

Erstaunlich auch, welch willkommenen medialen Niederschlag der Artikel der Neuen Zürcher Zeitung über die Kleidungsberatung der Schule Kreuzlingen durch einen namhaften Stilberater in anderen Presseorganen gefunden hat. Die Idee zu der Kreuzlinger Stilberatung entstand „aus dem Bauch des Lehrkörpers“ heraus und war Baustein eines In-House Seminars unter dem Titel „Auftreten, wirken, begeistern“. In diesem Seminar wurde neben Vorträgen von Neuropsychologen und Workshops mit Stimmtrainern auch Stilberatung angeboten. Für das letzte Seminar holte sich die Schule Kreuzlingen den Stilberater Jeroen van Rooijen hinzu und erarbeitete einen konsensfähigen Dresscode, der als Modell für andere Schulen dienen könnte.

Die Leibniz-Lehrkräfte sahen einander an und kamen ins Grübeln. Die Diskussion, die sich nun entwickelte, kreiste zunächst um Fragen wie:

1. Warum und für welche Berufsgruppen gibt es Kleidungsordnungen?
2. Was drückt Kleidung aus?
3. Ist eine Kleidungsordnung für Lehrer sinnvoll?
4. Wie könnte der Leibniz-Lehrer-Dresscode aussehen?
5. Soll dann für die Leibniz-Schüler eine Schuluniform eingeführt werden?

Kleidung – so die Ansicht im Kollegium der Leibniz-Schule – ist standesbezogen, berufsbezogen oder anlassbezogen. Standesgeprägte Kleiderordnungen, die über Jahrhunderte Geltung hatten, haben ihre Geltung verloren. Berufskleidung ist traditionell üblich in medizinischen Berufen, in der Hotellerie, im Personenbeförderungsbereich wie Bahn oder Flug. Uniformen sind typisch für das Verteidigungs-, Rettungs-, Ordnungs- und Wachpersonal wie Bundeswehr, Feuerwehr, Polizei oder Sicherheitsdienst. Aber auch im Forstbereich und Bergbau sowie in einigen Gewerken trifft man Berufskleidung an. Durch gedeckte Anzugkleidung treten Geschäftsleute, Rechtsanwälte und Notare sowie Bestatter hervor. Die Berufskleidungen sollen hier Zugehörigkeit zu ihrer Berufsgruppe, Erkennbarkeit in der Öffentlichkeit, spezielle Zweckmäßigkeit für den Beruf, aber auch traditionelle Kleidungsusancen ausdrücken. Lehrer haben keine offizielle Kleidungsordnung, sehen sich eher als Individualisten und gelten in der öffentlichen Wahrnehmung als allgemein schlecht gekleidet.

Was drückt Kleidung aus? Sie vermittelt ein Selbstverständnis und unterstreicht die Persönlichkeit; sie würdigt das Gegenüber und den besonderen Anlass. Sie richtet sich nach der Zweiteilung von Beruf und Freizeit. In jedem

Fall löst sie ein Feedback beim Betrachter aus. Ein Lehrer, der stets in Freizeitkleidung vor seinen Schülern erscheint, vermittelt den Eindruck, dass er seinen Beruf entweder nicht ernst nimmt oder mit seinem Hobby verwechselt; es drückt sich mangelnde Professionalität aus. Eine Lehrerin, die jahrelang im selben Faltenrock erscheint, demonstriert, dass ihr ihre Adressaten – v.a. die Schüler – gleichgültig sind. Die Trägerin gewagter Décolletés und vorwitziger Tangas zeigt im Schulbetrieb, dass sie sich ihrer Vorbildfunktion nicht bewusst ist.

Zum Thema „Dresscode für Lehrer" hat sich inzwischen ein Debattierclub im Leibniz-Kollegium gebildet, der sich nach dem Unterricht der Frage widmet, ob eine Kleiderordnung für Lehrer sinnvoll ist. Die Ergebnisse lauten wie folgt: Eine Kleiderordnung für Lehrer muss praktisch sein, d.h., sie darf nicht zu empfindlich sein und bei üblichen Bewegungen wie Tafelanschrieb nicht einengen. Sie sollte nicht übertrieben distanziert sein, aber auch nicht den Kleidungsstil der Schüler kopieren. Die Kleiderordnung sollte darüber hinaus für die schultypischen Temperaturbedingungen – überhitzte Klassenräume bei zugig-kalten Fluren – geeignet sein. Es soll keine Uniform sein, denn Uniformität im Äußeren – so befürchten die Lehrer – kann geistige Uniformität, ja sogar Untertanengeist, generieren. Auf der anderen Seite kann eine Rahmenordnung für Lehrerkleidung, die auch Individualismus zulässt, auch von Vorteil sein: sie stützt die Corporate Identity der Lehrenden und hebt sie durch das wünschenswerte Quäntchen Distanz von den Schülern und Betreuern ab. Die Schulleitung der Leibniz-Schule erscheint ohnehin stets offiziell gekleidet; angemessene Kleidung ist auch für die Mitarbeiter des Sekretariats üblich.

Wie könnte denn der Dresscode für die Lehrer der Leibniz-Schule aussehen? Schnell werden die Outfits und Kleidungsstücke ausfindig gemacht, die man als No-Go klassifiziert. Dazu gehören: Trainingsanzüge in Ballonseide, bauchfreie Spaghetti-Tops, freie Achseln, Dekolletés und sichtbare Tangas, transparente Stoffe, ausgeleierte und fusselige Strickjacken, Kapuzenjacken („Hoodies"), Shorts, weiße Strümpfe in Sandalen, Flipflops und Shirts mit auffälliger Aufschrift. Auch lange Bärte, nachlässige Rasiergewohnheiten, ungepflegte Haar- und Nagelpflege werden als negativ eingestuft.

Schwieriger wird schon die Lösung der Frage, wie der Leibniz-Lehrer-Dresscode denn nun aussehen könne. Der Vorschlag geht dahin, Rat zu suchen bei den Ergebnissen der Stilberatung an der Schule Kreuzlingen. Die Mitglieder des „Debattierclubs" stellen nach der Lektüre der Zeitungsartikel über Kreuzlingen nach längerer Diskussion folgende Grundsätze zum Leibniz-Lehrer-Dresscode auf:

- Anzug mit Krawatte bzw. Kostüm oder Kleid: nur bei offiziellen Anlässen der Schule. Beim Abiturball wird um Abendgarderobe gebeten.
- Jacketts/Blazer: erwünscht;
- Hemden/Blusen: erwünscht (mit kurzen oder langen Ärmeln);
- T-Shirts/Polohemden: möglich, wenn neuwertig und ohne großflächige Aufschrift (Botschaft);
- Stoffhosen/Jeans: ja (in gutem Zustand und angemessener Passform);
- Rock/Kleid: ja (nicht zu kurz und nicht zu eng);
- Schuhe: grundsätzlich geschlossen; Sneakers möglich;
- Äußeres: gepflegtes Erscheinungsbild
- Unerwünscht: sichtbare Tattoos; Piercings.

Der Debattierclub lässt die anderen Kollegiumsmitglieder regelmäßig am Thema „Dresscode“ teilhaben durch Rundmails und Aushänge im Lehrerzimmer. Man beantragt die Aufnahme des Tagesordnungspunkts „Dresscode für die Lehrer der Leibniz-Schule“ in die Tagesordnung der nächsten Lehrerkonferenz.

Wie zu erwarten verläuft die Diskussion dieses TOPs auf der Lehrerkonferenz zunächst kontrovers. Vor allem die Lehramtsanwärter haben Sorge, die gesetzten Anforderungen nicht erfüllen zu können, bis ihnen klar wird, dass sie mit einem sauberen Hemd oder Shirt und ordentlichen Jeans mit geschlossenen Schuhen – auch Sneakers – das Gewünschte voll erfüllen. Die Mitglieder der Lehrerkonferenz erkennen, dass der vorgeschlagene Dresscode ihnen viele individuelle Freiheiten gewährt und dass er sie in ihrer Vorbildfunktion gegenüber Schülern stützt. *„Sollen wir als Lehrer denn schlechter gekleidet sein als unsere Schüler?“ „Wollen wir Zukunftsmentoren unserer Schüler sein und die Zukunft im Fusselstrick und in Jesuslatschen begrüßen?“* Diese und ähnliche Fragen aus dem Kollegium rissen schließlich das Meinungsruder herum, so dass die Lehrerkonferenz der Leibniz-Schule die sofortige Einführung des Lehrer-Dresscodes mit einer Dreiviertelmehrheit beschloss.

Die Frage einer möglichen Einführung von Schülerkleidung wurde zunächst an die Schülervertretung zur Beratung verwiesen.

Fazit: Lehrkräfte üben öffentliche Ämter aus; ihr Erscheinungsbild sollte entsprechend angemessen sein. Kleidung drückt keine Fachkompetenz aus, wohl aber Wertschätzung des Gegenübers. Schüler und Eltern sollten Lehrern so viel Wert sein.

6 CRM als Baustein für die Schulentwicklung

Angesichts aufstrebender privatwirtschaftlicher Bildungseinrichtungen, die inzwischen ein breites Angebot von Schulen bis hin zu Hochschulen abdecken, haben Bildungspolitik und Bildungsverwaltung die Losung „Schulentwicklung" für die ihr unterstellten öffentlichen Einrichtungen ausgegeben. Der Begriff „Schulentwicklung" wurde ebenso populär wie er vage blieb. Er musste naturgemäß unscharf bleiben, sollte er doch suggerieren, dass *„weniger das Gesamtsystem als vielmehr die Einzelschule die Gestaltungseinheit bzw. der Motor von Reformmaßnahmen"*[146] sei, wozu ihr nach gesetzlicher Definition als nicht-rechtsfähiger Anstalt eines öffentlichen Trägers von vorherein jegliche Rechtsgrundlage vorenthalten war und bis auf den heutigen Tag geblieben ist. Dessen ungeachtet wurde über lange Zeit der Begriff „Selbstständige Schule" propagiert und vielfach unreflektiert kommuniziert. Die Forderung an die Schulen, sich „auf den Weg zu machen", wurde an drei Entwicklungsstränge gebunden: Organisationsentwicklung, Unterrichtsentwicklung und Personalentwicklung. Von vorherein stieß dabei die Selbststeuerung der Einzelschule an die übergeordneten Ziele der Systemsteuerung, die gerade angesichts von schuleigener Personalbeschaffung, Budgetautonomie und Drittmitteleinwerbung die Gefahr des Auseinanderdriftens der Einzelschulen bannen musste – zur notwendigen Gewährleistung vergleichbarer Schul- und Unterrichtsqualität, aber auch aus Eigeninteresse, den Status quo zu erhalten. Um die zu erwartende Auseinanderentwicklung zu regulieren, traten neben die traditionellen Steuerungsinstrumente wie Gesetze und Erlasse, diejenigen von Output, Tests und Benchmarks, von Vorsteuerung, Evaluation und Berichterstattung. Der vorgeblich gewährte „mehr Raum für Selbstorganisation"[147] wurde auf diese Weise weitestgehend ausgebremst. So blieb echte Schulentwicklung bislang eine frohlockende Botschaft von entwicklungsdynamischem Hochsprung, der sich als Weitsprung mit Fußfesseln entpuppt hat und insgesamt nicht mehr als Gummitwist ist. Dabei kann Schulentwicklung mit ihren Segmenten Organisationsentwicklung, Unterrichtsentwicklung und Personalentwicklung

---

146 Rolff 2013, S. 12. Der Verfasser weist hier auf die Wandlung hin, die der Begriff „Schulentwicklung" durchgemacht hat von der Schulentwicklungsplanung (SEP), der äußeren Schulangelegenheiten wie Schulstandorte und Raumkapazitäten, über die zentrale Planung des Schulsystems bis zur Entdeckung der „Einzelschule als Gestaltungseinheit".

147 Ebd., S. 19–25.

eigentlich nur ein gemeinsames Ziel haben: die Optimierung der Lernfortschritte von Schülern.[148]

CRM dagegen geht das Feld der Schulentwicklung von der methodisch-didaktischen Seite an und deduziert daraus schlüssige organisatorische Elemente von Schulentwicklung. Lernstudio, Wochenarbeit, integrierte Zeit für Lernaufträge, Lehrerräume statt Klassenräume sind nur einige Beispiele für CRM als Baustein für Schulentwicklung. Die CRM-Methodik bietet Schulen ein breites, gleichzeitig passgenaues Entwicklungspotential für Organisations-, Unterrichts- und Personalentwicklung. Sie ist der Prägestempel für Corporate Identity (CI) und Corporate Social Responsibility (CSR) einer Schule. Nicht zuletzt erweist sie sich auch als Adjuvans für die Lehrergesundheit.

6.1 Auf- und Ausbau einer CRM-Kultur

Mit Beginn des neuen Schuljahres hat Frank Montelius die Leitung der Leibniz-Schule in Wunschberg übernommen. Vor seiner Bewerbung, hat er sich wiederholt mit seiner Amtsvorgängerin ausgetauscht, die die CRM-Methodik eingeführt, sie als Baustein für die weitere Schulentwicklung erkannt und in eine gut funktionierende Struktur umgesetzt hatte. Herr Montelius, der gegen Ende seines Studiums Assistant Teacher an einer Schule in Boston/USA war, ist von der CRM-Methodik überzeugt und möchte diese an der Leibniz-Schule konsequent weiterentwickeln. Im Einzelnen hat sich der neue Schulleiter folgende Ziele gesetzt:

Für den Bereich „Organisationsentwicklung“:

- Jede Schule muss eine lernende Organisation sein, deren Fokus die Lernqualität von Schülern ist. In Kooperation mit den Elternhäusern muss es Ziel der Schule sein, Schüler für ihre zukünftige Bildungs- und Lebensgestaltung zu befähigen. Lehrer müssen – so wie die CRM-Methode es von Schüler verlangt – Selbstwirksamkeit entwickeln und in Teams – von Rolff „Professionelle Lerngemeinschaften“[149] genannt – arbeiten und zusammen mit der Schulleitung Motoren der Schulentwicklung sein. Die Leibniz-Schule hat mit der Implementation von Lehrer-Arbeitsgruppen sowie von

148 Ebd., S. 20.
149 Rolff 2013, S. 121ff.

Klassenleitungsteams schon einen wichtigen Schritt in diese Richtung gemacht. Daher müssen Lehrkräfte Change Management als eine ihrer Berufskomponenten erkennen und sich zu eigen machen. Nur durch authentisches und qualitätsorientiertes Handeln werden sie zu Zukunftsmentoren ihrer Schüler.

- CRM muss der Prägestempel für die Schulentwicklung, auch im Hinblick auf Corporate Identity (CI) und Corporate Social Responsibility (CSR), werden und einen Mehrwert für die gesamte Schulgemeinschaft darstellen. An Schulentwicklung[150] müssen folgenden Forderungen gestellt werden: Sie muss kompatibel mit dem Profil der Schule sein; sie muss die Zukunft von Schülern und zugleich die Weiterentwicklung der Lehrerexpertise sowie die Belastungsgrenze der Lehrenden im Blick haben; sie muss moderat Schritt für Schritt im Gleichklang mit der Schulgemeinschaft auf das erklärte Ziel zugehen, so dass die Identifikation aller mit der Schule kontinuierlich gefestigt wird.
- Die Kooperation mit den Eltern der Schüler ist besonders wichtig. Schule und Eltern müssen Erziehungs- und Bildungspartner werden. Dazu muss das Beratungskonzept der Leibniz-Schule optimiert werden. Als Einstieg in die „Kooperation Schule und Eltern" muss die Schule Beratungsveranstaltungen für Erziehungsberechtigte zu grundlegenden und aktuellen Erziehungsthemen anbieten.
- Die digitale Schulplattform Leibniz-Net soll zur vernetzten Kommunikation aller in Lehre, Betreuung und Verwaltung Tätigen sowie für Schüler und Eltern ausgebaut werden.
- Die Öffentlichkeitsarbeit der Leibniz-Schule muss systematisch entwickelt werden.

150 Zu Recht weist Rolff 2013, S. 59, darauf hin, dass „die bisherige Diskussion durch eine bemerkenswerte Unklarheit der Wortbedeutung gekennzeichnet ist". In der Tat wurden Schulen in den letzten Jahren zur Erstellung von „Schulprogrammen", „Schulprofilen" oder „Leitbildern" veranlasst, ohne dass die damit beabsichtigte Zielsetzung deutlich wurde. Oft genug wurden Lehrerkollegien mit der Erstellung des Schulprogramms über Monate zusätzlich beschäftigt und erhielten nach dessen Einreichung kaum oder keinerlei Resonanz. In Kollegien wurden daher nicht grundlos Vermutungen angestellt, ob es sich bei dieser Optimierungsoffensive um eine Trockenübung handeln könne, deren eigentliches Ziel die Auslösung eines Beförderungsmechanismus an höherer Stelle sei. Man mutmaßte auch, ob es sich dabei um die kostengünstige Strategie „Produkterstellung und Evaluierung durch den Nutzer" handeln könne. Ein positives Ziel wurde jedenfalls erreicht: das Umdenken über die Fachgrenzen hinaus griff in den Kollegien Raum. „Das mentale Modell ‚Ich und meine Klasse (oder mein Fach)' mutierte zu ‚Wir und unsere Schule'; a.a.O, S. 74.

Für den Bereich „Unterrichtsentwicklung":

- Jede Schülerbegabung muss gefördert werden.
- Die Unterrichtsqualität muss stetig durch die kontinuierlich fortgebildeten Lehrkräfte als steuernde und gestaltende Instanzen von Lernprozessen weiter optimiert werden.
- Ein digitales Unterrichtskonzept muss entwickelt werden, um die Schüler zukunftstauglich zu machen.
- Die Selbstwirksamkeit von Schülern muss nicht nur im Fachunterricht, sondern auch durch Arbeitsgemeinschaften gestärkt werden. Hier soll die bisherige Angebotspalette der Schule (sprachlich – musisch-künstlerisch – sportlich und handwerklich) später noch um die Sparte „Soziale Nachbarschaftsprojekte" erweitert werden.
- Es sollen Möglichkeiten für die Gründung einer „Schülerfirma" geprüft werden.
- Das bisher gefahrene Konzept des Berufspraktikums für Schüler soll evaluiert werden.

Für den Bereich „Personalentwicklung":

- Um eine beständige hohe Unterrichtsqualität zu gewährleisten, muss ein weiterqualifizierendes Fortbildungsprogramm für Lehrkräfte aufgelegt werden. Neben fachlichen Themen sollen die Schulbausteine CRM, Konfliktbewältigung durch Mediation, Führungskompetenzen und Rechtssicherheit für Lehrer, Digital Teaching Design, aber auch Zeitmanagement und Soft Skills eine Rolle spielen. Auch die Bereiche Corporate Identity (CI) und Corporate Social Responsibility (CSR) sollen in die Themenliste der In-House-Schulungen aufgenommen werden.
- Kollegiale Fallberatung soll ein weiterer Baustein zur Professionalisierung der Lehrerschaft werden.
- Der Lehrergesundheit muss wachsende Bedeutung zukommen, damit Lehrkräfte vor Überlastung und Erschöpfung bewahrt bleiben.
- Der Verantwortungsbereich der Klassenleitung muss der vorherrschenden CRM-Methodik angepasst werden.

Offen gebliebene Fragen wie

- die Umstellung des Stundenrasters von 45-Minuten-Einheiten auf 90 Minuten sowie
- die „Schuluniform“ als Dresscode für Schüler

müssen noch gelöst werden.

Mit diesen Vorhaben will Frank Montelius die CRM-Kultur der Leibniz-Schule in Wunschberg ausbauen. Dabei wird er weiterhin die Unterstützung durch das engagierte Leibniz-Kollegium brauchen, um Ist-Analyse, Themenentwicklung, Feedback und Projektmanagement voranzutreiben. Es stellt sich die Frage, ob die Struktur und Arbeitsweise der Arbeitsgruppen beibehalten werden soll oder ob man zu dem an Schulen üblichen Steuergruppenmodell übergehen solle.[151] Die Lehrerkonferenz entscheidet sich für die Weiterführung der bewährten Arbeitsgruppen und lehnt nach längerer Abwägung die Gründung einer Steuergruppe ab. Das Hauptargument gegen die Einsetzung einer Steuergruppe ist eine mögliche Schaffung oligarchischer Strukturen an der Leibniz-Schule. Das Arbeitsgruppenmodell bindet erfahrungsgemäß ein Optimum an Expertise von engagierten Lehrkräften ein. Diese Arbeitsgruppen in ihrem unmittelbaren Austausch mit Schulleitung und Lehrerkonferenz bilden den Antrieb der Schulentwicklung und legen ihre Vorschläge den Schüler- und Elterngremien sowie der Schulkonferenz zu Diskussion und Beschluss vor. Durch die Willensbildung in der Lehrerkonferenz werden Arbeitsgruppen mit einem Mix an erfahrenen und neuen Mitgliedern gewählt und mit weiteren Projekten beauftragt. Die Projekte, die durch die Arbeitskreise vorrangig angegangen werden sollen, sind: Fortbildungskonzept für die Lehrkräfte, kollegiale Fallberatung, digitales Unterrichtskonzept; Informationsveranstaltungen für Eltern; Stundenraster der Schule; Wahlpflichtbereich Arbeitsgemeinschaften und Berufspraktikum für Schüler.

Herr Montelius ist sich bewusst, dass dieser Ausbau der CRM-Kultur an der Leibniz-Schule nicht ohne Mehrbelastung, v.a. für die Lehrkräfte, vor sich gehen wird. Daher wird er als Verantwortlicher für die Personalentwicklung Entlastungsmodalitäten im Benehmen mit der Lehrerschaft und in Absprache mit der Schulaufsichtsbehörde auf den Weg bringen müssen.

151 Zur Zusammensetzung, Aufgabe und Interaktion von Steuergruppen an Schulen vgl. Rolff 2013, S. 41ff.

Das Organigramm der Leibniz-Schule sieht zum jetzigen Stand so aus:

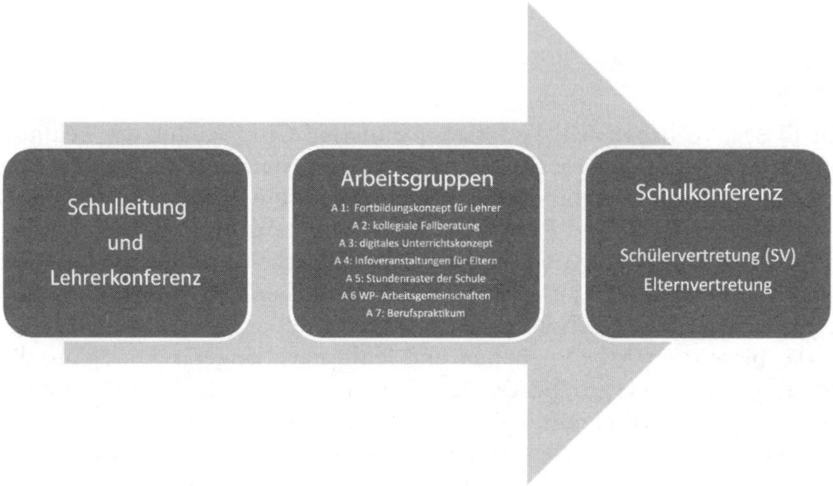

Abb. 11: Organigramm 01 der CRM-Schulentwicklung

6.2 Professionalität – Unterrichtsqualität – Kodex für die Schulentwicklung

Die CRM-Methodik, die eingeführten Klassenregeln und der Schulkodex haben sich inzwischen im Schulalltag als anerkannte und tragende Struktur bewährt. Leichte Einsichtigkeit und Umsetzung haben dazu beigetragen, dass Schüler und Lehrer die Regeln akzeptiert und internalisiert haben. Das Kollegium empfindet sie inzwischen als unverzichtbare Stütze, die Schüler und deren Eltern als hilfreiche Orientierung.

Insgesamt ist damit ein guter Einstieg in ein gemeinsames professionelles Handeln gelungen, das mehr Freiraum für Lehr- und Lernprozesse gewährt und einen zermürbenden Kampf gegen tägliche Unterrichtsstörungen und Disziplinlosigkeiten sehr stark zurück- gefahren hat. Das Lehrerraumprinzip hat zu einem sauberen und ordentlichen Zustand der Unterrichtsräume geführt. Die befürchtete Verschmutzung der Schüleraufenthaltsräume ist ausgeblieben.

Das Lehrerzimmer wird regelmäßig zu Konferenzen, Informationspausen und Gruppenbesprechungen, aber auch mehr und mehr zum informellen Freitagsaustausch der Lehrkräfte genutzt. Die Frequenz der Krankmeldungen durch die Leibniz-Lehrer ist merklich zurückgegangen. Der Dresscode für Lehrer ist durchweg auf positive Resonanz bei Schülern und Eltern gestoßen und trägt – neben ihrem fachlichen, pädagogischen und methodischen Wissen zu allgemeiner Anerkennung und Wertschätzung der Leibniz-Lehrer bei. Die Lehrkräfte erkennen, dass ihnen ein gemeinsames Vorgehen Sicherheit und Rückhalt vermittelt, ihren beruflichen Stress deutlich mindert und nicht – wie teilweise befürchtet – zu Lasten ihrer Individualität geht. Es wird ihnen bewusst, dass sie auf diesem Weg weiter gehen müssen – nicht nur im Interesse optimierten Lehrens, sondern vor allem zur Ausweitung und Intensivierung der Lernzeit für die Schüler.

Kollegien an deutschen Schulen blicken auf eine Tradition des „Einzelkämpfertums“ zurück, in der sich jeder Lehrer als Repräsentant seiner Unterrichtsfächer sieht, profiliert und seinen eigenen Lehrstil pflegt. Obwohl Walter öffentlicher Ämter und Bezieher gesicherter staatlicher Einkünfte, sehen sich nicht wenige Lehrer gern als unabhängige Individualisten. Manche möchten vorgebliche Freiheiten des Selbstständigen genießen, ohne das finanzielle Risiko tragen zu müssen. Rivalität, Intrigen und Eitelkeit gibt es dabei in Lehrerkollegien nicht weniger als in Unternehmen. Im Gegensatz zu letzteren fehlen im deutschen Schulbereich jegliche Anreize und Belohnungssysteme für engagierte Besserleistende und Vielkorrektoren. Das einzige „Goody“ in der Hand des Schulleiters ist das Armutszeugnis der „Stundenentlastung“, das auf Grund enger Vorgaben mit den insgesamt gestiegenen Belastungen der Lehrkräfte längst nicht immer Schritt hält.

Die Stärkung von Kooperation der Lehrkräfte über fachliche Kollegialität oder Sitznachbarschaft im Lehrerzimmer hinaus ist ein langwieriger Prozess, der noch in der Entwicklung steckt und weiterhin Potential entfalten muss. Allerdings hat sich die verordnete Schulprogrammatik als Antrieb der kollegialen Interaktion und Beschleuniger der Schulentwicklung durchaus bewährt. Tendenziell tun sich junge Lehrer mit der kollegialen Teambildung bedeutend leichter als ältere. Sie sehen in der Zusammenarbeit nicht nur ein soziales und fachliches Plus, sondern auch ein Mehr an Entlastung. Das gibt berechtigte Hoffnung für die Zukunft der Lehrenden wie der Lernenden.

Jeder Lehrer ist den Weg vom Lehrtheoretiker zum Lehrpraktiker gegangen. Um im Lehralltag nicht den Anschluss an wissenschaftliche Prozesse und Erkenntnisse zu verlieren und damit seinen Unterricht inhaltlich wie curricular und methodisch auf der Höhe der Zeit zu halten, gehört regelmäßige **Fortbildung** zu den Pflichten von Lehrkräften. Sie wirkt sich in einem Plus an Unterrichtsqualität und Lehrerprofessionalität aus. In der Regel bieten neben freien Anbietern auch Bezirksregierungen Fortbildungsveranstaltungen an. Der Trend zu sogenannten In-House-Schulungen nimmt gegenüber aushäusigen Fortbildungsveranstaltungen zu. Der Vorzug der Fortbildung in der Schule[152] ist, dass das gesamte Kollegium zu einem übergreifenden Thema informiert wird, während an externen Fortbildungen nur einzelne Lehrer, bestenfalls kleinere Fachgruppen, teilnehmen. Bei dem letzteren Verfahren bleibt das Feedback für die Nichtteilnehmer oft auf der Strecke, so dass der Wissensschub verpufft. Aus diesem, aber auch aus vertretungstechnischem Grund, sind Schulen, die auf ihre Weiterentwicklung Wert legen, zu internen Fortbildungstagen übergegangen, die für Schüler als „Studientage" mit besonderen Lernaufträgen etabliert worden sind. Grundsätzlich gilt für Lehrerfortbildungen die Dichotomie: fachliche Fortbildungen individuell und extern, außerfachliche Fortbildungen kollektiv und intern. In jedem Fall muss besonders der interne Fortbildungskanon zur Ausrichtung der Schule passen und vom Kollegium als sinnvoll und notwendig angesehen werden.

Deswegen schlägt die Arbeitsgruppe A1 folgendes internes Fortbildungskonzept für die nächsten drei Jahre vor: Im jetzt beginnenden Schuljahr soll eine Weiterbildungsveranstaltung in der CRM-Methodik stattfinden unter Einschluss der Themen: „Konfliktbewältigung durch Mediation im Umgang mit Erziehungsberechtigten" sowie „Führungskompetenzen und Rechtssicherheit für Lehrer". Im nächsten Schuljahr soll das Fortbildungsprogramm heißen: „Einführung in die CRM-Methodik für neue Lehrkräfte"; die Stammlehrerschaft hat die Wahl zwischen „Zeitmanagement", „Schulung von Soft Skills" und „Digitalisierung von Unterrichtsprozessen durch Einsatz von Tablets". Im dritten Jahr sollen die Themen „Corporate Identity (CI)" und „Corporate Social Responsibility (CSR)" behandelt werden; auch das Thema „Lehrergesundheit" soll zur Geltung kommen.

152 Für die Veranstaltungen wird auch der Begriff „SchiLF" (schulinterne Lehrerfortbildung) verwendet.

Das Programm wird nicht uneingeschränkt von der Lehrerkonferenz beschlossen. Das Thema „Einsatz von Tablets im Unterricht" ruft bei einer Reihe vor allem älterer Lehrkräfte heftige Widerstände hervor, während die jüngeren Lehrer dieses ausdrücklich befürworten. Sie sehen sich durch die Digitalität weniger in Kompetenz und Berufsausübung in Frage gestellt als ihre älteren Kollegen. Schüler – davon geht man aus – werden den Einsatz von Tablets ohnehin begrüßen. Das Tablet als „digitale Schiefertafel der Moderne" und Speichermedium aller an der Schule eingeführten Lehrwerke ist Herausforderung und Notwendigkeit zugleich. Es zeichnet sich ab, dass dieses Thema einerseits behutsam angegangen werden muss, andererseits aber im Interesse der Zukunftstauglichkeit der Schüler unausweichlich ist. Es wird daher von der Lehrerkonferenz begrüßt, dass die Arbeitsgruppe A3 dieses Thema zunächst vorbereitet, an praxisorientierten Beispielen demonstriert und Vorschläge zu Tablet-Schulungen für Lehrer als auch zur Beschaffung der Geräte macht. Das Thema „Schulung von Soft Skills" wird mehrheitlich abgelehnt, da man Sozialkompetenzen wie Teamfähigkeit, Toleranz und Wertschätzung, Verantwortung, Vorbild und Konsequenz durch die bisher eingeführten Strukturen und CRM-Handlungsinstrumente bei Lehrern und Schülern als derzeit hinreichend gesichert ansieht. Der Themenbereich, der für das dritte Jahr vorgeschlagen wurde, kann daher vorgezogen werden.

Kollegiale Fallberatung – im heutigen Sinn ein weiterer Schritt auf dem Weg zu mehr Professionalität und höherer Unterrichtsqualität – hat es auf informell-unverbindlicher Ebene schon immer in Lehrerkollegien gegeben. Bedingt durch die Schulentwicklungsforschung und das damit einhergehende Postulat der „Professionellen Lerngemeinschaften" jedoch wurde ein systematisiertes Beratungsprocedere unter Übernahme von Methoden aus der Supervision propagiert. Da eine solche formelle kollegiale Fallberatung in das Gesamtkonzept der CRM-Schulentwicklung an der Leibniz-Schule kohärent zu integrieren ist und die Professionalität der Lehrkräfte sowie ihre interkollegiale Kommunikation stärken wird, wird die Arbeitsgruppe A 2 mit diesem Projekt betraut. Die kollegiale Fallberatung ist ein systematisches Beratungsgespräch, in dem sich Kollegen nach einer festen Gesprächsstruktur wechselseitig zu beruflichen Fragen und Kernthemen beraten und gemeinsam Lösungen entwickeln. Sie soll neben der Optimierung von interkollegialer Kooperation, Kommunikation und Unterstützung auch neue Impulse, insbesondere für eingefahrene Handlungsmuster, generieren.

Nach gründlicher Information über die Rahmenbedingungen und die Vorgehensweise der kollegialen Beratung im Allgemeinen wird der passgenaue Zuschnitt für die Leibniz-Schule entwickelt. Was den Aufgabenumfang angeht, soll sie dem Zweck dienen, nach erfolgten Unterrichtshospitationen Probleme in der Unterrichtsdurchführung auf der Ebene der kollegialen Expertise zu lösen. Die Schlichtung von Unstimmigkeiten zwischen Lehrern und Schulleitungen gehört weiterhin zum Aufgabengebiet des Lehrerrats, während Streitigkeiten zwischen Schülern durch die Schülerstreitschlichtung gelöst werden. Für die kollegiale Fallberatung werden grundsätzlich drei Rollen benötigt: Moderator, Fallgeber und Berater. Dabei ist der Moderator für die ordnungsgemäße Abwicklung des vorgegebenen Procedere verantwortlich. Der ratsuchende Fallgeber muss in eine Unterrichtshospitation durch zumindest einen Berater einwilligen. Der oder die Fallgeber schildern den problematischen Sachverhalt aus seiner oder ihrer Sicht, während der Berater für Nachfragen, Beiträge in Form eigener Erfahrungsberichte und die Sammlung der entstehenden Lösungsvorschläge zuständig ist. Gegenüber dem zehnschrittigen Heilsbronner Modell[153] wird die gängige Version in sechs Phasen nach Tietze[154] bevorzugt: 1. Casting (Rollenbesetzung), 2. Bericht des Fallgebers, 3. Findung der Schlüsselfrage durch den Fallgeber mit Unterstützung des Moderators, 4. Methodenwahl (Auswahl der Beratungsmodule wie etwa Brainstorming, Resonanzrunde oder Ratschläge), 5. Beratungsphase (hier haben nur die Berater das Wort, während der Moderator auf Zeit- und Themeneinhaltung achtet) und 6. Abschluss (hier fragt der Moderator den Fallgeber, welche Ideen und Vorschläge der Berater er für seine Schlüsselfrage als weiterführend ansieht). Das Gesprächsklima soll von Vertraulichkeit, Unterstützung und Wertschätzung geprägt sein.

An der Leibniz-Schule soll die kollegiale Fallberatung grundsätzlich in die Zeit des informellen Freitagsausklangs gelegt werden und im geschützten Raum der Lehrerbibliothek stattfinden. Das Konzept der Arbeitsgruppe A 2 wird unter fünf Bedingungen durch die Lehrerkonferenz angenommen: die zeitliche Projektauslegung für die kollegiale Fallberatung beträgt zunächst zwei Jahre; die Evaluation erfolgt nach einem Jahr und die Entscheidung über die

153 Das Heilsbronner Modell entstand Mitte der 80er Jahre im Religionspädagogischen Zentrum Heilsbronn und sieht eine Vorgehensweise in zehn aufeinander aufbauenden Schritten ausschließlich im geschützten Raum vor. Diese eng einzuhaltende Prozedur soll es auch methodisch Unkundigen ermöglichen, eine kollegiale Fallberatung ergebnisorientiert durchzuführen.

154 Vgl. hier und im Folgenden Tietze 2003.

Weiterführung fällt erst nach Beendigung der Projektzeit. Der Moderator muss für diese Aufgabe fachlich geschult werden. Es müssen sich hinreichend Beratungsfälle, d.h., zumindest zehn pro Schuljahr ergeben. Die kollegiale Fallberatung muss nachweisliche Erfolge zeitigen. Interessenten für die kollegiale Beratung an der Leibniz-Schule sind derzeit die neu hinzugekommenen Lehrkräfte ➲ (09) Frau Sebald[155] sowie ➲ (34) Herr Büttgen[156]. Sie haben um Beratung gebeten, da sie noch deutlichen Einarbeitungsbedarf an der Leibniz-Schule haben und ihren bisherigen Unterrichtsstil auf die CRM-Methodik umstellen müssen. Das ist ihnen durch den Feedback-Bogen ihrer Schüler gespiegelt worden.

Der Verantwortungsbereich der **Klassenleitungen** muss entsprechend der angewandten CRM-Methodik justiert werden. Klassenleitungen – Zweierteams an der Leibniz-Schule – sollen nicht nur ihre Klassen verwalten, sie bei Unterrichtsgängen, Wandertagen oder Klassenfahrten begleiten oder Beschwerden von Kollegen entgegennehmen. Obwohl in den Allgemeinen Dienstordnungen – so z.B. bereits 1976 in der Dienstordnung für die Leiter und Lehrer an öffentlichen Schulen in Rheinland-Pfalz[157] – auf die Aufgaben der Klassenleitung eingegangen wurde, ist die Definition der Klassenleitungsfunktion samt entsprechender Fortbildung in Deutschland schlichtweg vernachlässigt worden. Dagegen hat sich seit den 1980er Jahren in Linz/Österreich die Forschung zu den Anforderungen der Klassenleitung v.a. durch die empirischen Forschungsergebnisse von Mayr 2008a[158] im Sinne von Kounin 1976/2006 etabliert und weiterentwickelt. In der Dienstordnung für die Leiter und Lehrer an öffentlichen Schulen in Rheinland-Pfalz von 1976 wurde bereits auf einen Aufgabenbereich des Klassenlehrers abgehoben, der folgende acht Teilbereiche umfasst:

1. die besondere Verantwortung des Klassenlehrers für die erzieherische und fachliche Förderung seiner Schüler;
2. Informationspflicht über Leistungen und den Leistungswillen seiner Schüler in allen Fächern;
3. Kontakt mit und Auskunftspflicht gegenüber den Erziehungsberechtigten;

155 Vgl. S. 9.

156 Vgl. S. 56.

157 Dienstordnung für die Leiter und Lehrer an öffentlichen Schulen in Rheinland-Pfalz. Rundschr. d. KM vom 15.3.1976 Abs. 6.

158 Mayr 2008a, S. 321–342.

4. Überwachung des Schulbesuchs und Beurlaubungsbefugnis bis zu drei Schultagen;
5. Erledigung von Verwaltungsaufgaben für seine Klasse sowie Verantwortung für den pfleglichen Zustand des Klassenraums;
6. Begleitung der Klasse bei Wanderungen, Fahrten und Schullandheimaufenthalten;
7. Zusammenarbeit mit dem Klassensprecher und Informationspflicht über das, was für seine Schüler bedeutsam im schulischen Leben ist;
8. Vertretung der Klasse vor dem Schulleiter und den Konferenzen.

Die empirischen CRM-Forschungen von Mayr 2008 untersuchen das Führungsverhalten von Lehrern von der Grundstufe bis zur Sekundarstufe II in drei Hauptskalen: Unterrichtsgestaltung, Beziehungsförderung und Verhaltenskontrolle. Im Bereich Unterrichtsgestaltung werden die Aspekte: wichtige Lernziele, strukturierter und abwechslungsreicher Unterricht, klare Arbeitsanweisungen, Fachkompetenz, Verlässlichkeit und positive Erwartungshaltung näher untersucht. Den Bereich Beziehungsförderung machen Parameter wie Wertschätzung, Authentizität, Humor, und Gemeinschaftsförderung aus. Klare Verhaltenserwartungen, Beschäftigung der Schüler, Kontrolle der Lernarbeit, Allgegenwärtigkeit, Verstärkung erwünschten Verhaltens, rasches Eingreifen bei Störung und Sanktion unerwünschten Verhaltens gehören zum Bereich Verhaltenskontrolle. Mayr korrelierte diese Parameter mit vier Handlungsstrategien von Lehrern im Unterricht: kommunikativ-beziehungsorientiertes, fachorientiertes, disziplinierendes und arbeitsökonomisches Handeln und entwickelte daraus 2013 den „Linzer Diagnosebogen zur Klassenführung“.[159]

Die Leibniz-Schule richtet den Aufgabenbereich seiner Klassenleitungsteams an den Hauptskalen von Mayr 2008 aus, da sie kompatibel mit der praktizierten CRM-Methodik sind. Diese Hauptskalen werden ergänzt um die Kernaufgaben, die sich aus der Führungskompetenz sowie dem pädagogischen und organisatorischen Auftrag der Klassenleitung ergeben. Hierzu zählen die Verantwortung des Klassenleitungsteams für Lernwillen und Lernerfolg sowie Sozialverhalten ihrer Schüler; Betreuung während der Zeit für Lernaufträge sowie Entsendung ins Lernstudio; Vertretung der Klasse gegenüber Schulleitung, Gremien und Konferenzen; Kommunikation mit den Eltern; vertiefte Kenntnis des Schulrechts; Überwachung des Schulbesuchs und Beurlaubungsbefugnis

159 URL: http://ius.uni-klu.ac.at/projekte/ldk/

bis zu drei Schultagen im Schuljahr; Erledigung von Verwaltungsaufgaben für die Klasse sowie Verantwortung für den pfleglichen Zustand des Lehrerraums, der zugleich Stammraum der Klasse ist. Das Klassenleitungsteam ist allein sowie gemeinsam vertretungsberechtigt und für jeden Schüler der Klasse zuständig. Es spricht sich kontinuierlich untereinander ab und vertritt den jeweils anderen im Krankheitsfall. Das Klassenleitungsteam erhält eine angemessene Entlastung gemessen am Gesamtvolumen an Entlastungsstunden, das für das Kollegium zur Verfügung steht. Die Aufgaben von Leistungskurslehrern in der Sekundarstufe II wird an den Aufgabenbereich der Klassenleitungsteams angeglichen. Auf diese Weise soll die Führungskompetenz der Leitungen von Klassen und Leistungskursen CRM-adäquat erkennbar gestärkt werden.

Ein Vorhaben, das dem neuen Schulleiter Frank Montelius besonders am Herzen liegt, ist die **Verbesserung der Elternarbeit** an der Leibniz-Schule. Ihm ist klar, dass dieses Großprojekt einer präzisen Bestandsanalyse, eines integrier- und leistbaren Entwicklungsentwurfs sowie einer nachhaltigen Umsetzung bedarf. Ihm schwebt letztlich die Einrichtung eines Elternberatungszentrums (EBZ) unter Einbindung lokaler Partner wie dem Jugendamt, der Ausländerbehörde und dem regionalen Bildungsnetzwerk vor. Doch Herr Montelius sieht deutlich, dass die vorhandenen Kapazitäten zum jetzigen Zeitpunkt nicht ausreichen, um diesen großen Schritt auf einmal zu machen. Daher berät er sich mit dem Lehrerrat und den Mitgliedern der Arbeitsgruppe A 4, die mit der Entwicklung von Informationsveranstaltungen für Eltern durch die Lehrerkonferenz beauftragt worden ist. Der Lehrerrat weist bei aller Akzeptanz des Vorhabens auf die Grenzen der Leistbarkeit für das Kollegium hin, das inzwischen deutliche Veränderungsprozesse wie CRM-Schulungen, Kodex von Regeln und Ritualen, Gelb-Rot-Intervention, Lehrerraumprinzip, Lernstudio, Zeit für Lernaufträge und Dresscode engagiert und wirkungsvoll umgesetzt hat.

Es gilt also, für das Projekt der Informationsveranstaltungen für Eltern unterstützend auch auf externe Hilfe zurückzugreifen. Unstrittig ist, dass eine Verbesserung der Elternarbeit nicht nur die Wirkung der schulischen Lehr- und Erziehungsarbeit fördert, sondern auch ein wesentlicher Punkt der Öffentlichkeitsarbeit ist. Erste Schritte waren bereits durch den Elternfragebogen für den Sprechtag und die Einführung der Konfliktbewältigung mit den Mitteln der Mediation gemacht worden. Gerade die in nächster Zukunft anstehende Einführung von Tablets und damit die Digitalisierung von Unterrichtsprozessen macht das Thema „Umgang mit digitalen Medien“ für Eltern interessant, sehen sich diese doch gegenüber der digitalen Aktivität ihrer Kinder oft genug im Hintertreffen, v.a., wenn es um Soziale Netzwerke, Cybermobbing und kostenpflichtige Downloads geht. Hier entsteht also ein erster Themenschwerpunkt für die geplanten Informationsveranstaltungen.

Die Arbeitsgruppe A 4 übernimmt diesen ersten Themenkomplex „Umgang mit digitalen Medien“ und stattet ihn in ihrem Entwurf über die Aspekte Netzwerke, Cybermobbing und elektronische Bestellungen hinaus noch um das Erlernen von standardmäßigen Anwenderprogrammen aus. Außerdem wird die Einführung in den Umgang mit Leibniz-Net für Eltern auf dem Programm stehen. Der zweite Themenbereich – so der Entwurf der Arbeitsgruppe – soll „Lernbegleitung durch Eltern“ heißen. Er soll den Erziehungsberechtigten Kenntnisse über die CRM-Methodik, Regeln und Regularien sowie die Schulvereinbarung vermitteln. Eltern sollen ebenfalls darüber informiert werden, wie man Lernen anregt, fördert und organisiert – kurz, wie man Lernen lernt. Hier soll auch über rechtliche Grundlagen zum Erziehungsauftrag und zur Schulpflicht berichtet werden. Der dritte Themenschwerpunkt soll „Ernährung und Gesundheit“ lauten und Einblicke in gesunde Nahrung sowie in allgemeine medizinische Aspekte von Kindes- und Heranwachsendenalter vermitteln.

Zur Durchführung der Informationsveranstaltungen sollen lokale Experten aus den Bereich IT und Medizin gewonnen werden; den Bereich „Lernbegleitung durch Eltern“ will das Kollegium selbst übernehmen, insbesondere die Lehrkräfte der Fachschaft Pädagogik. Die Veranstaltungen sollen zur Bezahlung der externen Durchführungskräfte kostenpflichtig sein und im monatlichen Rhythmus stattfinden. Alle Informations- und Schulungsveranstaltungen sollen mit einem informellen Beisammensein ausklingen. Die Schul- und Stufenleitungen werden nach Möglichkeiten anwesend sein, um den Dialog mit den Erziehungsberechtigten zu pflegen. Der Programmbeginn wird auf das neue Halbjahr festlegt. Die Evaluation hinsichtlich Besucherzahlen, Aufwand, Kosten und Nutzen soll nach einem Schuljahr stattfinden. Auf dieser Grundlage wird über die Fortsetzung entschieden.

6.3 Ein Plus für Lehr- und Lernzeit

Im Zusammenhang mit der Einführung des Ganztagsmodells kamen Überlegungen zu einer komplementären „Entschleunigung“ des Schulalltags auf. Ins Zentrum der Reflexion rückten Modelle wie Wochenplan oder die **Umstellung**

des bisher 45-minütigen Stundenrasters auf 90 Minuten. Man wollte weg von der Kurzatmigkeit der bisherigen Zeitmodelle und den dadurch auferlegten Pirouetten der Hektik. Man wollte hin zu größerer Eigenständigkeit der Schüler durch persönliche Zeiteinteilung von wöchentlichen Lernaufträgen und zu einer Intensivierung von Lernzeit während des Unterrichts. In manchen Schulen ging diese Entwicklung einher mit der Umstellung von Klassen- auf Lehrerräume.

Hauptfächer der Sekundarstufe I werden entsprechend der Jahrgangsstufe zwischen drei und fünf Wochenstunden unterrichtet. Nebenfächer i.d.R. zweistündig pro Woche. Das Stundenmodell in der Sekundarstufe II orientiert sich am Muster der Hauptfächer in der Sekundarstufe I: Grundkurse werden dreistündig, Leistungskurse i.d.R. fünfstündig unterrichtet. Bei der Umstellung auf den 90-Minuten-Takt werden zweistündige Nebenfächer nur einmal in der Woche unterrichtet, bei allen drei- und fünfstündigen Fächern wird eine Wochenstunde zu 45 Minuten übrigbleiben. Es sei denn, man möchte im alternierenden 14-Tages-Rhythmus mit einer A-Woche von sechs und einer B-Woche mit vier Wochenstunden für die fünfstündigen Fächer unterrichten und einer A-Woche mit vier und einer B-Woche mit zwei Wochenstunden für dreistündige Fächer. Die zweite Variante des Rasterwechsels vom 45-Minuten- zum 90-Minuten-Takt ist die regelmäßige wöchentliche Umstrukturierung auf zwei plus zwei plus eine Wochenstunde für Hauptfächer der Sekundarstufe I (wie bisher bei Leistungskursen der Sekundarstufe II) bzw. zwei plus eine Wochenstunde bei Nebenfächern der Sekundarstufe I (wie bisher bei Grundkursen der Sekundarstufe II). Schulen, die weiterhin an dem traditionellen Hausaufgabenmodell von Stunde zu Stunde festhalten, haben in der Folge mit einer reduzierten Frequenz und einem geringeren Volumen an Hausaufgaben zu rechnen, während Schulen, die nach Wochenplan arbeiten – dem Gesamtumfang wöchentlicher Lernaufträge bei eigener Zeiteinteilung durch die Schüler innerhalb der Wochenfrist – von dieser Einschränkung frei sind.

Die Arbeitsgruppe A 5 der Leibniz-Schule, die mit der Projektentwicklung „Stundenraster" beauftragt worden war, hat sich diesen Sachfragen gestellt. Da man schon unter der vorherigen Schulleitung der Leibniz-Schule erste Überlegungen zur Erteilung von Lernaufträgen nach Wochenplan angestellt hatte, verzichtete man von vornherein auf eine Reduktion des Lernauftragsvolumens. Fraglich bleibt, ob man alternierende A- und B-Wochen einführen soll, oder die regelmäßige Doppelstunden- mit Einzelstunde-Variante. Die Mitglieder

der Arbeitsgruppe A 5 werden die Kombination von Doppelstunden mit Einzelstunde vorschlagen und folgende Gründe dafür geltend machen:

- Ein regelmäßiges Stundensystem ist gegenüber einem alternierenden organisatorisch einfacher zu handhaben und nutzt die Raumkapazitäten gleichmäßig aus.
- Es gewährleistet durch den Rhythmus gleichmäßiger Verteilung einen regelmäßigen Unterrichtsverlauf und gewährleistet ein kontinuierliches Lern- und Sozialklima.
- Zweistündige Fächer behalten ihren bisherigen Rhythmus bei.
- Die Umsetzung von Schul- und Klassenregeln sowie von Regeln und Ritualen bleibt durch regelmäßige Übung erhalten.
- Die Doppelstunden sollen i.d.R. zu einem Drittel, d.h., 30 Minuten, zu eigenständiger Lernzeit der Schüler genutzt werden.
- Die Einzelstunde wird grundsätzlich zur Kontrolle und Erläuterung der Lernaufträge nach Wochenplan genutzt. Auch die Erledigung von Klassen- oder Kursgeschäften kann in der Einzelstunde geschehen.
- Der 90-Minuten-Takt mindert die Schülerfluktuation im Gebäude und trägt zur Reduktion von Lärm, Schmutz und Materialabnutzung bei.

Dieser Vorschlag der Arbeitsgruppe A 5 wird einstimmig von der Lehrerkonferenz angenommen und zur Beratung in die Eltern- und Schülergremien weitergeleitet. Die Schulkonferenz der Leibniz-Schule beschließt das 90+45-Minuten-Raster einstimmig und ohne Auflagen in der darauf folgenden Sitzung.

Das Angebot im **Wahlpflichtbereich „Arbeitsgemeinschaften"** der Leibniz-Schule hat schon unter der vorigen Schulleitung die Sparten sprachlich, musisch-künstlerisch und sportlich umfasst. Es soll nun um die vierte Ausrichtung „handwerklich" ergänzt werden. Schüler der Jahrgänge fünf bis elf wählen jährlich entsprechend ihrer Schulstufe und ihrer Neigung mit Erst- und Zweitwunsch eine Arbeitsgemeinschaft aus den Bereichen aus. Die Schüler des Abiturjahrgangs zwölf sind von der Wahlpflicht befreit, können aber auf eigenen Wunsch an einer AG teilnehmen. Einmal pro Schulwoche gehen die Leibniz-Schüler im Anschluss an die Zeit für Lernaufträge in ihre Arbeitsgemeinschaften. Sondersitzungen wie Proben werden eigens vereinbart. Der Lernerfolg der Schüler in den Arbeitsgemeinschaften wird auf dem Zeugnis bescheinigt. Die Arbeitsgemeinschaften, die von externen Kräften durchgeführt werden, sind moderat kostenpflichtig, da die Dozentenhonorare erwirtschaftet werden müssen. Der Förderverein der Leibniz-Schule springt Schülern in nachweislichen sozialen Notfällen hilfreich bei.

Das erklärte Ziel des Wahlpflichtbereichs Arbeitsgemeinschaften ist, die Begabungen der Schüler über den Bereich des Regelunterrichts hinaus zu fördern. So werden im sprachlichen Bereich drei Sprachkurse für die Schüler der Jahrgänge zehn bis zwölf angeboten: Arabisch, Chinesisch und Russisch. Die Leibniz-Schule hat drei externe native Sprachlehrkräfte für diese Arbeitsgemeinschaften gewonnen. Die sprachlichen Arbeitsgemeinschaften sind trotz des Lernaufwands bei den Schülern beliebt, da sie zusätzlich zum sprachlichen Pflichtbereich Akzentsetzungen für Studium und Beruf ermöglichen und noch dazu am Ende des elften Jahrgangs eine gemeinsame Reise in die entsprechenden Länder anbieten.

Die Angebote im musisch-künstlerischen Bereich werden bisher von den eigenen Musik-, Kunst- und Deutschlehrkräften geleitet. Dazu gehören Chor, Theater und Portraitmalerei für Jahrgänge fünf und sechs; Musical, Tanz und Architekturzeichnungen für die Jahrgänge sieben bis neun. Orchester, Kunstgeschichte und fremdsprachliches Theater für die Jahrgänge zehn bis zwölf.

Aus dem sportlichen Bereich können alle Jahrgangsstufen ein Angebot wählen. Die Arbeitsgemeinschaften Sport mit ihrem Angebot an Fußball, Handball, Basketball, Badminton, Hockey, Gymnastik, Geräteturnen und Tennis, werden entweder in der Dreifachsporthalle oder auf dem Außenareal der Schule durchgeführt. Hier aktivieren sich neben den Sportlehrkräften der Schule lokale Sportvereine, die die Sportarten Handball, Hockey und Tennis abdecken.

Die Arbeitsgruppe A 6 ist beauftragt worden, das bisherige Angebot um die Sparte „Handwerk“ und um „Soziale Nachbarschaftsprojekte“ zu erweitern. Ein handwerkliches Angebot erscheint deswegen sinnvoll, weil im Schnitt 30 % aller Absolventen der Leibniz-Schule kein Studium aufnehmen wollen, sondern eine Berufsausbildung, auch im Handwerk, beginnen möchten. Das schließt ein Studium danach nicht grundsätzlich aus, ermöglicht doch – nach skandinavischem Modell – die erfolgreiche Meisterprüfung den Studienzugang. Daher soll auch das Interesse an der gewerblichen Berufsbildung durch die Schule gefördert werden. So sinnvoll diese Initiative auch ist, so schwierig ist es, externe Handwerksmeister zur Durchführung der Arbeitsgemeinschaften für die Jahrgänge acht bis zehn an der Leibniz-Schule zu gewinnen. Traditionell legt die Schule Wert darauf, dass alle Arbeitsgemeinschaften im Schulgebäude oder auf dem Schulgelände stattfinden. Von daher scheiden eine Reihe von Gewerken von vornherein aus, da man auf die Werkräume der Schule angewiesen ist. In Kooperation mit der lokalen Handwerkskammer, die sich zur Hilfe bei der Vermittlung von Handwerkern mit Ausbildungserfahrung bereit erklärt hat, gelingt es, geeignete Kräfte am Markt zu finden. So können – vorbehaltlich der Zustimmung durch die Schulgremien – ein Tischler, ein Zweiradmechaniker und ein Steinmetz gewonnen werden, die in den Frühruhestand gegangen sind, sich aber in der Ausbildung des handwerklichen Nachwuchses noch weiter betätigen möchten. Die Finanzierung wird wie bei den sprachlichen Arbeitsgemeinschaften durch moderate Kostenbeiträge der Teilnehmer geregelt.

Die Planung, das AG-Angebot der Schule um „Soziale Nachbarschaftsprojekte“ zu erweitern, soll zunächst mit den Schüler- und Elterngremien erörtert werden, um zu prüfen, ob hier überhaupt der erforderliche Rückhalt vorhanden ist, denn es muss davon ausgegangen werden, dass das soziale Engagement der Schüler nicht ausschließlich an die Standardzeiten des Wahlpflichtbereichs gebunden ist. Zudem wird voraussichtlich mit dem Grundsatz gebrochen werden müssen, dass alle Arbeitsgemeinschaften im Schulgebäude bzw. auf dem Schulgelände durchgeführt werden. Hinzu kommen bei den „Sozialen Nachbarschaftsprojekten“ Unwägbarkeiten bei der Aufsichtspflicht durch die Lehrkräfte. Daher wird die Arbeitsgruppe A 6 für einen Aufschub des Vorhabens plädieren.

Bislang hat die Leibniz-Schule ein zweiwöchiges **Berufspraktikum** für ihre Schüler im neunten Jahrgang durchgeführt, mit dem Ziel, ihnen einen ersten Einblick in die Berufswelt zu vermitteln. Um Schülern der Sekundarstufe II einen Erstkontakt mit Studiengängen zu bieten, hatte die Schule zwei „Universitätstage“ für die Jahrgangsstufe elf eingerichtet. Auf Grund der neuen Erlasslage und der Ergebnisse statistischer Erhebungen unter den Leibniz-Schülern zum gewünschten Anschluss am Ende der Schulzeit – Studium oder Beruf? – werden Schulleiter Frank Montelius, die beiden Koordinatoren des Berufspraktikums sowie die Arbeitsgruppe A 7 den Gremien eine zweiwöchige Studien- und Berufsorientierung in der Stufe elf bzw. zehn vorschlagen. Dieses neue „Duale Orientierungspraktikum“ soll gleichermaßen auf akademische wie auf Ausbildungsberufe vorbereiten und *„junge Menschen befähigen, eigene Entscheidungen im Hinblick auf den Übergang ins Studium oder Erwerbsleben* *vorzubereiten und selbstverantwortlich zu treffen*".[160] Die Leibniz-Schüler der Jahrgangsstufen zehn und elf können aus dem Gesamtangebot an Praktikumsmöglichkeiten wählen und sich dabei zwischen Ausbildungsberufen (für die Stufe zehn) oder Universität und Fachhochschule (für die Stufe elf) entscheiden. Die örtlichen Hochschulen bieten dazu den Schulen ein Programm an, das neben der Teilnahme an Lehrveranstaltungen eine Einführung in Studium, Forschung und Lehre enthält, als auch eine Berufsberatung für angehende Akademiker. Für die programmatische Ausgestaltung der Option Ausbildungsberufe haben die lokalen Kammern für Handwerk, Industrie und Handel ein breit gefächertes Angebot an Orientierungspraktika entwickelt. Auch hier wird neben dem ersten Einblick in einen Ausbildungsberuf nach Wahl, ein Bewerbungstraining und eine Berufsberatung angeboten.

Da durchschnittlich 30 % der Oberstufenschüler an der Leibniz- Schule den Anschluss Ausbildungsberuf anstreben und der Trend zur Annäherung von akademischer Bildung und Berufsbildung erkennbar zunimmt, sehen Schulleitung, Koordinatoren und die Arbeitsgruppe A 7 diese erlasskonforme Entscheidung als sinnvoll und berechtigt an. Die gewonnenen Einsichten im „Dualen Orientierungspraktikums" sollen bewirken, dass die Teilnehmer zu *„reflektierten Berufs- und Studienwahlentscheidungen kommen und realistische Ausbildungsperspektiven zum Anschluss an die allgemeinbildende Schule entwickeln*".[161] Besonders wichtig ist Herrn Montelius, dass „seine Schulabgänger" auch in ihrer anschließenden Bildungsphase erfolgreich sind. Es ist sein Bestreben, dass Leibniz-Schüler das erworbene Wissen anwenden, die erlernten Arbeitstechniken und mentalen Haltungen wie Wertschätzung und Zuverlässigkeit, Selbstwirksamkeit und Verantwortungsbewusstsein, Frustrationstoleranz und Resilienz gewinnbringend nutzen können und so individuelle Bestätigung in ihrer nachschulischen Bildungsphase finden.

Trotz des neuen bildungspolitischen Credos der „späten Auslese" sieht der Schulleiter im anschließenden Bildungs- oder Ausbildungserfolg seiner Absolventen eine Bestätigung der Unterrichtsqualität der Leibniz-Schule und einer redlichen Dienstleistung an den Schülern. Die Leibniz-Schule möchte junge Menschen so bilden, dass sie mit diesem Rüstzeug auch den nachfolgenden

160 RdErl. d. Ministeriums für Schule und Weiterbildung (NRW) v. 21. 10. 2010. Bereinigt. Eingearbeitet: RdErl. v. 30. 4. 2012 (ABl. NRW. S. 326).

161 Ebd., Abs. 1.

Bildungsabschnitt meistern können. Frank Montelius möchte nicht, dass seinen Schülern durch „Mond-Zensuren“ und „Noten-Limbo“ aus Pseudo-Toleranz heraus überhöhte Leistungen bescheinigt werden, die unberechtigte Hoffnungen wecken und geradewegs zum Ausbildungs- oder Studienabbruch führen. Er hält ein solches Vorgehen für unverantwortlich gegenüber jungen Menschen und deren Eltern. Überdies sieht er es als kontraproduktiv für die Authentizität seiner Lehrkräfte an, die Zukunftsmentoren der Schüler sind.

Diese Vorgehensweise trifft auch auf Zustimmung bei den Mitgliedern der Arbeitsgruppe A 7. Zudem plädieren diese für eine zukünftige Förderung begabter Abiturienten durch Vorschlag bei anerkannten Stiftungen zwecks Studienbeihilfe. Gleichzeitig sollen sich die Koordinatoren für solche Absolventen einsetzen, die Schwierigkeiten haben, einen Ausbildungsplatz zu bekommen, damit entsprechend der Landesinitiative NRW kein *Abschluss ohne Anschluss* bleibt. Hier hilft ihnen das gut aufgestellte Netzwerk, das die Leibniz-Schule mit lokalen Partnern wie den AEGIS Versicherungen, der Agentur für Arbeit, regionalen Bildungsnetzwerken sowie den Kammern und der lokalen Universität und Fachhochschule unterhält, aber auch der gute Ruf, den sich die Leibniz-Schüler über Jahre hinweg an ihren Praktikumsstellen erworben haben. Eine effiziente Betreuung soll durch die Lehrer erfolgen, die in der Zeit des Praktikums die entstandenen Unterrichtsvakanzen zu Besuchen ihrer Schützlinge vor Ort und zu Gesprächen mit den dortigen Universitäts- und Ausbildungskräften nutzen. Nicht nur durch die schriftlichen Praktikumsberichte der Schüler, sondern auch durch das Echo der Betreuungslehrer entsteht für Herrn Montelius, das Lehrerkollegium und die Gremien der Eltern und Schüler ein wichtiger Überblick über den Erfolg des Dualen Orientierungspraktikums. Besonders gelungene und aussagkräftige Praktikumsdokumentationen werden an den Tagen der offenen Tür präsentiert, die die Schule zweimal pro Schuljahr anbietet. Ein Vermerk über das durchgeführte Praktikum soll auf Vorschlag der Arbeitsgruppe A 7 auf dem Zeugnis erscheinen.

Zudem wird ein zweiwöchiges **Lehrerbetriebspraktikum** anvisiert, das zunächst von den Koordinatoren in Anspruch genommen werden soll. Es gilt, Lehrern aktuelle Einblicke in Unternehmen zu vermitteln, damit sie diese Erkenntnisse an ihre Schüler weitergeben können. Gleichzeitig sollen die Lehrer aus erster Hand erfahren, welche Kompetenzen und Schlüsselqualifikationen ihre Schüler für die Berufswelt benötigen. Ein recht ermutigendes

Beispiel für das Lehrerbetriebspraktikum – so haben die Mitglieder von A 7 recherchiert – ist das Unternehmen Airbus.[162] Der Hamburger Flugzeugbauer hat schon 2009 zur Nachwuchssicherung für seine Ausbildungsplätze einwöchige Betriebspraktika für Lehrer angeboten. Die Lehrkräfte kommen – wenn auch immer noch zögerlich – in das Unternehmen, lernen die dortigen Arbeits- und Produktionsabläufe kennen und können sich in der Personalabteilung davon überzeugen, wie Auszubildende rekrutiert werden. Airbus hat auf diese Weise schon einen guten Weg in der Zusammenarbeit mit Schulen eingeschlagen. Um das Betriebspraktikum für Lehrer noch erfolgreicher zu machen, müssen – so Airbus – Bürokratiehürden abgebaut und die Akzeptanzschwelle bei den Lehrerkollegien gesenkt werden.

Der lokale Partner der Leibniz-Schule, die AEGIS-Versicherungen, die seit einigen Jahren Bewerbungstrainings mit den Schülern durchführen, und dabei schon zukünftige Talente für den eigenen Bedarf ausmachen, erklären sich auch bereit, den örtlichen Lehrkräften, allen voran den Koordinatoren des Dualen Orientierungspraktikums, ein Betriebspraktikum zu ermöglichen. Die Koordinatoren der Leibniz-Schule werden die ersten sein, die ihr bisheriges Basiswissen über die Berufswelt auffrischen können.[163]

6.4 Ein Mehrwert für die Schulgemeinschaft

Schulkleidung oder gar Schuluniformen haben im Gegensatz etwa zum Vereinigten Königreich, einigen Mittelmeerländern, Asien und Russland in Deutschland kaum Tradition. Gab es noch in der Kaiserzeit sogenannte Schülermützen, so ist die Uniform nach dem Zweiten Weltkrieg im Wesentlichen auf Bundeswehr und Polizei beschränkt. Alles Uniformierte – so die bildungspolitischen Vorbehalte der Zeit nach dem Zweiten Weltkrieg – steht im Gegensatz zur freiheitlich-demokratischen Grundordnung, die als schulisches Erziehungsziel vermittelt werden soll.

Erst im letzten Jahrzehnt beschäftigen sich Schulen wieder mit dieser Frage, um den sogenannten Markenfetischismus entgegenzuwirken. Dabei geht

162 Vgl. hier und im Folgenden: M. Wisocki 2009.

163 Die Städtische Gesamtschule Nettetal ist für ihr prämiertes Konzept zur Berufsfindung bekannt. Sie hat es mit einem Maßnahmenpaket von Förderverein, Tag der Berufsvorstellungen sowie Berufseinstiegs-Coaches erreicht, dass fast alle Schüler nach der zehnten Klasse ihren Wunsch-Ausbildungsplatz bekommen. Vgl. dazu die Berichterstattung im Kölner Stadt-Anzeiger durch B.A. Cepielik vom 08.05.2015.

es nicht um eine einheitliche Uniform, sondern um Schulkleidung, die Schüler mitentwerfen und aus Anbieterkollektion aussuchen können. Die Einwilligung insbesondere der Schülerschaft wird verständlicherweise als Voraussetzung für die Anschaffung von Schulkleidung gesehen. Deshalb bittet Schulleiter Montelius, der diese noch offene Frage von seiner Vorgängerin im Amt übernommen hat, die Schülervertretung, eine breite Meinungsbildung zu dieser Frage herbeizuführen. Die Klassen- und Stufensprecher diskutieren mit großem Engagement Fragen wie: Vor- und Nachteil von Schulkleidung, Einführung ja oder nein, Schulkleidung als sichtbarer Ausdruck des Zusammengehörigkeitsgefühls mit der Schule (Corporate Design) und Schulkleidung als Mehrwert für die Leibniz-Schule.

Die Diskussion innerhalb der Schülerschaft endet mit dem Beschluss: Keine Schulkleidung an der Leibniz-Schule! Die Begründung lautet, dass Schulkleidung nicht zum Leibniz-Schulprogramm passt, das auf eine freiheitlich-demokratische Erziehung der Schüler Wert legt. Es passt nach Ansicht der Schüler auch nicht zu den vermittelten Schlüsselqualifikationen wie Selbstwirksamkeit und Verantwortungsbewusstsein. Da sie das Leibniz-Schul- und Lernkonzept befürworten und verinnerlicht haben, benötigen sie keine Schulkleidung als optisches Merkmal von Corporate Design. Sie fühlen sich ihrer Schule auch ohne spezielle Schulkleidung verbunden und mitverantwortlich für die Gestaltung des Schullebens.

Die Schülervertretung unterzeichnet stattdessen eine Versicherung im Namen aller Schüler, in angemessener Kleidung zum Unterricht und zu Schulveranstaltungen zu erscheinen. Sie erklärt sich gegenüber der Leitung und den Gremien der Leibniz-Schule bereit, an der Erarbeitung eines Konzepts von Corporate Social Responsibility (CSR) mitzuarbeiten. Gerade hierin sehen die Schüler einen erklärten Mehrwert für die Schulgemeinschaft, der sich über die Grenzen des Schulareals hinaus positiv auswirken wird.

Zudem lassen die Schüler ein altes Desiderat wieder aufleben: Sie stellen den Antrag auf Gründung einer sogenannten **Schülerfirma**. Ziel der Schülerfirma soll das Betreiben des Kiosks während der großen Pausen am Vormittag sein. Die bisherige Bewirtschaftung durch das in den Ruhestand gegangene Hausmeisterehepaar Huber kann durch den inzwischen nachgefolgten Hausmeister Wilkens nicht mehr geleistet werden, da der derzeitige Umbau der Werkräume im Schulgebäude seine Kräfte völlig bindet.

Die Idee der Schülerfirma ist keineswegs neu; sie wurde bereits 1994 durch das Institut der Deutschen Wirtschaft (IW) in Köln mit dem Programm JUNIOR[164] ins Leben gerufen und vom Netzwerk „*Schule*Wirtschaft" unterstützt. JUNIOR – inzwischen in 15 Bundesländern präsent und von den Schulministerien offiziell als Schulprojekt anerkannt – bietet den jungen Gründern von Schülerfirmen den rechtlichen und den organisatorischen Rahmen an. Dazu bietet JUNIOR ein umfangreiches Servicepaket wie Beratung und Betreuung, Workshops, und Informationsmaterial sowie Hilfestellung bei der Teilnahme an Wettbewerben auf Landes- und Bundesebene. 2008 wurde die IW JUNIOR gemeinnützige GmbH als Tochtergesellschaft des IW gegründet. Seitdem sind dort die Programme JUNIOR, Fit für die Wirtschaft und das Netzwerk Schule und Wirtschaft angesiedelt. Seit 2014 wird das JUNIOR-Programm in drei Varianten angeboten: JUNIOR basic, advanced und expert. In Köln z.B. sind die gegründeten Schülerfirmen zudem im Netzwerk Kölner Schülerfirmen (hhtp://www.koelnernetzwerkschuelerfirmen.de) organisiert.

6

Was sind nun eigentlich Schülerfirmen und welche Absicht verfolgen sie? Schülerfirmen sind pädagogische Projekte mit wirtschaftlichem Schwerpunkt an Schulen. Sie bieten Schülern die Gelegenheit, sich praxisorientiert mit Wirtschaftsthemen innerhalb der Schule auseinanderzusetzen und dabei erste berufliche Erfahrungen als „junge Gründer" zu machen. Dabei werden sie von Lehrkräften unterstützt. Eine Gruppe von Schülern gründet eine „Firma" (keine echte); sie bietet gegen echtes Geld reale Produkte oder Dienstleistungen im Schulumfeld an. Die Schülerfirma wirtschaftet innerhalb gesetzlich vorgeschriebener Geringfügigkeitsgrenzen.[165] Sie agiert also in begrenztem Rahmen und Aktionsradius und stellt erklärtermaßen keine Konkurrenz zu lokalen Unternehmen dar, zumal sie sich ausschließlich auf Marktlücken der jeweiligen Schule konzentriert. Besonders beliebt sind Geschäftsideen rund um die schulische Verpflegung. Andere Geschäftsfelder sind z.B. Event-Service oder Verkauf von Büromaterialien.

Die Absichten, die Schülerfirmen verfolgen, sind vorwiegend pädagogischer Natur. Lernen für die Zukunft, Berufsvorbereitung – etwa durch Erstellung eines Business Plans und Buchführung –, aber auch Übernahme von

164 Vgl. hier und im Folgenden URL: http://www.junior-programme.de.

165 SCHÜLERFIRMEN werden daher nicht zur Steuererklärung veranlagt; vgl. dazu URL: http://www.koelnernetzwerkschuelerfirmen.de.

Verantwortung, Arbeiten im Team, Selbstwirksamkeit und Zuverlässigkeit sind gefragt.

Die Leibniz-Schüler planen die Bewirtschaftung des Schulkiosks mit frisch belegten Brötchen, Joghurt und Getränken zur Versorgung ihrer Mitschüler in den großen Pausen während des Schulvormittags. Sie werden von der Gründung ihrer Schülerfirma über Ausarbeitung des Business Plans, Anlage der Buchführung, Angebots- und Preiserstellung wie auch im operativen Geschäft durch die Verbindungslehrer der Schülervertretung begleitet. „Deli Corner" soll die Schülerfirma heißen. Sie wird auf frische und gesunde Produkte Wert legen und bei Joghurt und Getränken unnötig hohe Fett- und Zuckerbeigaben meiden. Vor allem wollen die „Jungunternehmer" auf überflüssigen Verpackungsballast verzichten. Die Schüler werden der Schulleitung und den Gremien eine angemessene Angebots- und Preisübersicht vorlegen, ihnen ihre Einkaufsquellen offen legen und ein Geschäftskonto bei der Aktiv-Bank in der Nachbarschaft eröffnen, um ihre Tageseinnahmen dort einzuzahlen. Ihnen ist bewusst, dass sie auf Hygienevorschriften streng achten müssen und mit Kontrollen durch Gesundheits- und Ordnungsamt zu rechnen haben. Wenn „Deli Corner" erfolgreich ist, soll möglicherweise noch eine zweite Schülerfirma namens „RepaRad" gegründet werden, die aus der geplanten AG „Zweiradmechanik" hervorgehen soll. „RepaRad" soll eine Serviceleistung erbringen, indem sie der Schulgemeinschaft Fahrradreparaturen aller Art anbietet.

Wie soll ein zu erwartender Gewinn verwendet werden? Einerseits müssen Rückstellungen für Einkäufe, notwendige Anschaffungen und Unkostenbeiträge zu Strom und Wasser bedacht werden. Andererseits soll der Überschuss einem gemeinnützigen Zweck zugutekommen. Hier haben die dreizehn Gründer aus den Stufen zehn und elf folgenden Vorschlag zu machen: Ein Drittel des Reingewinns soll in die Renovierung des Schulkiosks „Deli Corner" gehen; ein weiteres Drittel in die weitere Ausstattung der Schüleraufenthaltspunkte im Gebäude, und das letzte Drittel soll einem sozialen Projekt im Wunschberger Umfeld der Leibniz-Schule zugewendet werden. Über diesen Vorschlag und die Auswahl des sozialen Nachbarschaftsprojekts soll zunächst die Schülervertretung entscheiden, bevor sie ihren Beschluss der Schulleitung und den Elterngremien vorlegt. Die letzte Schulkonferenz vor den Sommerferien entscheidet endgültig darüber, denn „Deli Corner" soll zum neuen Schuljahr an den Start gehen und ein Mehrwert für die Leibniz-Schulgemeinschaft werden.

Über die Gründung der Schülerfirma hinaus legt die Schülerschaft einen weiteren Antrag vor: Die Schule möge ein **Jahrbuch** herausgeben, das über alle wichtigen Ereignisse im Schulleben berichtet, Klassenfotos mit Namen der Abgebildeten enthält, neue Lehrer und Mitarbeiter in Verwaltung, Betreuung und Service vorstellt, die besten Praktikumsberichte präsentiert und den Schulverein sowie die lokalen Partner der Schule in Wirtschaft, Handwerk und Studium vorstellt. Natürlich dürfen Unterricht, Arbeitsgemeinschaften, Lehrerfortbildungen und die Schülerfirma darin nicht fehlen. Die Schüler wissen, dass sie dabei das Recht am eigenen Bild jedes Mitglieds der Schulgemeinschaft respektieren müssen.

Herr Montelius zeigt sich offen für diese Idee und schlägt vor, eine Redaktionsgruppe zu gründen, die neben ihm je weitere vier Mitglieder aus dem Kreis der Lehrer und Schüler hat. Das Jahrbuch soll im November eines jeden Kalenderjahres erscheinen und an den Tagen der Offenen Tür präsentiert und verkauft werden. Darüber hinaus soll es auch auf dem Weihnachtsbasar zum Kauf angeboten werden. Schulleiter Montelius wird sich um eine geeignete Druckerei bemühen, die einen fairen Preis anbietet. Der Reinerlös soll grundsätzlich zu einem Teil dem Förderverein der Leibniz-Schule zugewendet werden, die die Anschubfinanzierung übernehmen wird; zum anderen Teil soll der Erlös dem von der Schulkonferenz auszuwählenden „Schulprojekt des Jahres“ zufließen.

Nachdem die Konzepte aller sieben Arbeitsgruppen sowie der Schülerschaft präsentiert, erörtert und beschlossen wurden, nimmt sich die Schulgemeinschaft Zeit, den erreichten Stand der Schulentwicklung an der Leibniz-Schule zu reflektieren. Sie stellt fest, dass durch den Grundstein der CRM-Methodik und den daraus passgenau weiter entwickelten Strategien und Lernkonzepten für Schüler, Eltern und Lehrer ein nachhaltiges, in sich geschlossenes Ganzes aus formellem und informellem Curriculum entstanden ist, das sich in der entstandenen mentalen Haltung der Akteure „Wir für unsere Schule“ niederschlägt. Es wird deutlich, dass diese Lernkultur – ganz nach HATTIE – das Lernen an der Leibniz-Schule „sichtbar“ gemacht hat.[166] Die erreichten Verbesserungen richten sich darauf, die gemeinschaftlichen Fähigkeiten von Lehrkräften und

166 Vgl. hier und im Folgenden HATTIE 2014, S. 171ff.

Schülern, aber auch von Eltern, aufzubauen und „Erfolg auszuweisen. Dies betrifft nicht lediglich die Leistungen. Es umfasst auch, Lernen zu einem wertgeschätzten *Outcome*[167] zu machen: indem das Interesse der Schüler (…) am Lernen bewahrt wird, indem sie dazu gebracht werden, sich selbst und andere zu respektieren, indem Vielfalt anerkannt und wertgeschätzt wird und indem eine Gemeinschaft aufgebaut wird".

CRM hat eine Lernkultur entstehen lassen, die zu einem positiven Selbstverständnis der Schule nach innen und außen geführt hat. CRM hat in diesem grundlegenden Sinn die **Corporate Identity** (CI) – das „Wir-Bewusstsein" der Leibniz-Akteure geformt. Das ursprünglich im Bereich Wirtschaft entstandene CI-Konzept *„soll nach innen eine Unternehmenskultur als Netzwerk von gelebten Verhaltensmustern und Normen etablieren und sicherstellen. Corporate Identity wird von der Vielzahl der Entscheidungsbeteiligten auf der Basis eines einheitlichen Unternehmensbildes bzw. Firmenimages und Unternehmensleitbildes entschieden und gehandelt"*.[168] Schulleiter Frank Montelius und seinen Mitentscheidern ist es – aufbauend auf der CRM-Methodik und mit den Mitteln des CI-Konzepts – gelungen, Führung zu Gemeinsamkeit durch Kommunikation zu generieren. Das Selbstverständnis der Schule ist durch die CRM-Justierung geschärft und elementare Strategien daran ausgerichtet worden. Dazu gehören

1. Technologieorientierung: Leibniz-Net und Digitalisierung von Unterricht durch Lernen mit Tablets;
2. Profil der Schule: CRM, hohe Professionalität, vernetzt mit dem Schulumfeld;
3. Beziehung zu Mitarbeitern und Kunden, hier: Lehrern, Schülern und Eltern durch Authentizität, Geschlossenheit, Wertschätzung und Professionalität sowie Fokussierung auf eine Maximierung von Lernzeit und
4. verhaltenssteuernde Normen, hier: Kodex, Regeln und Rituale, Störungsprävention und Gelb-Rot-Intervention.

Corporate Identity zeigt sich durch eine Geschlossenheit in Handeln und Kommunikation (Corporate Behaviour und Corporate Communication); an

167 Als *Outcomes* werden die Resultate des Lernens bezeichnet. Diese können kognitiv, affektiv und motorisch sein und können kurzfristig oder erst nach längerem Abstand zum Lernereignis auftreten. Sie können Wissen und Können in den Fächern (Erstsprache, Fremdsprachen, Mathematik, Naturwissenschaften, Sport, Kunst usw.) darstellen oder auch methodische, personale oder soziale Kompetenzen. In der Regel sind sie in den Lernzielen als angestrebte Resultate des Lernens formuliert. Vgl. Glossar zu Hattie 2014 (URL: www.lernensichtbarmachen.net).

168 Esch 2013 Stichwort „Corporate Identity".

der Leibniz-Schule manifestieren sich diese Elemente an der gemeinsamen Ausrichtung an CRM, Lehrerräumen, Klassenleitungsteams, kollegialer Fallberatung, Informationsveranstaltungen für Eltern. CI wird sichtbar durch Corporate Design. Hier ist – wenn auch nicht uniform – der Dresscode der Leibniz-Lehrer zu erwähnen. Der Antriebsmotor von Corporate Identity sind „Qualitätszirkel“; an der Leibniz-Schule hingegen sind es neben der Schulleitung die Arbeitsgruppen und eine initiative Schülerschaft.

Durch diese Entwicklung an der Leibniz-Schule ist bereits jetzt ein hohes Maß an Synergien von Handlungsabläufen und Planungen entstanden, die zur Entschleunigung von Tageshektik, zum Abbau von Lärm und Stress, zum Rückgang von Krankmeldungen durch Lehrkräfte, zum schonenderen Umgang mit Ressourcen und zu Konzentration auf eine motivierende Lernzeit für Schüler geführt haben. Nach aktuellen Rückfragen hat die Zufriedenheit bei Schülern und Eltern mit der Dienstleistung der Leibniz-Schule ständig zugenommen. Insgesamt ist die Motivation aller Schulakteure merklich gestiegen und ein „Wir-Gefühl“ als tragendes Element entstanden.

6.5 Ein Markenzeichen für die Öffentlichkeitswahrnehmung der Schule

Dem Schulumfeld ist diese positive Weiterentwicklung, das gelebte CI-Gelingen, nicht entgangen, denn die von den Leibniz-Akteuren ausgehenden Kommunikations- und Handlungssignale sind deckungsgleich mit der eingeführten CRM-Methodik und dem adjuvanten Regelwerk (CRM & Co.). Man nimmt wahr, dass die Schule verlässlich und vertrauenswürdig ist, dass Zuständigkeiten klar geregelt sind und dass Schulleitung sowie Lehrerschaft eine bemerkenswerte Expertise, Authentizität und Professionalität besitzen. Es hat sich herumgesprochen, dass Unterrichtsqualität das vorderste Anliegen der Leibniz-Schule ist und dass Förderung, motivierende Lernzeit sowie die *Outcomes* der Schüler einen hohen Stellenwert einnehmen. Abgänger der Leibniz-Schule werden von ihren Abnehmern in Hochschulen und Ausbildungsberufen geschätzt wegen ihres Leistungsniveaus und ihrer real-sozialen Kompetenz. Sie sind bekannt dafür, dass sie nicht nur reden, sondern auch denken und handeln können. Es geht das Wort um: „Die vom Leibniz – die können was!“ Die Eltern in Stadtteil und Schulbezirk registrieren wertschätzend, dass die Leibniz-Schule innen wie außen ein gepflegtes Bild bietet und melden ihre

Kinder weiterhin bevorzugt dort an – nicht, „weil die am Leibniz gute Noten geben“, sondern weil die Schule ihnen ein verlässlicher und qualitätvoller Bildungs- und Erziehungspartner ist, der ihre Kinder auch den nachschulischen Bildungsabschnitt meistern lässt. Zunehmend zeigen sich lokale Partner aus den Bereichen Soziales, Sport, Ausbildung und Hochschule bereit, Kooperationen mit der Leibniz-Schule einzugehen.

Die Stärkung der externen Wahrnehmung seiner Schule ist Schulleiter Frank Montelius ein wichtiges Anliegen. Er möchte die **Öffentlichkeitsarbeit** auf verschiedenen Ebenen verankern und intensivieren: Zum einen über digitale Kommunikationskanäle wie Website und Leibniz-Net und zum anderen über personelle Kommunikationskanäle wie Tage der Offenen Tür, Jahrbuch, Elterninformationsveranstaltungen sowie Theater- und Musikdarbietungen der Arbeitsgemeinschaften. Ein dritter Kommunikationskanal „Anschluss nach dem (Schul-)Abschluss“ soll über das Duale Orientierungspraktikum, das Segment „Handwerk“ im Bereich Schülerarbeitsgemeinschaften und ein geplantes Elternberatungszentrum hinaus in Richtung Bildungsabnehmer verstärkt werden. Diese drei Säulen der Öffentlichkeitsarbeit ordnen sich dem Credo der Leibniz-Schule unter: Bildung für die Zukunft. Schüler zukunftstauglich zu machen geschieht durch den pädagogischen Grundbaustein CRM: durch vielseitige Anregungen zu motiviertem Lernen und Erproben sowie zur Selbstwirksamkeit, aber auch durch Lernen mit Tablets und digital basierten Unterrichtsphasen, d.h., durch eine Vielzahl von aufeinander abgestimmten Inputs.

Auch eine professionelle **Jahresterminplanung** unter Bündelung von Aktivitäten soll zu einer verlässlichen Außendarstellung der Leibniz-Schule beitragen. Eine gute Organisation des Unterrichtsablaufs ist auch dazu gedacht, den Lehrkräften einen geschützten Freiraum für Unterricht und Erziehung zu garantieren. Es soll ihnen nicht so ergehen wie ➲ **(07) Lehrer Richter**[169] aus dem Nachbarort, der Herrn Montelius bei einem Vorstellungsgespräch über die Organisationsmängel seiner bisherigen Schule berichtete. Eine professionelle Organisation zielt auf einen möglichst reibungslosen Unterrichtsablauf ab, aber auch darauf, Lehrern den Rücken frei zu halten für die eigentlichen Ziele der Schule und sie von Auswüchsen an Verwaltungs- und Organisationsballast zu befreien.

169 Vgl. S. 5.

Frank Montelius ist Mitglied der Internationalen Schulleitervereinigung und hört sich dazu auf der diesjährigen Tagung in Helsinki um. Er erhält Anregungen von Kollegen aus Skandinavien, den Niederlanden, USA und dem Vereinigten Königreich. Zurück am Schulort Wunschberg durchforstet Herr Montelius zunächst den Dschungel der bisherigen Schuljahrestermine. Er wird dem Kollegium und den Gremien folgende Vorschläge zu einer stärkeren Bündelung von Synergien und einem sparsameren Umgang mit Ressourcen machen:

- Beibehaltung der Klausurwochen für die Oberstufe und analog dazu Bündelung der Klassenarbeiten in Klassenarbeitswochen.
- Feste wiederkehrende Zeiträume für Studien- und Klassenfahren, die jeweils schon im Vorjahr gebucht werden.
- Bündelung von Abendterminen an der Schule:
  - Der Schulkonferenz sollen am selben Abend in einem 90-minütigen Zeitfenster die Sitzungen der Fraktionsgremien von Lehrern, Eltern und Schülern vorausgehen. Eine Ausnahme bilden hier die konstituierenden Sitzungen der Gremien zu Schuljahresbeginn mit längeren Wahldurchgängen. Für eine kontinuierliche und umfassende Information zu den anstehenden Punkten der Tagesordnungen wird in Gesprächen und via Leibniz-Net gesorgt.
  - Alle Schulaufführungen sollen in zwei halbjährlichen „Musik- und Theaterwochen" präsentiert werden.
  - Elternabende zu Schuljahresbeginn sollen an zwei Abenden stattfinden. Zeitlich vorgelagert soll die Sitzung des Fördervereins der Schule einberufen werden.
- Zur besseren Zeitplanung der Beteiligten sollen die Einladungen zu Konferenzen und Sitzungen grundsätzlich neben dem Beginn und der Tagesordnung auch das zeitliche Ende der Veranstaltung enthalten. Die Punkte, die bis zum angegebenen Schlusszeitpunkt nicht behandelt werden konnten, werden automatisch auf die folgende Sitzung verschoben. Alle Einladungen und Protokolle sollen ausschließlich in elektronischer Form an die Mitglieder verschickt werden. Zusätzlich werden sie in das Leibniz-Intranet eingestellt.
- Für Lehrkräfte, die für die angekündigten Lehrer- und Fachkonferenzen wider Erwarten keine Betreuungsmöglichkeit für Ihre Babys und Kleinkinder haben, bieten die Schüler des Leistungskurses Pädagogik eine Betreuung während der Konferenzdauer gegen Bezahlung an. Die Pädagogik-Schüler halten es für wichtig, die erlernten Theorien über das Verhalten und die

Erziehung von Kindern in frühem Alter mit der Praxis abgleichen zu können. Die Dienstleistung der Schüler wird vom recht jungen Leibniz-Kollegium an Konferenztagen fast regelmäßig in Anspruch genommen.

- Zur Entlastung in bürokratischer Hinsicht soll den Lehrkräften der über Passwörter geschützte Eintrag von Schülerleistungsdaten in die Lehrer-Partition von Leibniz-Intranet ermöglicht werden.
- Zu ihrer rechtlichen Unterstützung werden neben geprüften Vertragsmustern zum Abschluss von Kurs- und Klassenfahrten, Aufgabenlisten und hilfreiche Tipps zur Durchführung von Elternklassenkonferenzen in das Leibniz-Intranet eingestellt. Dazu werden eine stets aktuell gehaltene Fassung des geltenden Schulrechts sowie ein Rechtslexikon und eine Sammlung von aktuellen Rechtsfällen vorgehalten.

Die Jahresplanung soll im Entwurf zu Beginn des Schuljahres durch die Schulleitung vorgestellt werden. Nach Rücksprache mit den Gremienvertretern wird die Zeitplanung für das erste Halbjahr festgelegt und zunächst eine Terminvorschau für das zweite Schulhalbjahr gegeben, die zum gegebenen Zeitpunkt aktualisiert wird. Alle Zeitplanungen sind für die gesamte Schulgemeinschaft in der offenen Plattform des Leibniz-Net zu lesen. Es erscheint auch die Übersicht über die Sprechstunden der Lehrkräfte. Ebenso wird auf anliegende Baumaßnahmen, verbunden mit Raumänderungen, hingewiesen sowie krankheitsbedingte, längerfristige Vertretungen bekanntgegeben und die Vertretungslehrkräfte vorgestellt.

Als nächstes setzt sich Frank Montelius mit der Schülervertretung ins Benehmen, die sich bereit erklärt hatte, bei der Erarbeitung eines Konzepts von **Corporate Social Responsibility (CSR)** mitzuarbeiten, weil sie hierin eine besonders positive Außenwirkung ihrer Schule sieht. Herr Montelius greift die Vorstellung der Schüler gern auf, zumal auch ihm die Stadtteilbindung seiner Schule am Herzen liegt. Immerhin befindet sich ja noch die Sparte „Soziale Nachbarschaftsprojekte“ des Wahlpflichtbereichs Arbeitsgemeinschaften in der Warteschleife.

Die Mitglieder der Schülervertretung, die zu Herrn Montelius gekommen sind, sind gut vorbereitet. Sie haben im Grundkurs Sozialwissenschaften gelernt, dass CSR bedeutsamer geworden ist. Sie wissen aus dem Unterricht, dass „von Unternehmen heute nicht nur erwartet wird, dass sie sich zu ihrer gesellschaftlichen Verantwortung bekennen, sondern ebenso der Nachweis, dass sie dieser gerecht werden".[170] Dieser Nachweis wird durch „Übernahme von gesellschaftlicher Verantwortung" und einer damit verbundenen „Positionierung als guter Partner in der Gesellschaft" erbracht. Allerdings: „CSR hat weniger etwas mit Gutmenschentum zu tun, sondern ist Bestandteil eines guten Managements." Die daraus resultierenden Vorteile heißen optimierte Kundenbindung, stabiles Engagement der Mitarbeiter, gesteigerte „Ressourceneffizienz" und Zugang zu affinen Marktsegmenten.

Durch welches CSR-Modell kann unsere Schule ein guter Partner von Nachbarschaft und Stadtteil werden? Welche CSR-Initiative passt zu unserer programmatischen Ausrichtung? Welcher Imagezuwachs für die Leibniz-Schule könnte in der öffentlichen Wahrnehmung dadurch generiert werden? Das sind die Fragen, die sich die Schüler gestellt und worauf sie ihre Konzepte gegründet haben. Sie schlagen Herrn Montelius zwei CSR-Initiativen vor:

1. Nach Genehmigung durch die Kommune Wunschberg und unter Anleitung ihrer Vertrauenslehrer will die Schülervertretung (SV) eine Patenschaft für den Spielplatz in unmittelbarer Nähe der Schule übernehmen. Die Schüler planen, das Spielareal sauber zu halten, auf die Leerung der Papierkörbe zu achten, Geräte und Bänke zu pflegen, Schäden frühzeitig an das zuständige Amt zu melden und Optimierungsvorschläge einzureichen. Außerdem wollen sie sich an drei Tagen in der Woche den Spielplatzbesuchern vorstellen und mit ihnen ins Gespräch kommen. Sie möchten außerdem ihre Initiative in der Nachbarschaft vorstellen und dafür werben. Über diese Kommunikationskanäle können die Schüler die Leibniz-Schule bekannt machen und von ihrem Schulalltag berichten. Die Schüler legen Wert darauf, dass die Patenschaft durch die Leibniz-Schule öffentlich bekannt gemacht wird. Deshalb soll die Stadt Wunschberg ein Schild mit dem entsprechenden Hinweis auf dem Spielplatz aufstellen.
2. Die Schüler der Leibniz-Schule planen, der nahe gelegenen Käthe-Kollwitz-Grundschule ein Sportprojekt vorzuschlagen: Da die Grundschule nicht genügend personelle und räumliche Kapazitäten hat, um Arbeitsgemeinschaften für ihre Schüler anbieten zu können, möchten sie der Grundschulleitung anbieten, zwei Arbeitsgemeinschaften für ihre Primarschüler in der Mehrfachsporthalle der Leibniz-Schule durchzuführen. Zum einen

170 Vgl. hier und im Folgenden Lin-Hi 2013, Stichwort „Corporate Social Responsibility".

soll Tischtennis angeboten werden, zum anderen Volleyball. Vier Schülern der Leibniz-Schule besitzen die erforderlichen Gruppenleiterscheine und erklären sich bereit, die Arbeitsgemeinschaften am späteren Nachmittag durchzuführen. Auf diese Weise können die Kollwitz-Schüler schon Bekanntschaft mit den Leibniz-Schülern schließen und auch deren Schule kennenlernen. Wenn sich die Schulleitungen einig werden und die Arbeitsgemeinschaften Zuspruch finden, kann daraus eine Schulkooperation für die Zukunft werden.

Schulleiter Montelius gefallen die Vorschläge seiner Schülervertreter. Er erklärt sich bereit, nach Auswahl und Zuschlag durch die Schulkonferenz erste Gespräche anzubahnen, um die CSR-Projekte anzuschieben. Der Rest soll durch die SV bewerkstelligt werden.

Auf der Tagung der Internationalen Schulleitervereinigung in Helsinki hat Frank Montelius mit Kollegen aus den USA, Großbritannien und Australien über deren CSR-Konzepte zur **Kooperation mit Eltern** gesprochen. Dabei hat ihn besonders interessiert, wie die amerikanischen Schulen ihre Schülereltern beraten und welche Organisationsformen sie pflegen. Natürlich kann man nicht alles eins zu eins auf die deutsche Schullandschaft übertragen – dessen ist sich Herr Montelius sehr wohl bewusst –, aber er möchte doch einige Anregungen aufgreifen. Der Leibniz-Schulleiter stellt fest, dass es seinen Gesprächspartnern ebenfalls auf ein Klima von Offenheit und Wertschätzung ankommt. Eltern von Schülern werden nicht als „störende Elemente“ des täglichen Unterrichtsablaufs und als „notwendiges Übel“ angesehen, die man ebenso lustlos wie nichtssagend an zwei Elternsprechtagen im Jahr abfertigt, sondern sie werden wertgeschätzt als Klienten und Erziehungspartner. Die amerikanischen Schulleiter berichten von einem kontinuierlichen Dialog mit den Eltern ihrer Schüler. Dem regelmäßigen Informationsaustausch zwischen Lehrern und Eltern zugunsten des Kindes wird in den USA, aber auch in den britischen Schulen, große Bedeutung beigemessen. Herr Montelius hört auch von der guten Stadtteilvernetzung v.a. der amerikanischen Schulen.

Die Parent-Teacher Association (PTA)[171] wurde 1897 in Washington D.C. auf nationaler Ebene ins Leben gerufen und in der Folge in Großbritannien und Australien – hier als Parents and Friends Association (P&F) – eingeführt. Im

171 Vgl. hier und im Folgenden URL: http://www.pta.org.

Vereinigten Königreich ist die PTA in den meisten öffentlichen wie privaten Bildungseinrichtungen vom Kindergarten bis zum achten Schuljahr vertreten. In den USA ist die PTA mit ihren Slogan „*One child one vote*" ein Netzwerk von Millionen Familien, Schülern, Lehrern Verwaltungen und Spitzenleuten aus Wirtschaft und Kommunen. Die Parent-Teacher Association hat sich dem Ziel verschrieben, den Bildungserfolg von Kindern „*from cradle to career*" zu fördern und das Engagement der Familien für die Schulen voranzubringen. Sie ist in den genannten Ländern auf nationaler wie auf lokaler Ebene vertreten. Mit ihren Vorschlägen zur Verbesserung der Lage von Kindern hinsichtlich Bildung, Gesundheit und Sicherheit wirkt die Organisation beratend bei der Gesetzgebung dieser Nationen mit. Ihre Hauptschwerpunkte sind Inklusion, Vorschule, gesetzliche Regelungen zur Kinderarbeit, gesundes Schulessen, Impfpflicht, Jungendstrafrecht, Bildungsgesetzgebung und Sicherheit in der Schule.

In den USA spielen dabei die Sponsoren aus der Wirtschaft – z.B. AXA US oder Kindle – eine große Rolle in der finanziellen Unterstützung der PTA. So gewährt AXA Stipendien, während Kindle die Aktion „Family Reading Experience" sponsert. Lehrer werden darin fortgebildet, wie sie Eltern für den Schulerfolg ihrer Kinder sensibilisieren können. In Parent-Teacher Conferences kommen beide Seiten als Erziehungspartner zusammen und beraten, auf welche Weise sie Schüler zum Lernerfolg führen können.

Herr Montelius wägt das Gehörte ab. Platte Produktwerbung – auch unter dem Deckmantel des Wissenserwerbs – scheidet auf Grund der schulrechtlichen Bestimmungen[172] von vornherein aus. Die Vernetzung der Schule im Stadtteil sowie mit lokalen Akteuren in weiterführender Bildung, Wirtschaft und Organisationen erscheint ihm für die Leibniz-Schule weiterhin ausbaufähig. Dem Schulleiter schwebt ein Elternberatungszentrum (EBZ) vor, in dem zukünftig nicht nur die Informationsveranstaltungen für Eltern, sondern auch Eltern- und Schülerberatungen zu Fragen von schulischen und nachschulischen Bildungsoptionen angeboten werden. Im EBZ sollen Elternfortbildungen zu einzelnen Themen wie Leistungs-, Förder- und Erziehungsfragen und zu Übergängen zwischen den Bildungseinrichtungen stattfinden. Für die räumliche Unterbringung des EBZ ergibt sich eine günstige Gelegenheit.

172 Schulgesetz NRW § 55 Abs. 1.

Der neue Hausmeister Bartels als Nachfolger von Herrn Wilkens hat mit seiner Familie einen Bungalow auf dem Nachbargrundstück des Schulgeländes bezogen, da die vorhandene Hausmeisterwohnung im Schulgebäude für ihn zu klein ist. Das kommt Herrn Montelius zur Einrichtung des EBZ gerade recht. Er nimmt deshalb Gespräche mit der Schuldezernentin von Wunschberg, Frau Dr. Jana Gross, auf. Frau Dr. Gross ist eine ebenso engagierte wie zukunftsoffene Dezernentin, der eine breit gefächerte Schulentwicklung in ihrem Bereich ein Herzensanliegen ist. Daher genehmigt sie das EBZ-Vorhaben der Leibniz-Schule als innovatives Projekt und bewilligt auch die Grundausstattung mit Mobiliar und Medien.

Der Schulleiter trägt dieses erfreuliche Ergebnis seiner Lehrerschaft vor, die unter der Bedingung zustimmt, dass das EBZ regelmäßig von Vertretern des Schulpsychologischen Dienstes und des Jugendamtes, des Regionalen Bildungsnetzwerks, der Fachhochschule und Universität sowie der Berufsberatung durch die Arbeitsagentur unterstützt wird. So sehr die Lehrer auch die Initiative gutheißen, so sehr wissen sie auch, dass sie diese zusätzliche Aufgabe nicht noch über ihr Kerngeschäft Unterricht und ihre Mehrarbeit im Rahmen des informellen Curriculums schultern können. In der Lehrerkonferenz werden folgende Ziele für das EBZ formuliert:

- So wie die Schule selbst soll auch das EBZ von Wertschätzung, Professionalität und Authentizität geprägt sein.
- Das Beratungsprogramm soll die Bereiche Bildung, Erziehung, Inklusion und Förderung von Schülern für den schulischen Bereich umfassen. Für den nachschulischen Anschluss sollen Berufs- und Studienberatung hinzukommen.
- Die bisherigen Informationsveranstaltungen für Eltern sollen im EBZ weitergeführt und ausgebaut werden.
- Die Kooperation zwischen Lehrerschaft und Eltern soll in Richtung auf eine Erziehungs- und Bildungspartnerschaft intensiviert werden. Eltern sollen mehr über Schulsystem und Bildungswege informiert werden, damit sie in die Lage versetzt werden, zusammen mit ihren Kindern die Bildungslaufbahn zu beraten und zu planen.

Die Leibniz-Schule plant folgende Interessensbereiche für die Kooperation mit den Erziehungsberechtigten:

- Regelmäßiger Kommunikationsaustausch;
- Aufgabenteilung von Schule und Elternhaus;
- Lernförderung von Kindern durch Eltern;
- Information über das Bildungssystem und die Bildungslandschaft in Wunschberg;
- Stärkung der Kooperation mit den lokalen Akteuren in Bildung, Wirtschaft, Verwaltung und Organisationen mit der Zielsetzung „Schüler zukunftsfähig machen".

Nach Beschluss durch die Schulkonferenz soll das EBZ mit diesen Zielen zum nächsten Halbjahr an den Start gehen.

Schulleiter Montelius hat zusammen mit der Schulgemeinschaft wieder einen wichtigen Schritt in Richtung „Zukunft von Schule" gemacht. Das Thema „Lehrergesundheit" jedoch befindet sich auf absehbare Zeit in der Warteschlange. In seinem Büro vervollständigt er sein CRM-Modellschul-Tableau um den Eintrag EBZ. Es sieht jetzt so aus:

ORGANISATIONSENTWICKLUNG	PERSONALENTWICKLUNG	UNTERRICHTSENTWICKLUNG
Evaluation anlassbezogener Einsatz von Elternfragebogen für den Sprechtag, Auswertung von Schüler- und Elternfeedback mit Umsetzung	**Evaluation** turnusmäßiger Einsatz von Schülerfeedback-Bogen zur Lehrer- und Unterrichtsqualität	**Evaluation** Schülerfeedback-Bogen
Zukunftsausrichtung Rechtsfähigkeit, Campus-Schule als gGmbH	**Vorbereitung der Schüler auf nachschulische Bildungsphase** Praktikumsbesuche, Berufspraktikum für Lehrer	**Vorbereitung auf nachschulische Bildungsphase** Duales Bildungspraktikum, Orientierungspraktikum Schülerfirma
Kooperation mit Schulumfeld Kooperation mit Umfeldschulen, lokalen Partnern und Institutionen, Corporate Social Responsibility (CSR)-Projekte	**Kooperation mit Schulumfeld** Zusammenarbeit mit Lehrkräften der Umfeldschulen	Kooperation mit Schulumfeld Soziale Nachbarschaftsprojekte
Selbstwirksamkeit Corporate Identity (CI)-Konzept, Schulkodex, Schulvereinbarung, Arbeitsgruppe als Motoren der Schulentwicklung, Lehrerräume, digitale Schulplattform, Jahresplanung mit festen Zeitfenstern für außerschulische Aktivitäten und verlässlichen Unterrichtszeiten	**Selbstwirksamkeit** Professionalität und Stärkung durch CI, kollegiale Fallberatung, professionelle Lerngemeinschaften, Dresscode, Lehrer als Change Agents und Zukunftsmentoren	**Selbstwirksamkeit** Wochenarbeit, Wahlpflicht-AGs, Jahrbuch, Schülerstreitschlichtung, Erste Hilfe-Dienst
Kooperation mit Eltern regelmäßige Beratung und Informationsveranstaltungen, Stärkung der Eltern als Lernpartner, Einrichtung eines Elternberatungszentrums EBZ mit lokalen Partnern und Institutionen	**Fortbildungskonzept für Lehrer** regelmäßige Schulungen in CRM-Methodik, Führungskompetenzen, Konfliktbewältigung, Schulrecht, Zeitmanagement, Digital Teaching Design,	**Intensivierung effizienter Lernzeit** Lernstudio, integrierte Zeit für Lernaufträge
	Lerngruppen Regeln und Rituale, Datum-Agenda-Phase, Startaufgabe, Steuerung von Unterrichtsprozessen durch die Prinzipien von Kounin (Allgegenwärtigkeit, Reibungslosigkeit und Schwung, Gruppenfokus,-aktivierung und –mobilisierung, Rechenschaftseinforderung, Überdruss-Vermeidung, intellektuelle Abwechslung und Herausforderung	**Lerngruppen** Klassenregeln, Rituale, förderliches Sozialklima, Klassenleitungsteams mit festem Verantwortungsbereich, Klassenpaten entschleunigtes Stundenraster, digitales Unterrichtskonzept
CRM-Methodik präventive und situative Strategien, inklusive Gelb-Rot-Intervention, Freundlichkeit und Wertschätzung, positive Fehlerkultur		

Abb. 12: Organigramm 02: CRM als Baustein für die Schulentwicklung

7 Die nahe Zukunft der Schule: Was anders werden muss, damit nicht alles anders bleibt

Globalisierung und Digitalisierung sind die großen Herausforderungen unserer Zeit. In diesem Spannungsfeld steht auch die Bildung. Das alte Wort „Nicht für die Schule, sondern für das Leben lernen wir“ gewinnt eine neue Bedeutung in einem weit größeren Kontext als bislang vorstellbar. Globalisierung weitet unseren Blick über die Grenzen von Ländern und Erdteilen hinweg. Digitalisierung ist der unermüdliche Beschleuniger aller globalen Lebens- und Lernprozesse.

Bildung gewinnt an Bedeutung in den Wissensgesellschaften dieser Welt und verändert sich dabei stetig. Über ein halbes Jahrtausend hat es gedauert von Johannes Gutenbergs Mobilletterndruck (um 1440) zum IBM-PC (1981). Damit setzte die informationstechnologische Akzeleration ein: schon zwei Jahrzehnte später war das E-Book auf dem Markt! Jetzt wird sich das Rad der Entwicklung noch viel schneller drehen!

Um mit der Entwicklung zu gehen, ist lebenslanges Lernen das neue Erfordernis, denn unter der Notwendigkeit der Zukunftsanpassung ändern sich Berufsprofile kontinuierlich. Bildungsmodelle – so das duale Berufsbildungssystem Made in Germany – werden zu Exportschlagern. Berufliche und akademische Bildung nähern sich stetig einander an. Lehrkräfte werden immer mehr zu Zukunftsmentoren ihrer Schüler.

Weltweit wird Bildung zunehmend zum Schlüssel für soziale Teilhabe und Voraussetzung für Nachhaltigkeit und wirtschaftlichen Erfolg. Um diesen Veränderungsprozessen gerecht zu werden, müssen insbesondere Schulen lernende Organisationen und Lehrkräfte professionelle und behutsame *Change Agents*[173] sein. Sie können sich nicht weiterhin darauf beschränken, nur Unterrichtsstoff zu lehren, sondern sie müssen auch das, was sie lehren und einfordern authentisch in ihrem Berufsfeld vorleben. Lehrer „berühren“ täglich die Zukunft, da sie Kinder und Jugendliche unterrichten, die per se Zukunft sind. Daher müssen sie sich der Aufgabe Zukunft stellen, wenn sie weiterhin an ihr gestaltend teilhaben wollen. „Künstliche Intelligenz“ im Google-Zeitalter ist nur zu bereit, uns für den Weg in die schöne neue Welt fest an die Hand zu

173 Hattie 2014, S. 185.

nehmen und unseren Blick zu lenken – Bildungswelten inklusive. Ihre digitale Sirenenstimme klingt mittlerweile so menschlich und ist nicht zu überhören.

Wenn Lehrkräfte weiter das Heft der Bildung in der Hand behalten wollen, muss das Ziel unserer Schulen sein, Schüler für Beschäftigungsfähigkeit, Zukunftsgestaltung und lebenslanges Lernen vorzubereiten – denn Schule ist kein Selbstzweck. Ihre Abnehmerinstitutionen heißen Betriebe, Unternehmen, Industrie- und Handelskammern, Fach(-hoch)schulen und Universitäten.

Die Aufgabe von Schulen in Kooperation mit den Eltern ist es, jungen Menschen den Wert von Lernen und Bildung für ihre eigene Biographie zu erschließen. Schule ist keine Alibiveranstaltung zur Sicherung öffentlicher Fördergelder und kein niveauloser Spaßgenerator. *„Eine gute Schule kann nicht ständig Spaß machen"*.[174] Bildungserwerb ist nicht zum individuellen Nulltarif zu haben. Man erwirbt sie zunächst durch Neugier und Interesse, dann durch Engagement, Anstrengung und Durchhaltevermögen und schließlich durch Freude am Erkenntniszuwachs. *„Wer in einer modernen Gesellschaft frei und mündig werden möchte, sollte sich auch mit Sachverhalten auseinandersetzen, die ihn zunächst nicht interessieren oder mit denen er vielleicht niemals vertieft befasst sein wird – er hat dann aber seine geistigen Kräfte sinnvoll geschult und sich zudem fachliche Optionen erworben"*.[175] Selbsternannte Prediger und Zeitgeistschwätzer jeglicher Couleur, die Menschen weismachen wollen, dass einem Lernen und Bildung mühelos und dauerhaft in den Schoß fallen, haben diesen Weg selbst wohl kaum beschritten.

Im Zentrum von Bildung müssen Beschäftigungsfähigkeit und Zukunftstauglichkeit junger Menschen stehen – zumal in einem rohstoffarmen Land wie Deutschland, erst recht im internationalen Vergleich, vor allem aber wegen des Zugangs jedes Einzelnen zu sozialer und wirtschaftlicher Teilhabe. Jeder Lehrer muss die Herausforderung verspüren, jeden seiner Schüler zu dessen bestmöglichem Bildungsstand zu führen.[176] Um dieses Ziel zu erreichen, werden im Bereich des deutschen Schulwesens real – nicht in wohlfeilen

174 Felten 2001, S. 171.

175 Ebd.

176 Vgl. dazu Humboldt 1792: „Der wahre Zweck des Menschen [...] ist die höchste und proportionierlichste Bildung seiner Kräfte zu einem Ganzen."

Bildungs-Sonntagsreden – grundlegende Veränderungen eintreten müssen, damit nicht alles nur anders bleibt, sondern tatsächlich auch anders wird:

1. **Die neue Lehrerbildung – der Lehrer als Zukunftsmentor**
2. **Das neue Bildungssystem – jenseits von Flickenteppich und Kleinstaaterei**
3. **Die neue Rechtsstellung der Schule – die gGmbH**

7.1 Die neue Lehrerbildung – Der Lehrer als Zukunftsmentor

Schulen müssen lernende Organisationen sein, allein aus dem Grund, weil sie ihre Absolventen für eine sich stets verändernde Zukunft vorbereiten. Gleichzeitig müssen sie für Eltern und Schüler verlässliche Lern- und Erziehungspartner sein. Von außen werden sie in nostalgischer Verklärung häufig als Inseln der Beständigkeit, als heile Welt, wahrgenommen. Konstanz muss bei aller Zukunftsorientierung vor allem den jungen Schülern als Schutzraum für ihre individuelle Entfaltung und Lernentwicklung so weit wie möglich zur Verfügung gestellt werden. Schulen und ihr leitendes sowie lehrendes Personal sollten sich dabei durch Weitblick mit Augenmaß auszeichnen.

Unterricht ist keine Ego-Veranstaltung für jene Lehrer, die in Verkennung der auf uns zukommenden Entwicklungen und nicht zuletzt aus eigennützigem Interesse, den Status quo unbedingt zu erhalten, jeden erdenklichen Fortschritt negieren oder wegdiskutieren möchten. Reden allein ersetzt nicht zukunftsweisendes Handeln, und Scheuklappen sind notfalls etwas für Pferde, aber nicht für lernende Lehrer. Die mancherorts gepflegte Verharrung in einer rückgewandten Betonkopf-Mentalität ist keine Dienstleistung an Schülern und Eltern. Unterricht ist eine überaus komplexe und anspruchsvolle Tätigkeit, die Lehrkräfte bestmöglich im Interesse der Entwicklung und Zukunft ihrer Schüler zu erbringen haben. HATTIES Forderung geht noch darüber hinaus: *„Lehrpersonen/Schulleitende genießen die Herausforderung und geben sich nicht mit einer ‚Gib einfach dein Bestes' -Pädagogik zufrieden"*.[177]

Daran wird sich vor allem die künftige Lehrerbildung ausrichten müssen. Das Ziel kann nicht heißen: der Lehrer als Kumpel, der Lehrer als Moderator, der Lehrer als Entertainer, der Lehrer als Nur-Methodenakrobat – das Ziel der

177 HATTIE 2014, S. 189.

Lehrerbildung muss sein: der Lehrer als Zukunftsmentor von Schülern. Die Ausbildung an Zentren für schulpraktische Lehrerbildung sollte abrücken von Ideologieschablonen des Denkens, von oberflächlicher Zeitgeiststeuerung, von Think-Tank-Gläubigkeit und einer realitätsfernen Idealbildvermittlung. Sie sollte stattdessen von einer Realsicht der Welt des Schülers ausgehen und Lehramtsanwärter mit den auf sie zukommenden beruflichen Erfordernissen und Herausforderungen vertraut machen und sie vor allem dafür qualifizieren.

Die neu eingeführten Praktikumsphasen für Lehramtsstudenten sind ein wichtiger Beitrag auf dem richtigen Weg. Doch zur neuen Lehrerbildung gehören vor allem Schulungen in Führungskompetenz, denn Lehrer sind Führungskräfte. Dazu gehören Vermittlung von Professionalität in der Berufsausübung sowie Beherrschung von Classroom Management. Gründliches Fachwissen und breite Methodenkenntnisse müssen weiterhin die Grundlage des Lehramtsstudiums und der nachfolgenden schulpraktischen Ausbildung bleiben. Viel stärker als bisher jedoch wird dabei die digitale Kompetenz der Lehrkräfte Beachtung finden müssen.

Unterricht, der zu einer verlässlichen Studier- und Beschäftigungsfähigkeit führen soll, ist zwangsläufig auf das Ziel der reinen Lernzeit und der Selbsttätigkeit von Schülern gerichtet. Dazu muss der Lehrer seinen Schülern vermitteln, wie Wissen systematisch erworben, gespeichert, konstruiert, dekonstruiert und rekonstruiert wird und sie in die Lage versetzen, zunehmend eigenständig mit diesem Instrumentarium umgehen zu können. Teaching Design mit einem hohen Anspruch an systematischem Wissens- und Kompetenzaufbau sowie Variation der Methoden, das dem Ziel der Maximierung von effizienter Lernzeit dient, gehört in die Lehrerausbildung der nächsten Jahrzehnte. Dazu sollten vertiefte Kenntnisse in der Hirnforschung zum Repertoire von Lehramtsstudiengängen und Lehrerbildung gehören. Im digitalen Zeitalter muss die Lehrkraft als Experte gemäß Hatties Forderung die alleinige Instanz für Teaching Design und Steuerung von Unterrichtsprozessen sein und bleiben.

Zur zukünftigen Lehrerbildung gehört flächendeckend die Schulung in Konfliktbewältigung (Mediation) sowie die Vermittlung grundlegender Schulrechtskenntnisse. Mediation ist – wie am Praxisbeispiel ➲ (41) Klassenlehrer Zeitler[178] dargelegt – für den Umgang mit Eltern und Schülern ein verlässlicher

178 Vgl. S. 105.

Wegbegleiter; Kenntnisse im Schulrecht sind für die Entscheidungskompetenz von Lehrern unabdingbar. Zudem muss die Teamfähigkeit von Lehrern geschult werden, damit sie nicht nur von ihren Schülern Teamfähigkeit verlangen, sondern sie ihnen auch vorleben können.

Konnte der Lehrer als Solist noch bei einer homogenen und auf einen verbindlichen sozio-kulturellen und intellektuellen Mainstream verpflichteten Schülerschaft erfolgreich sein, so ist dieses in einer zunehmend heterogenen, multikulturellen Schülerzusammensetzung kaum noch möglich. Hier ist die teamfähige, in Lerngemeinschaften agierende Lehrkraft gefragt. Da liegt die Schulung von Lehramtsanwärtern in Corporate Identity und Corporate Social Responsibility direkt mit auf der Hand.

Wer sollte Lehrer werden? Jemand, der

- gern mit jungen Menschen zusammen arbeitet;
- tiefes fachliches Wissen mitbringt;
- professionell Hilfen geben und Eignungen richtig einschätzen kann;
- Lernprozesse angemessen, insbesondere aktivierend, zu strukturieren vermag;
- Lernen in Gruppen souverän leiten kann.[179]

Nach Hattie ist es die Person, die sich *„aktiv und leidenschaftlich in Bezug auf Lehren und Lernen beteiligt“* und so *„Lernen sichtbar“* macht.[180] Der Lehrer der *„neuen Kinder, die mit neuen Medien aufwachsen“*[181] wird auch Führungskompetenzen besitzen und die Grenzen seines Bildungsauftrags kennen müssen, damit er nicht den Weg von den Höhen der Euphorie in das tiefe Tal von Selbstausbeutung und Burn-out geht. Die *„neuen Kinder zu bilden, mit ihnen zu lernen, das braucht gerade deshalb nicht mehr Spaß und Unverbindlichkeit – sondern gezielte Ermutigung, verbindliche Anforderungen und verlässliche Orientierung.“*

Die Lehrerausbildung für die Zukunft muss folgende Konzepte und Ziele verfolgen:

1. Der lernende und teamfähige Lehrer der Zukunft nimmt die Herausforderung an, jeden seiner Schüler zu dessen bestmöglichem Bildungsabschluss zu führen.

179 Vgl. hierzu Felten 2001, S. 115.
180 Hattie 2014, S. 195. Empfehlenswert hier für Lehramtsaspiranten der Selbstcheck.
181 Vgl. hier und im Folgenden Felten 2001, S. 121.

2. Zu den fachlichen und methodischen Kompetenzen der zukünftigen Lehrkräfte kommen weitere Anforderungen hinzu, die in der Lehrerausbildung geschult werden müssen. Als allgemeines Instrumentarium gehören dazu Führungskompetenz und Konfliktmanagement. Das spezifische pädagogische Instrumentarium heißt CRM, Hinführung zur Selbsttätigkeit und Maximierung effizienter Lernzeit.
3. Unerlässlich wird dabei eine hohe digitale Kompetenz der Lehrer sein, damit sie ihre Schüler in E-Learning-Techniken unterweisen können.
4. Anstelle Wissen über aufwändige Einzelmethoden zu vermitteln, heißt es, Lehramtsanwärter in Kompetenzen zu schulen, wie sie Schülern Konstruieren, Dekonstruieren und Rekonstruieren von Wissen beibringen können. „Lernen lehren" im Sinne von „Wissenskonstruktion lehren" wird zu der großen Herausforderung der Lehrerausbildung in den kommenden Jahren.

Der Pauker der „Feuerzangenbowle" geht endgültig in Pension. Jetzt braucht es den Zukunftsmentor.

7.2 Bildungssystem – jenseits von Flickenteppich und Kleinstaaterei

Seit Jahrzehnten versucht die deutsche Bildungspolitik, pädagogische Musterlösungen mal aus diesem, mal aus jenem – vorzugsweise skandinavischen – Land auf ihre föderale Kleinststruktur bis hinunter zu Stadtstaaten anzuwenden. Fraglich ist bei dieser stets mimetischen Methode, ob pädagogische Ansätze so ohne weiteres importiert und erfolgreich aufgepfropft werden können. Hat nicht jedes Land seine eigenen Bildungstraditionen und Organisationsformen – und das aus gutem Grund? Es stellt sich weiterhin die Frage, ob ein solches Bildungsmonopol, wie es unsere Bundesländer ausüben, im Zeitalter der Globalisierung noch zeitgemäß ist. Muss denn ein Schulwechsel von Bundesland A nach Bundesland B einem Schulwechsel von München nach Neu Delhi an Schwierigkeiten und bürokratischen Hürden in nichts nachstehen?

Die föderale Bildungshoheit unter dem Dach der Kultusministerkonferenz (KMK) wird ihre Zukunftstauglichkeit durch mehr abgestimmte Gemeinsamkeit in Planung und Handlung sowie durch Verbindlichkeit in den Leistungsstandards beweisen müssen oder aber Kompetenzen an den Bund abgeben. Voraussetzung dafür ist jedoch, dass das Kooperationsverbot zwischen Bund und Ländern eine deutliche Lockerung erfährt. Geschah dieses bereits Ende 2014 für bundesdeutsche Universitäten, so steht es für Schulen weiterhin aus.

Das für 2017 anvisierte bundesweite Zentralabitur – zunächst im Fach Mathematik – scheint ein erstes hoffnungsvolles Zeichen für ein längst fälliges Gelingensszenario zu sein. Der Weg zur Vergleichbarkeit in den Abiturstandards kann nur heißen: Bundesweites Zentralabitur in allen Fächern. Erst dann machen Large-Scale-Untersuchungen wie PISA einen echten Sinn. Ein ständiges Messen von Leistungen ohne den zwingend folgenden Einsatz allseits wirksamer Instrumente der Leistungsverbesserung ist wenig sinnvoll. *„Im Übergang vom Diagnose-[,] zum Erklärungs-[,] zum Handlungswissen werden die Dinge immer schwieriger, komplexer und riskanter.“*[182] Wenn man tatsächlich Leistungsniveaus optimieren will, darf man diese Schwierigkeiten nicht scheuen. Sonst bleibt man – für das eigentliche Ziel unproduktiv – im Reich der „Messeritis“, das lediglich andernorts Produktion schafft in Form von wissenschaftlichen Studien, Dissertationen und Habilitationen. Dabei weiß doch eigentlich jedes Kind: Die Sau wird vom Wiegen allein nicht fett!

Dem Ziel bundesweiter Abschlussprüfungen werden sich die Curricula der Bundesländer entsprechend unterordnen müssen. Wenn die Bundesrepublik im nationalen und internationalen Vergleich mithalten will, um ihren Bürgern die gewohnt hohen wirtschaftlichen und sozialen Errungenschaften weiterhin zur Verfügung stellen zu können, muss der Bund bei der Bildung mitmachen. Der Weg dahin wird nicht leicht werden, hemmen doch voraussichtlich Bedenkenträgerei und Besitzstandswahrung das Tempo.

Aber vielleicht können die Eltern schulpflichtiger Kinder, von denen täglich berufliche Mobilität gefordert wird, ja doch bald aufatmen. Zu wünschen wäre es ihnen.

Die Zukunft verlangt nach einer ganzheitlichen und nachhaltigen Bildungsvision für Schulen, die CRM einschließt. Das mittelfristige Ziel heißt hier: bundesweit, das ideale Fernziel: europaweit.

7.3 Rechtliche Stellung der Schulen – die gGmbH

Die Forderung, dass Schulen lernende Organisationen sein müssen, ist unbestritten und alternativlos für die Zukunft. Hier ist dieses heute in der Politik überstrapazierte Adjektiv tatsächlich angebracht. Dazu benötigen Schulen –

182 Terhart 2015, S. 7.

insbesondere entstehende Schulverbünde in Campusform[183] – mehr Eigenständigkeit und Freiraum. Dieses betrifft insbesondere die rechtliche Stellung der Schulen. Bisher sind sie gesetzlich als nicht-rechtsfähige Anstalten eines öffentlichen Trägers definiert. Um eigenständig agieren zu können, benötigen Schulen die Zuerkennung der Rechtsfähigkeit und dürfen nicht länger mit einer Scheinselbständigkeit, die lediglich die Erledigung von Mehrarbeit beinhaltet, vertröstet werden. Schulleitungen haben inzwischen längst Vorgesetzteneigenschaften zuerkannt bekommen, und Lehrerräte haben umfängliche Mitbestimmungsrechte erhalten. Der nun sinnfällige Schritt ist die Rechtsfähigkeit. Die Widerstände kommen verständlicherweise und nicht zuletzt von der Ebene der Schulaufsicht (hier etwa Schulämter als untere und Bezirksregierungen als obere Schulaufsichtsbehörden), die zuständig für innere Schulangelegenheiten sind und in deren Vertretung Gymnasien, Gesamtschulen, Realschulen und Berufskollegs und deren Leitungen arbeiten. Die Rechtsfähigkeit der Schulen würde allerdings diese Mittelebene ihrer wesentlichen Aufgaben entheben. Sie behielte dann grundsätzlich noch ihre Aufsichts- und Kontrollfunktion im Bereich des Qualitätsmanagements (Qualitätsanalyse).

Auf Schulträgerebene – zuständig für äußere Schulangelegenheiten – würde durch die Rechtsfähigkeit der Campus-Schulen die Verwaltungseinheiten der Kommunen (Bezirksämter, Bürgerämter) überflüssig machen, die im Namen des Schulträgers für eine sachgemäße Ausstattung der Schulen zu sorgen haben. Sie vollziehen dieses nach hergebrachter Art über personelle Zuständigkeiten für Neubeschaffung und Wiederbeschaffung und kontrollieren die ordnungsgemäße Verwendung der kommunalen Schulbudgets. Letzteres würde ihnen bei Erlangung der Rechtsfähigkeit durch die Campus-Schulen bleiben, während die Schulleitungen eigenständig für die Sachmittelbeschaffung sorgen würden – vorausgesetzt ihre Budgets werden durch die Schulträger entsprechend erhöht bzw. um schulische Drittmittel-Akquise ergänzt. Damit wären gleichzeitig die in manchen Kommunen beliebten „Rahmenverträge“ mit Lieferanten hinfällig, bei denen Schulen zwangsweise Sachmittel über ihr Budget zu bestellen haben. Wenn diese Schutzzone fällt, können Schulleitungen Dinge wie Büromaterial oder Rechner auch bei Discountern einkaufen, ohne sich an der Zwangssubventionierung der kommunal

183 Hierunter sind große Schulsysteme zu verstehen, die aus Gymnasien, Gesamtschulen bzw. Berufskollegs und auf demselben Campus befindlichen Grund-, Haupt- und Realschulen bestehen. Diese Konglomerate werden auch als „Bildungslandschaften“ bezeichnet, im Folgenden Campus-Schulen genannt.

akkreditierten Schullieferanten zu beteiligen. Vor allem können sie dieses gemeinsam mit den anderen additiven Schulformen auf ihrem Campus in Großbestellungen tun und so günstigere Konditionen aushandeln.

Die auf diese Weise frei werdenden Stellen bei Schulaufsicht und Schulträger könnten zu einem gewissen Teil den schulinternen Verwaltungen zugeschlagen und den Schulleitungen unterstellt werden. Vorschläge, die in diese Richtung gehen, hat es immer wieder gegeben, doch konnte sich der Status quo deswegen unverändert erhalten, weil die wesentliche Prämisse – die Zuerkennung der Rechtsfähigkeit für Schulen – eine Tabuzone blieb und nach auf der Hand liegenden rechtlichen Alternativen erst gar nicht gesucht wurde. Sachbearbeiter, Buchhalter, kaufmännische Angestellte sowie Sekretariatskräfte würden an großen rechtsfähigen Campus-Schulen mehr als bisher gebraucht. Dann würden auch Lehrkräfte von ihren bislang zusätzlich ausgeübten Verwaltungsarbeiten entbunden und könnten sich vollumfänglich ihren eigentlichen Aufgaben – Unterricht und Lernzeit – widmen.

Die Kommunen als Schulträger würden neben der regelmäßigen Budgetkontrolle die Zuständigkeit für die bauliche Beschaffenheit der Schulen behalten. Sie wären auch bei der rechtsfähigen Schule zuständig für Neu- und Umbau, Reparatur und bauliche Sicherheit der Schulgebäude. Sie würden auch weiterhin gesetzliche Normen für die sachgerechte Ausstattung der Schulräumlickeiten vorgeben und deren Einhaltung kontrollieren. Man denke hier nur an die Einrichtung naturwissenschaftlicher Fachräume. Die kommunale Schulentwicklung durch bauliche Tätigkeit kostet unsere Gemeinden sehr viel Geld. Davon können v.a. Großstädte ein Lied singen, die mehrere Hundert Schulgebäude zu unterhalten haben und deren Haushalte oft nur geringe finanzielle Spielräume bieten.

Die Schulleitungen der rechtsfähigen Campus-Schulen wären weiterhin für Schul- und Personalentwicklung sowie für die Budgetverwendung zuständig. Auch die Außenvertretung ihrer Schulen und die Ausübung des Hausrechts kämen ihnen weiterhin zu. Ebenso wären sie für die Sicherheit von Schulgebäude und -gelände zuständig. Aber sie wären freier in der Beschaffung von Material und Lehrwerken, d.h. hier würde der Weg der wirtschaftlichen Betätigung von Schulen behutsam geöffnet.

Diese wirtschaftliche Betätigung von Schulen jedoch ist bislang ein systemfremdes, bildungspolitisches No-Go, sind doch die Kommunen darauf bedacht, ihre Schulen samt und sonders auf gemeinsamer Linie zu halten. Dabei ist allgemein bekannt, dass der Kampf der Schulen um Standortvorteile, Anmeldezahlen und die besten (Lehrer- und Schüler-)Köpfe längst entbrannt ist. Und mit welcher Berechtigung soll öffentlichen Schulen dauerhaft der Aktionsradius vorenthalten werden, den private Bildungseinrichtungen so souverän und erfolgreich nutzen können? Tatsache ist doch, dass das deutsche Bildungssystem inzwischen längst ein Zweiklassensystem aus öffentlichen und privaten Bildungsinstitutionen geworden ist. Das ist das eigentlich Spaltende. Die inzwischen übergangsoffen gewordenen Schultypen sind längst nicht mehr das Primärinstrument der Selektion. Eine geübt rückgewandte und symbolisch anmutende öffentliche Diskussion über das „ständische dreigliedrige Schulsystem" übersieht das wirklich Trennende: das Schisma von öffentlichen und privaten Bildungseinrichtungen. Genauso unzutreffend ist auch die *„naive Überzeugung, dass seit PISA das Bildungssystem, das schulische Lernen und im gleichen Zuge auch der Lehrerberuf durch neoliberale Bildungsmarktfetischisten und ihre Helfershelfer in den Bildungsforschungsinstituten systematisch zerstört wurden."*[184]

Frank Montelius, Leiter der Leibniz-Schule in Wunschberg, gehört zum Arbeitskreis „Kommunale Schulentwicklung". In dieser Eigenschaft trifft er regelmäßig mit der zuständigen Schuldezernentin Dr. Jana Gross, zusammen. Das Thema der heutigen Sitzung lautet „Kommunale Schulträgeraufgaben 2030". Dabei steht die Frage im Mittelpunkt, wie und ob Kommunen angesichts stetig zunehmender Haushaltsengpässe ihren Aufgaben zur Unterhaltung und Ausstattung von Schulen langfristig gerecht werden können. Frau Dr. Gross steht dem Konzept der Campus-Schulen durchaus offen gegenüber, sieht aber langwierige Probleme darin, Schulen via Gesetzesänderung die Rechtsfähigkeit zuzuerkennen. Auch der Weg in die wirtschaftliche Betätigung durch Schulen scheint ihr trotz Budgetierung und Beschaffungsaktivitäten durch Schulfördervereine noch wenig entwickelt zu sein. Vor allem fürchtet sie ein Szenario von bevorteilten Schulen in besseren Stadtvierteln und benachteiligten Schulen in Brennpunkten.

In der Diskussion kommt auch das Thema „Schulgebühren" auf. Während der Besuch von Kitas gebührenpflichtig ist, bleiben die nachfolgenden zwölf

184 Terhart 2015, S. 7.

Jahre in der Schule gebührenfrei. Warum sollte man nicht statt der bereits überall üblichen Einzelabgaben an Schulen für Kopier- und Materialkosten, Lektüren, Schulessen, bezahlpflichtigen AGs, für Eintritte bei Schulaufführungen eine zusammenfassende Summe an Schulgebühren einführen? Herr Montelius geht noch weiter in seiner Argumentation: Wenn Schwimmbäder, Kulturbetriebe oder Sozialstationen als gemeinnützige GmbHs (gGmbHs) geführt werden, warum nicht auch Campus-Schulen? Er hat sich seit seiner Teilnahme am Internationalen Schulleitungskongress zu diesem steuerrechtlichen Aspekt gut vorbereitet. Er zitiert aus der Fachliteratur:

§ „*Immer häufiger werden für einzelne steuerbegünstigte Betätigungsfelder gemeinnützige GmbHs (gGmbH) gegründet. man trifft sie in der Praxis im Bereich von Krankenhäusern, Altenheimen, Behindertenheimen, in Wissenschaft und Forschung, Kunst und Kultur – dort insbesondere im Bereich des Kultursponsoring –, Natur- und Landschaftsschutz und anderen Bereichen an.*“[185] In §§ 52 Abs. 2 AO[186] sind die Voraussetzungen für die Anerkennung steuerbegünstigter Zwecke, die eine Körperschaft verfolgt, im Einzelnen geregelt. „*Eine Körperschaft verfolgt dann gemeinnützige Zwecke, wenn ihre Tätigkeit darauf gerichtet ist, die Allgemeinheit auf materiellem, geistigem oder sittlichem Gebiet selbstlos zu fördern (§ 52 Abs. 1 Satz 1 AO).*“[187]

§ „Die Teilnehmer des Arbeitskreises „Kommunale Schulentwicklung“ sind sich einig, dass diese Voraussetzung auch auf Schulen zutrifft, denn zu den anerkannten Betätigungen zur Förderung der Allgemeinheit ist in § 52 Abs. 2 AO Nr. 7[188] expressis verbis „die Förderung der Erziehung, Volks- und Berufsbildung einschließlich der Studentenhilfe“ vorgesehen.

Die Schuldezernentin Dr. Jana Gross zeigt sich nach längerer Erörterung für das Thema aufgeschlossen. Sie wendet ein, dass trotz allem ihre Bedenken hinsichtlich einer voraussichtlichen Ungleichheit ihrer kommunalen Schulen und ihre persönliche Zurückhaltung gegenüber Schulgebühren nicht ausgeräumt seien. Sie erkennt auf der anderen Seite das Potential für eine echte Eigenständigkeit von Schulen und für Einsparmöglichkeiten für den städtischen Haushalt. Als weitsichtige und engagierte Verantwortliche für die Schulentwicklung

185 Vgl. hier und im Folgenden Eichmann 2009, S. 208f.
186 URL: www.gesetze-im-internet.de/ao_1977/BJNR 0006130976.html.
187 Ebd.
188 Ebd.

von Wunschberg sagt sie zu, die These „Schulen als gGmbHs" rechtlich prüfen zu lassen.

Bildung in der digitalen Globalisierung – worauf es ankommen wird

Das Ende der Kreidezeit an Schulen ist gekommen. Nun ist es an der Zeit, das Lernen als systematische Konstruktion von Wissen digital zu unterstützen. Tablets sind hierzu ein ideales Medium, vereinen sie doch bislang Getrenntes: Schulbuchversionen für alle Fächer, Schreibprogramm, Lexika und Atlanten, Taschenrechner, Kalender, Aufgabenplanung, Kamera- sowie Videoanwendungen und breite Recherchemöglichkeiten im Internet – um nur die wesentlichen zu nennen: Statt schwerer Schultaschen nur das Tablet als vielseitige „Schiefertafel der Zukunft"! So wird Digitalität zum Unterstützer von Bildung. In Zuerkennung und Nutzung dieser Funktion ist sie sinnvoll und zugleich unausweichlich für zukünftiges Lernen. Der ideologische Führer oder gar Verführer darf sie jedoch nicht sein.

Auch der Fächerkanon der Schulen sollte in geregelten Abständen an der Messlatte von Traditionsentwicklung und Zukunftsorientierung ausgerichtet werden. Neue Fächer wie Wirtschaft und Recht, Umwelt und Technik oder Medienkunde sollten allgemein Einzug halten. Fächerwandel von Zeit zu Zeit – trotz zu erwartender Proteste der Fachverbände – ist sicherlich angebrachter als das amorphe Verharren in nicht mehr zeitgemäßen Strukturen. Allerdings muss dabei stets der Schwerpunkt des Allgemeinbildungsauftrags von Schulen im Fokus behalten werden. Auch hier ist der Bund zukünftig gefragt, ist er doch dem Allgemeinwohl seiner Bürger verpflichtet. Dazu gehört Bildung als Grundlage von Wissenschaft und Wirtschaft, Kultur und sozialer Teilhabe ganz ohne Frage.

Wesentlich für die Zukunft der Schulen wird es sein, dass die Steuerung der Lernprozesse – gerade auch deren digitale Unterstützung – in der Hand derjenigen Führungskräfte bleibt, die ihre Expertise in gründlichen und zukunftsorientierten Studiengängen erworben und nachgewiesen haben: in der Hand der Lehrer. Schulferne Vertreter konkurrierender Bildungseinrichtungen, v.a. aber Weltkonzerne, deren Hauptprodukt die Fabrikation künstlicher Intelligenz für den gesamten Lebensbereich ist, haben die Schule als Zielobjekt fest im Blick. Wurden Lehrer und ihre Berufsausübung in den letzten Jahren in aller Öffentlichkeit und mit breiter medialer Unterstützung deshalb so negativ dargestellt? Sollte dieser Berufsstand und seine jahrzehntelangen unbestrittenen Verdienste um Bildung und Integration im Wohlstandsland Deutschland deshalb öffentlich herabgewürdigt werden, um das Geschäft der Umwidmung von Hierarchien zu betreiben, damit andere daraus ihren Nutzen im Sinne von Gewinnmaximierung ziehen können?

Wie steht es bei uns um die öffentliche Wertschätzung von Arbeit am Produkt und Arbeit am Menschen? Der 2015 länger andauernde Streik der Erziehenden in Kitas und ihre Argumentation wirft ein bezeichnendes Licht auf diese Frage. Es ist erklärlich, dass „der Exportweltmeister Deutschland" auf die Arbeit am Produkt setzt. Doch ist das nicht zu kurz gedacht? Setzen Herstellung und Export guter Produkte nicht eine gute Bildung der Herstellenden voraus und durch welche Berufsgruppen wird dieser uns alle tragende Bildungsstand vermittelt? Hier sind insbesondere Politiker und Gewerkschaften gefragt, ihren Beitrag zu einer besseren Anerkennung der Berufe, die am Menschen arbeiten, zu leisten.

Nicht nur Lehrkräfte müssen *Change Agents* sein, sondern auch Lehrende an Universitäten, aber auch Parteien, Politiker und Gewerkschaften. Denn eines ist ganz sicher: „Change is here to stay".

Schlusswort

Bildung ist ein Brückenbauer für Menschen über alle Grenzen und Unterschiede hinweg. Sie ist ein Chancengeber für soziale und wirtschaftliche Teilhabe.

Schulen sind die Werkstätten unserer Zukunft. Sie sind zu schade dafür, als Tummelplätze für Ideologien oder als ziellose Testzüge für Innovationsjunkies benutzt zu werden. Sie müssen der Studier- und Berufstauglichkeit junger Menschen dienen – denn: es ist die Zukunft, die durch unsere Schultore geht.

Bildung kann der eigentliche Gewinner der digital beschleunigten Globalisierung werden. Das ist fraglos ein großes Ziel. Tragen wir also dazu bei – auf allen Ebenen – mit Qualität und Nachhaltigkeit, mit Vision und Leidenschaft!

8 Verzeichnisse

8.1 Quellen

8.1.1 Gesetze und Verordnungen

ABGABENORDNUNG (AO) i.d.F. der Bekanntmachung vom 1. Oktober 2002 (BGBl. | S. 3866: 2003 | S. 61), die zuletzt durch Artikel 2 des Gesetzes vom 22. Dezember 2014 (BGBl | S. 2417) geändert vorden ist. URL: www.gesetze-im-internet.de/ao_1977/BJNR.0006130976.html.internet.de/ao_1977/BJNR.0006130976.html.

BAYERISCHES GESETZ ÜBER DAS ERZIEHUNGS- UND UNTERRICHTSWESEN (BayEUG) i.d.F. vom 1. Juni 2015.

BREMISCHES SCHULGESETZ i.d.F. vom 1. August 2014 (BremSchulG).

DIENSTORDNUNG FÜR DIE LEITER UND LEHRER AN ÖFFENTLICHEN SCHULEN IN RHEINLAND-PFALZ. Rundschr. d. KM vom 15.3.1976.

GESETZ ÜBER DIE SCHULEN IM LAND BRANDENBURG (Brandenburgisches Schulgesetz – BbgSchulG) i.d.F. vom 1. August 1983; letzte Änderung am 12. Mai 2012.

GESETZ ZUR ORDNUNG DES SCHULWESENS IM SAARLAND (Schulrodnungsesetz SchoG) i.d.F. vom 25. Juni 2014.

NIEDERSÄCHSISCHES SCHULGESETZ (NSchG) i.d.F. vom 19. Juni 2013.

RDERL. D. MINISTERIUMS FÜR SCHULE UND WEITERBILDUNG (NRW) v. 21. 10. 2010. Bereinigt. Eingearbeitet: RdErl. v. 30. 4. 2012 (ABl. NRW. S. 326).

SCHULGESETZ FÜR BADEN-WÜRTTEMBERG (SchG) i.d.F. vom 12. Mai 2012.

SCHULGESETZ FÜR DAS LAND BERLIN vom 26. Januar 2014. Zuletzt geändert am 26. März 2014.

SCHULGESETZ FÜR DAS LAND NORDRHEIN-WESTFALEN (Schulgesetz NRW – SchulG) i.d.F. vom 25. Juni 2015.

THÜRINGER SCHULGESETZ (ThürSchulG) i.d.F. vom 30. April 2003. Zum 12.07.2015 aktuellste verfügbare Fassung der Gesamtausgabe.

8.1.2 Medien

ALLENSBACHER ARCHIV. „Was Eltern wollen", IdF-Umfrage 6297 (2014) im Auftrag der Vodafone Stiftung Deutschland.

BILDUNG KÖLN: URL:http://www.bildung-koeln.de.

CEPIELIK, B. A.: „Fast alle finden eine Lehrstelle", Artikel in: Kölner Stadt-Anzeiger Nr. 106 v. 08.05.2015, S. 08.

EXPERTO.DE Ihr persönlicher Berater.Lifestyle. URL: http://www.experto.de/b2c/familie/erziehung/lehrer-sollten-vorbilder-sein.html (Download: 01.03.2015).

KÖLNER NETZWERK SCHÜLERFIRMEN. URL: http://www.junior-programme.de

MAYR, J.: Linzer Diagnosebogen vom 14.08.2013. URL: http://ius.uni-klu.ac.at/projekte/ldk/

PARENT TEACHER ASSOCIATION, Dokumente in URL: http://www.pta.org.

SCHÜLERFIRMEN URL: http://www.koelnernetzwerkschuelerfirmen.de.

SIELAND, B.: Wie vorbildlich müssen sich Lehrer verhalten? In: URL: www.OPUS/Uniluenebu rg.de/volltext/2001. OPUS\Dok\Sieland\sieland1.doc. (Download: 01.03.2015).

SPIEGEL ONLINE, Artikel vom 21.11.2014: „Dresscode für Lehrer. Enge Jeans und fusselnde Strickjacken sind tabu.".

WIKIPEDIA. Die freie Enzyklopädie. www.wikipedia.de; URL: https://de.wikipedia.org/wiki/Gemeinschaftsschule_auf_dem_Campus_Rütli

WISOCKI, M.: Lehrer scheuen Betriebspraktika, in: Handelsblatt, Ausgabe vom 23.03.2009.

WOLLENWEBER, K.: URL: www.unterrichtstoerungen.de (2011).

8.2 Literatur

ARNOLD, R. & PÄTZOLD, H.: Schulpädagogik kompakt. (Cornelsen) Berlin (2002).

ARNOLD, R. & PRESCHER, TH.: Schulentwicklung systemisch gestalten. (Carl Link) Köln (2014)

BALKE, S.: Das Bielefelder Trainingsraumprogramm. In: *forum schule* (Landesinstitut für Schule und Weiterbildung. Soest (02/2000).

BAUMERT, J. & KUNTER, M.: Stichwort: Professionelle Kompetenz von Lehrkräften. Zeitschrift für Erziehungswissenschaft (2006) 9(4), S. 469–520.

BOURDIEU, P.: Ökonomisches Kapital, kulturelles Kapital, soziales Kapital. In: KREKEL, R. (Hrsg.): Soziale Ungleichheiten. Sonderband 2 der Zeitschrift Soziale Welt (1983) S. 183–198.

CANTER, L. & CANTER, M.: Assertive Discipline. (Lee Canter Association) Los Angeles (1976).

DOYLE, W.: Classroom Organization and Management. In M. C. WITTROCK (Hrsg.), Handbook of research on teaching. (Macmillan) New York (1986) S. 392–431.

EICHHORN, CHR.: Classroom-Management. Wie Lehrer, Eltern und Schüler guten Unterricht gestalten. (Klett-Cotta) Stuttgart 7. Aufl. (2014).

EICHMANN, P.: Die gemeinnützige GmbH (gGmbH) – Voraussetzung zur Anerkennung nach der AO, in: OSSOLA-HARING, C.(Hrsg.): Die GmbH mit kommunaler Beteiligung und die gemeinnützige GmbH. (Boorberg) Stuttgart 3. Aufl. (2009), S. 205–256.

ESCH, F.-R.: Stichwort „Corporate Identity“, in: Gabler Wirtschaftlexikon, (Springer) Wiesbaden (2013).

EVERTSON, C.M./EMMER, E.T./WORSHAM, M.E.: Classroom Management for elementary teachers. (Allyn & Bacon) Boston (2005).

FELTEN, M. (Hrsg): Neue Mythen in der Pädagogik. Warum eine gute Schule nicht nur Spaß machen kann. (Auer) Donauwörth 2. Aufl. 2001.

HASSELHORN, M. & GOLD, A.: Pädagogische Psychologie. Erfolgreiches Lernen und Lehren. (Kohlhammer) Stuttgart (2006/2013).

HATTIE, J.: Lernen sichtbar machen für Lehrpersonen. (Schneider) Baltmannsweiler (2014).

Glossar der verwendeten Begriffe: URL: www.lernensichtbarmachen.net.

HELMKE, A.: Aktive Lernzeit optimieren. Was wissen wir über effiziente Klassenführung? In: *Pädagogik* 5 (2007) S. 44–48.

HOEGG, G.: Gute Lehrer müssen führen. (Beltz) Weinheim (2012).

HUMBOLDT, W. v.: Ideen zu einem Versuch, die Grenzen der Wirksamkeit des Staates zu bestimmen (1792).

KAISER, A.: 1000 Rituale für die Grundschule. (Schneider) Baltmannweiler (2014).

KELLER, G.: Disziplinmanagement in der Schulklasse. (Huber) Bern Nachdruck 2011 der 2. aktualisierten Aufl. von (2008/2010).

KOUNIN, J.S.: Discipline and Group Management in Classrooms. (Krieger) Huttington, N.Y. (1970).

KOUNIN, J.S.: Techniken der Klassenführung. (Waxmann) Münster 2006 [Nachdruck der Ausgabe] (Huber) Bern (1976).

LEHMANN-SCHAUFELBERGER, D.: Richtig reagieren bei Störungen im Schulalltag. (AOL) Buxtehude (2009).

LIN-HI, N.: Stichwort „Corporate Social Responsibility", in: Gabler Wirtschaftlexikon, (Springer) Wiesbaden (2013).

LOMANN, G.: Mit Schülern klarkommen. Professioneller Umgang mit Unterrichtsstörungen und Disziplinkonflikten. (Cornelsen) Berlin (2003).

MAYR, J.: Klassen kompetent führen. in: Kompetenzerwerb in der Lehrerbildung. Reihe: Seminar 01/2008, S. 76 ff.

MAYR, J.: Forschungen zum Führungshandeln von Lehrkräften: Wie qualitative und quantitative Zugänge einander ergänzen können. In: F. Hofmann et al. (Hrsg.), Qualitative und quantitative Aspekte. Zu ihrer Komplementarität in der erziehungswissenschaftlichen Forschung, S. 321–342. (Waxmann) Münster (2008a)

NOLTING, H.-P.: Störungen in der Schulklasse. Ein Leitfaden zur Vorbeugung und Konfliktlösung. (Beltz) Weinheim (2002), 12. Aufl. (2014).

RATTAY, C./SCHNEIDER, J./WENSING, R./WILKES, O.: Unterrichtsstörungen souverän meistern. Das Praxisbuch. (AUER) Donauwörth (2011).

REICH, K.: Inklusive Didatik. Bausteine für eine inklusive Schule. (Beltz) Weinheim (2014).

RHODE, R./MEIS, M.-S.: Regelverstöße – stopp! Wege zum sicheren Umgang. (Cornelsen) Berlin (2014).

ROLFF, H.-G.: Schulentwicklung kompakt. Modelle, Instrumente, Perspektiven (Beltz) Weinheim (2013).

SCHÖNBÄCHLER, M.-TH.: Klassenmanagement: situative Gegebenheiten und personale Faktoren in Lehrpersonen- und Schülerperspektive. (Haupt) Bern (2008).

SCRIVENER, J.: Classroom Management Techniques. (Cambridge University Press) Cambridge (2012).

SYRING, M.: Unterrichtsfallbeispiele in der ersten Phase der Lehrerbildung. Kognitive, motivationale und emotionale Lernprozesse bei der individuellen Bearbeitung von Unterrichtsvideos. Tübingen (2014).

TERHART, E.: Wie geht es weiter mit der Qualitätssicherung im Bildungssystem – 15 Jahre nach PISA? in: Aus Politik und Zeitgeschichte 65. Jahrgang, 18–19 (2015), S. 3–10.

THIEL, F. et al.: Steuerung von Übergängen im Unterricht. Eine Experten-Novizen-Studie zum Klassenmanagement. Zeitschrift für Erziehungswissenschaft Bd. 15 (2012).

TIETZE, K. O.: Kollegiale Beratung. Problemlösungen gemeinsam entwickeln. (Rowohlt) Reinbek (2003).

WEINERT, F. E.: Lerntheorien und Instruktionsmodelle, in: F. E. Weinert (Hrsg.) Psychologie des Lernens und der Instruktion, D/I/2, Enzyklopädie der Psychologie, S. 1–38. (Hogrefe) Göttingen (1996).

WEINSTEIN FREIBERG, H.J. (Hrsg.): Beyond Behaviorism. Changing the Classroom Management Paradigm. (Annyn & Bacon) Boston (1999), S. 147–163.

ZINSER, M.: Effiziente Klassenführung. Kompetenzorientierter Mathematikunterricht (Landesakademie für Fortbildung und Personalentwicklung an Schulen, Ministerium für Kultus, Jugend und Sport Baden-Württemberg) Stuttgart (2009).

8.3 Fallbeispiele

Anne Hauser: Classroom Management – ein Baustein für die Schulentwicklung

Unterrichtsstörungen – Lehrkraft/Mangel an Gruppenfokus ➲ (01) Referendarin Mersch hat im eigenverantwortlichen Unterricht eine 7. Klasse übernommen. Die zuvor gut geführte Klasse merkt schnell, dass Frau Mersch noch unsicher ist und dass sie sich noch besonders stark auf die Unterrichtsinhalte konzentrieren muss und weniger die Klasse im Blick hat. Bei Gruppenarbeitsphasen bleibt sie lange bei der Schülergruppe, die Bedarf anmeldet, und merkt nicht, dass die anderen Gruppen sich nicht mehr auf die gestellte Aufgabe konzentrieren. Deshalb nehmen sich die Schüler jetzt mehr heraus als bei ihrer früheren Klassenlehrerin. Sie widmen sich längeren Privatgesprächen, fallen durch Zwischenrufe auf, und gelegentlich fällt ein abwertender Kommentar über einen non-konformistischen Mitschüler. Frau Mersch bemerkt das Treiben ihrer Schüler wohl, greift aber nicht ein, da sie sich wegen der anstehenden Lehrproben nicht die Sympathie der Schüler verscherzen möchte. (S. 3, 15, 44, 48, 56, 57, 63)

Unterrichtsstörungen – Schüler/Fehlen, Zuspätkommen ➲ (02) Lehrer Römer hat sich auf die Übernahme seines ersten Leistungskurses in der Jahrgangsstufe 11 sehr gefreut und sich schon in den Sommerferien gründlich darauf vorbereitet. Er stellt fest, dass sich die Lerngruppe fachlich durchaus interessiert zeigt, dass einige Schüler aber häufiger zu spät kommen oder fehlen, vor allem montags in der 1. und freitags in der 6. Stunde. Dieselben Schüler fehlen auch aus nichtigem Anlass bei Klausuren oder halten die Termine für den Vortrag von Referaten nicht ein. Herr Römer sieht sich zu unnötigen Wiederholungen von Unterrichtsstoff sowie zu Mehrarbeit durch das Aufsetzen von Klausuren zum Nachholtermin gezwungen, denn er möchte die säumigen und fehlenden Schüler nicht in Nachteil geraten lassen. Er erkennt, dass der Unterricht in seinem Leistungskurs an Planbarkeit verliert und fragt sich, wieviel Verständnis er noch aufbringen muss. (S. 3, 44, 48)

Unterrichtsstörungen – Schüler/Essen und Trinken ➲ (03) Frau Cakmak erwartet von ihren Schülern generell, dass sie in ihrem Unterricht nicht essen oder trinken. Sie akzeptiert auch nicht, dass ihre Schüler Basecaps tragen. Sie muss sich von ihren Schülern anhören, dass andere Lehrer dieses durchaus dulden. Die

Eltern der Schüler beschweren sich bei ihr, dass sie zu streng sei, und dass Essen und vor allem hinreichendes Trinken nach Verlangen unerlässlich für ihre Kinder seien. Frau Cakmak resigniert nach längeren fruchtlosen Diskussionen mit ihren Schülern und deren Eltern und lässt das Verhalten „durchgehen". Sie möchte nicht vor ihren Kollegen und Kolleginnen als streng und wenig verständnisvoll gelten und fürchtet überdies, dass sich die Eltern bei der Schulleitung oder sogar bei der Bezirksregierung beschweren könnten. Obwohl ihr der Lehrberuf immer Freude bereitet hat, erwägt sie die Frühpensionierung, wenn sie auch kräftige Abschläge in Kauf nehmen muss. (S. 4, 63)

Unterrichtsstörungen – Schulleitung/Organisationsmängel ➲ (04) Herr Baumann unterrichtet Französisch und Religion in Klassen übergreifenden Lerngruppen des 9 Jahrgangs. Wiederholt muss er feststellen, dass seine Lerngruppen unvollständig am Unterricht teilnehmen, da einzelne Klassenverbände entweder, Unterrichtsgänge unternehmen, im Praktikum oder auf Klassenfahrt sind. Herr Baumann fürchtet, dass sein Unterricht durch die fehlende Kontinuität an Qualität verliert; außerdem hat er Schwierigkeiten, die Klassenarbeit in Französisch zu terminieren. Gespräche mit Kollegen zur besseren Terminkoordinierung verliefen bislang ergebnislos. (S. 4).

Unterrichtsstörungen – Schüler/bevorzugte Alternative, Gewalt, Boykott ➲ (05) Herr Klein ist Klassenlehrer einer 8. Klasse. Der abgebende Klassenlehrer hatte ihm bereits gesagt, die Klasse sei „schwierig". Herr Klein sieht, dass einige seiner Schüler betont unaufmerksam sind, andere deutlich zeigen, dass sie keinerlei Interesse am Unterricht haben und stattdessen lieber ihre Mobiltelefone zu Privatzwecken nutzen. Der Ton zwischen den Schülern ist grob bis hin zu gegenseitigen Beleidigungen. Auch Herr Klein wird gelegentlich mit einer respektlosen Bemerkung bedacht. Außerdem wurde die Klassentür in der Zwischenpause eingetreten. Herr Klein beraumt ein Klassengespräch an, bei dem er den Schülerboykott klar und sachlich anspricht und unmissverständliche Erwartungen an die Schüler formuliert. Anschließend informiert er alle Eltern schriftlich über das Klassengespräch und beruft eine Elternpflegschaftssitzung ein. (S. 4)

Unterrichtsstörungen – Schüler/Herumlaufen, Verlassen des Klassenraums, dann Aufzählung fortsetzen

Klassenpaten, Startaufgabe ➲ (06) Lehrerin Scherer hat eine 5. Klasse übernommen. In dieser Klasse sind Schüler aus 7 verschiedenen Grundschulen mit unterschiedlichem Schulprofil. Frau Scherer, die auf längere Erfahrung in der Erprobungsstufe zurück blicken kann, fällt auf, dass 3 Schüler aus einer bestimmten Grundschule während des Unterrichts ziellos herumlaufen und andere bei der Arbeit stören. Sie wollen mehrfach während der Unterrichtsstunde den Klassenraum verlassen. Als Grund geben sie an, dass sie zur Toilette gehen müssen. Alle Schüler betreten den Klassenraum auffällig zögerlich und kommen zu Beginn der Stunde nicht zur Ruhe. Frau Scherer bestellt stichprobenhaft die Klassenpaten aus der 10. Jahrgangstufe, um die Toilettengänger zu begleiten und zügig dem Unterricht wieder zuzuführen. Mit der gesamten Klasse übt sie in wertschätzender Weise das reibungslose Betreten des Klassenraums, das ruhige Platznehmen und das sofortige Aufnehmen einer von ihr gestellten Aufgabe ein (EICHHORN 2014, S. 43ff.). Diese Start-Aufgaben schreibt sie regelmäßig im Vorhinein an eine Seitentafel, so dass sie bis zum letzten Tag der Unterrichtswoche für alle sichtbar bleibt. (S. 5, 18, 40, 89)

Unterrichtsstörungen – Schulleitung/Organisationsmängel ➲ (07) Herr Richter ist genervt, denn die 5. Klasse, die er in Geschichte unterrichtet, ist unkonzentriert und abgelenkt. Ständig schauen die Schüler zum Fenster hinaus, wo die Handwerker tätig sind, denn die Schule bekommt bei laufendem Betrieb im gesamten Gebäude neue Fenster. Die Arbeiten laufen schon seit Wochen und das Ende ist nicht abzusehen. Herr Richter ist gereizt und schreit seine Schüler an, sich zu konzentrieren. Er stellt der Klasse zum wiederholten Mal eine Strafarbeit in Aussicht. (S. 5, 15, 44, 47, 48, 156)

Unterrichtsstörungen – Lehrer/Mangel an Unterrichtsfluss ➲ (08) Herr Schnitzler ist Deutschlehrer in einer 8. Klasse. Seine Schüler merken schnell, wenn sich Herr Schnitzler wieder einmal nicht auf den Unterricht vorbereitet hat und deswegen im Zickzack-Kurs durch den Stoff navigiert und Nachfragen ausweicht. In solchen Stunden lässt Herr Schnitzler seinen Schülern erfahrungsgemäß sehr viel mehr durchgehen als es bei guter Vorbereitung der Fall ist. Das nutzen sie regelmäßig zu unterrichtsfremden Aktionen und Ausübung bevorzugter Alternativen aus. (S. 9)

Unterrichtsstörungen – Lehrer/Ungeduld, Überforderung ➲ (09) Frau Sebald ist Mathematiklehrerin in einer 7. Klasse. Sie wird oft ungeduldig bei der Erklärung des Unterrichtsstoffs und herrscht dann ihre Schüler als Idioten und Versager an. Die bislang kooperative Klasse zieht sich mehr und mehr zurück, um nicht vor allen anderen bloßgestellt zu werden, so dass sich nur noch vereinzelt Schüler zu Wort melden. Frau Sebald möchte den Unterrichtsstoff in Mathematik unbedingt bis zum Schuljahresende abschließen und versucht, die stark nachlassende Mitarbeit ihrer Schüler durch ein deutliches Mehr an Hausaufgaben zu kompensieren. (S. 9, 15, 47, 139)

Unterrichtsstörungen – Lehrer/Unterforderung, Mangel an Führungskompetenz ➲ (10) Herr Harms ist Vertretungslehrer für die erkrankte Französischlehrerin einer 6. Klasse. Er möchte für die kurze Zeit seiner Vertretungstätigkeit möglichst wenig Ärger mit Schülern und Eltern haben. Er hat Angst, Minderleistungen quittieren zu müssen. Deshalb wiederholt er den Stoff öfter als für die Klarheit notwendig und setzt ein niedriges Anforderungsniveau bei Leistungsüberprüfungen an. Schließlich wird er ja bald diese Schule wieder verlassen. Die Lerngruppe zeigt zunehmend Überdruss Verhalten, fühlt sich ebenso gelangweilt wie unterschätzt und stört vielfach den Unterricht. (S. 9, 15)

CRM-Störungsprävention – Lehrer/förderliches Lernklima, Ausstattung des Klasenraums, Interaktion ➲ (11) Herr Köster, ein erfahrener Lehrer mit Lehrschwerpunkt in den Jahrgängen fünf und sechs, hat die Leitung einer fünften Klasse übertragen bekommen. Gleich in der ersten Elternsitzung vereinbart er mit den Schülereltern die Anschaffung eines preisgünstigen und stabilen Regalsystems, das die Eltern im Umlagesystem finanzieren. Er weiß, dass die Nutzungszeit eines festen Klassenraums an seiner Schule drei Jahre beträgt und auf Wunsch verlängert werden kann. Eine solche Anschaffung macht also auch von daher Sinn. Nachdem das Geld für die Anschaffung und die notwendige Anzahl von strapazierfähigen Kartons zur Aufnahme der Schülermaterialien zusammengekommen ist, bestellt Herr Köster alles online zur Lieferung an die Schule.

Auf seine Einladung kommen die Eltern und Schüler seiner fünften Klasse an einem Nachmittag in die Schule. Gemeinsam montieren die Erwachsenen die Regale standsicher, während die Schüler ihre Kartons mit Namen beschriften und ihre Materialien nach einer Liste von Herrn Köster einräumen. Nach getaner Arbeit setzt man sich in der „grünen Ecke" des Schulhofs zum Grillen zusammen. Herr Köster möchte dabei die Eltern näher kennenlernen und sie in der Interaktion mit ihren Kindern erleben. Gleichzeitig möchte er sich Eltern und Schülern vorstellen und ihr Vertrauen gewinnen. Er nutzt die Gelegenheit, den Eltern und Schülern klar zu vermitteln, was sie von ihm als Lehrer und Klassenleiter zu Recht erwarten können und welche Erwartungen er an sie zur Förderung von Lernen und Sozialverhalten hat. An diesem Nachmittag äußern auch einige Eltern ihre Bereitschaft, Herrn Köster auf die dreitägige Klassenfahrt am Ende des Schuljahres zu begleiten. Herr Köster wertet dieses als ersten Vertrauensbeweis. (S. 31, 123)

Unordnung, Sachbeschädigung/Schüler – Lehrer/Verstoß gegen Erziehungspflicht, Führungsschwäche ➲ (12) Frau Hansmann vertritt zurzeit eine in Pension gegangene Lehrerin als Leiterin einer 9. Klasse an einem Großstadtgymnasium. Während des Unterrichts bei Frau Hansmann testen die Schüler, wie weit sie mit Unterrichtsstörungen und Fehlverhalten gehen können. Sie kauen genüsslich Kaugummis während des Unterrichts und kleben sie ausgelaugt unter die Tischplatten. Alle Abfälle der Erfrischungen, die sie in der Unterrichtszeit genießen, lassen sie auf den Boden gleiten. Frau Hansmann toleriert dieses Verhalten und teilt den an der Schule üblichen Ordnungsdienst zur Reinigung des Klassenraums pro forma ein, ohne das Ergebnis je zu kontrollieren.

Ihre Schüler haben die Führungsschwäche von Frau Hansmann längst erkannt und verhalten sich entsprechend: Der Klassenraum bleibt schmutzig. Tische und Wände werden bald von den Schülern mit Grafitti versehen, Fenster- und Türgriffe werden abmontiert. Die bisherige Klassengemeinschaft zerfällt in zwei Lager, in die Befürworter und in die Gegner dieses Verhaltens. Als Frau Hansmann durch den Stufenleiter auf den schlechten Zustand ihres Klassenraums hingewiesen wird, erwidert sie, dass sie zum Lehren eingestellt worden sei und nicht zum Putzen. Es sei Sache der Eltern, ihre Kinder zu Ordnung und Reinlichkeit zu erziehen. Der Stufenleiter sieht sich gezwungen, Frau Hansmann auf ihre Erziehungspflichten als Lehrerin hinzuweisen. (S. 31f., 44, 48, 63)

Störungsprävention – Lehrer/förderliches Lernklima, sorgsame Nutzung des Klassenraums (13) Lehrerin Karadeniz nutzt die Wände des Klassenraums ihrer achten Klasse systematisch. Neben einem kurzen Katalog von Klassenregeln haben Ankündigungen – darunter der Wochenarbeitsplan und der Plan für den Ordnungsdienst – ihren festen und gut sichtbaren Platz zu beiden Seiten der Tafel. Frau Karadeniz lässt ihre Schüler die von ihnen dokumentierten Projektergebnisse an der rückwärtigen Wand aufhängen. Die Langseite gegenüber der Fensterfront überlässt sie ihren Fachkollegen zu deren

Visualisierungszwecken. Sie achtet darauf, dass die Poster nicht beschädigt werden. Zu Beginn eines neuen Lernthemas lässt sie die vorherigen Wandskripte abhängen und verwahrt sie bis zum Ende des Schuljahres. Zu diesem Zeitpunkt findet traditionsgemäß ein Schul- und Sportfest an der Schule statt. Es ist üblich, den Schülereltern über Sport und Geselligkeit hinaus einen Einblick in die Arbeit der Fächer zu vermitteln. (S. 32f.)

CRM-Störungsprävention – Lehrer und Schüler/Klassenregeln, Unverbindlichkeit ➲ (14) Junglehrer Nauheim hat im Referendariat vom Nutzen der Klassenregeln erfahren. Mit seinen Schülern der Klasse fünf erarbeitet er Klassenregeln. Die Schüler müssen dazu alte Tapetenrollen mitbringen. In Partnerarbeit entstehen 14 – in großen Teilen redundante – Kataloge von Klassenregeln, die Herr Nauheim über die Wände des Klassenraums verteilen lässt. Die Regeln werden von den Schülern danach nicht mehr zur Kenntnis genommen; es tritt keine Veränderung ihres Verhaltens ein. (S. 33)

CRM-Störungsprävention – Lehrer und Schüler/Klassenregeln, Verbindlichkeit

Im Klassenraum neben dem Novizen Nauheim führt der **➲ (15) Experte Costaldo** die Parallelklasse. Auch er hat durch seine Schüler Klassenregeln erstellen lassen und eine Jury aus sechs Schülern wählen lassen, die unter seiner Leitung die wichtigsten Regeln auswählen und in der Formulierung überarbeiten sollen. So entsteht folgender Katalog von fünf Klassenregeln:

Wir sind Schüler und Schülerinnen der Leibniz-Schule[189].

1. Wir engagieren uns für unsere Schule.
2. Wir sind fair und friedlich.
3. Wir vermeiden Müll, Beschädigung und Gewalt.
4. Wir arbeiten konzentriert und aktiv im Unterricht mit.
5. Wir befolgen die Anweisungen der Lehrer.

Herrn Costaldos Kollegen gefällt der Regelkatalog, so dass sie ihn auch in ihren Klassenräumen aufhängen. Der Schulleiter lässt die Klassenregeln für alle Unterrichtsräume im Posterformat drucken und durch den Hausmeister anbringen. Auf der Regionalkonferenz der Schuldirektoren wird der Leiter der Leibniz-Schule in der Kommune Wunschberg auf diese Maßnahme

189 Vgl. S. 33.

angesprochen. Der Direktor der Olof-Palme-Gesamtschule im angrenzenden Stadtviertel möchte den Regelkatalog auch für seine Schule verwenden. (S. 33, 108)

CRM-Störungsprävention durch förderliches Lernklima – Lehrer/Klassenraumausstattung als Quelle nützlicher Unterrichtsimpulse ➲ (16) Frau Manderscheid bezieht typische Gegenstände der Jahreszeiten zur Versprachlichung in den Englischunterricht ihrer fünften Klasse ein. Zusammen mit ihren Schülern schmückt sie den Klassenraum im Wechsel der Jahreszeiten und lässt daraus erste Wortfelder und Mind Maps entstehen, die ihre Schüler in ihr Wortschatzheft eintragen. Ihre Schüler bringen Kastanien, Muscheln, Blumen oder besondere Steine mit, die im Englischunterricht vielfache Lernanwendung hinsichtlich Fundort, Beschaffenheit oder Farben finden. Wenn eine neue Jahreszeit beginnt, werden die bisherigen Exponate zurückgegeben oder entsorgt. Früher hat Frau Manderscheid auch Wert auf Zimmerpflanzen in ihrem Klassenraum gelegt. Aber sie hat einsehen müssen, dass Ferienzeiten kontraproduktiv für Blumenpflege und Klassenräume auch keine Wohnzimmer sind. (S. 34)

CRM-Förderliches Lernklima – Lehrer/Leitungsteam, differenzierte Tischgruppen mit gemeinsamer Note für soziale Leistung ➲ (17) Frau Hassel und Herr Wilbertz führen als Klassenleitungsteam eine inklusive achte Klasse. Sie haben sich vor Übernahme der Klasse viele Gedanken gemacht, darunter auch zur Sitzordnung. Die beiden Klassenleiter haben sich für schräg stehende Vierertische entschieden. Ihre Schüler sollen ungehinderten Blick zum Instructional Centre, dem Zentrum für Instruktion (ZI), haben. Die beiden Klassenleiter haben nach Rücksprache mit der vorherigen Klassenleitung die Besetzung der Tische festgelegt. An allen Tischgruppen sitzen ein überdurchschnittlicher Schüler, ein durchschnittlicher, ein unterdurchschnittlicher und ein Inklusionsschüler (unabhängig von den dessen Leistungsdurchschnitt). Frau Hassel und Herr Wilbertz sind sich sicher, damit einen Beitrag zur Förderung von partnerschaftlichem Lernen in einem positiven sozialen Klima zu leisten. Sie sind darüber hinaus entschlossen, neben der individuellen Lernleistung auch eine gemeinsame Note für die soziale Leistung jeder Tischgruppe zu erteilen. Diese soll auch Eingang in die Notengebung auf dem Zeugnis finden. Die Debatte darüber, ob es neben der Benotung der individuellen Lernleistung auch eine Gruppenbenotung für Sozialleistung geben soll, und wenn ja, in welchem prozentualen Verhältnis diese in die Gesamtnote eingehen sollen, ist im Lehrerzimmer kontrovers. Die nächste Lehrerkonferenz soll hierzu Vorschläge zur Vorlage bei der Schulkonferenz erarbeiten. (S. 35, 47)

CRM-Störungsprävention durch förderliches Lernklima – Lehrer/Lernsettings für Arbeitsformen, ZI ➲ (18) Frau Wegener als Lehrerin für Deutsch und Englisch am Beethoven-Gymnasium unterrichtet Klassen und Kurse in beiden Sekundarstufen. Das Gymnasium hat, als es vor einigen Jahren einen Anbau erhielt, das Lehrerraumprinzip eingeführt. Frau Wegener hat sich in ihrem Raum für die Sitzordnung „Offenes Rechteck" entschieden. Für Gruppenarbeiten lässt sie jeden zweiten Tisch aus der Rechteck-Reihe herausziehen und direkt gegenüber dem vorigen Tisch stellen, so dass Vierertischgruppen entstehen. Zusätzlich verfügt sie über 6 Stapelstühle in der vorderen linken Ecke des Raums, die sie bei Bedarf zu einem kleinen Sitzkreis aufstellen lassen kann; sie benötigt ihn regelmäßig für ihre jüngeren Klassen in Deutsch und Englisch zu Lese- und Ausspracheübungen. Das Umräumen vom „Offenen Rechteck" zum Format „Vierertische" und das Aufstellen der Stapelstühle zum Sitzkreis hat sie mit ihren Schülern intensiv eingeübt, so dass dieses routiniert und geräuscharm vor sich geht.

Wenn Frau Wegener den Sitzkreis zu Lese- und Ausspracheübungn benutzen will, erteilt sie dem Plenum eine Aufgabe in stiller Einzelarbeit. Dann ruft sie jeweils sechs Schüler aus dem Plenum auf. Diese nehmen sich einen Stuhl vom Stapel und setzen sich in einen Kreis in der vorderen rechten Raumecke. Frau Wegener setzt sich mit ihrem Lehrerstuhl dazu. Wenn die Übungen im Sitzkreis für die erste Gruppe beendet sind, ruft die Lehrerin die zweite Gruppe auf, während die erste Gruppe wieder im Plenum Platz nimmt und sich der gestellten Einzelarbeit widmet. Die letzte Sitzkreisgruppe stellt die Stapelstühle zurück an den Ausgangsplatz und geht zurück ins Plenum. Dann positioniert sich Frau Wegner im ZI. Die Schüler wissen, dass sie besonders gut aufpassen müssen, wenn ihre Lehrerin diesen Standort einnimmt. Nun bespricht Frau Wegener die Ergebnis der Stillarbeit mit ihren Schülern. Diese werden anschließend an der Tafel festgehalten. Die Schüler von Frau Wegener schreiben diese Ergebnisse unaufgefordert in ihre Hefte. (S 35f., 40, 50)

CRM-Störungsprävention – Lehrer/Regeln und Routinen, Datum-Agenda-Ritual, Lehrgemeinschaft ➲ (19) Herr Runge hat im Deutschunterricht seiner fünften Klasse eingeführt, Datum und Stundenagenda anzuschreiben und seine Schüler dazu angehalten, diese Informationen in ihre Hefte zu schreiben. Mit diesem Ritual will er seinen Schülern die Stoffwiederholung erleichtern und den Schülereltern Transparenz über die Inhalte des Deutschunterrichts vermitteln. Auf der Jahrgangskonferenz wirbt er bei seinen Kollegen der anderen fünften Klassen darum, dass auch sie das Datum-Agenda-Ritual einführen. Seine Kollegen zeigen jedoch wenig Neigung, den Vorschlag von Herrn Runge anzunehmen und verweisen darauf, dass sie „ihr eigener Herr im Unterricht" seien und schon ohne diesen „neumodischen Quatsch" genug Arbeit hätten. Lediglich Herrn Runges Kollegin, **Frau Yilmaz,** interessiert sich näher und nimmt Herrn Runges Einladung zur kollegialen Hospitation in seinem Unterricht an. Danach führt sie das Datum-Agenda-Ritual auch im Mathematikunterricht ihrer fünften Klasse ein. Beide Lehrkräfte schließen sich für die nächsten Jahre ihrer Klassenleitung zu einer Lehrgemeinschaft zusammen. Sie gehen davon aus, dass ein gemeinsames Vorgehen ihre Arbeit erleichtert und zum Vorteil für ihre Schüler ist. Die Eltern der Klassen von Herrn Runge und Frau Yilmaz begrüßen ihr Datum-Agenda-Ritual ganz ausdrücklich. (S. 39)

Störungsprävention – Lehrer/Regeln und Routinen, Begrüßung, Start-Aufgabe ➲ (20) Lehrerin Wendland hat mit ihrer achten Klasse verabredet, dass die Schüler bei der Begrüßung durch Frau Wendland aufstehen. Das soll für alle sichtbar den Beginn des Unterrichts und die Konzentration auf das Lernen markieren. Private Gespräche sollen dann verstummen, und die Schüler sollen nach der Datum-Agenda-Phase mit der Lösung der Eingangsaufgabe beginnen.

Frau Wendland hat besonders viel Mühe gehabt, den Schülereltern den Sinn dieses Rituals zu erklären. Sie wurde mit Bemerkungen wie „Kasernendrill" und „autoritäres Gehabe" bedacht. Es gelang Frau Wendland dennoch, die Mehrheit der versammelten Eltern vom Sinn und Wert ihrer Maßnahme zu überzeugen, zumal Frau Wendland in der Schule für ihren Humor im Unterricht bekannt ist. Für sie ist eine Unterrichtsstunde nur dann gelungen, wenn zum Lernen auch das Lachen hinzukommt. (S. 39f.)

Professionelle Lerngemeinschaften – Lehrer/Regeln und Routinen Methodenaustausch, Meldekette ➲ (21) Referendar Kurnaz hat über längere Zeit in **Frau Scherers** fünfter Klasse hospitiert und unter Frau Scherers Supervision unterrichtet. Herr Kurnaz hat Frau Scherers Routine zum Unterrichtsbeginn, die sogenannte Start-Aufgabe, als sinnvoll in sein Lehrerhandeln übernommen. Dazu hat er in der Klasse noch eine weitere Routine eingeführt, die der Schülerinteraktion im Unterricht dienen soll. Es handelt sich um die „Einmal-Jungen-Mädchen-Meldekette". Hierbei ruft zunächst Herr Kurnaz einen Schüler zur Antwort auf; von da ab geht das Aufrufen in die Hand der Schüler über. Es müssen abwechselnd Jungen und Mädchen aufgerufen werden, jeder nur einmal, und auch die nicht Meldewilligen werden aufgerufen. So entlastet sich Herr Kurnaz von dem kurzatmigen Ping-Pong-Spiel des Aufrufens und kann sich besser auf die Qualität der Beiträge konzentrieren. Seine Schüler nehmen auch diese Routine, die Herr Kurnaz spielerisch eingeführt hat, begeistert auf. (S. 40).

Professionelle Lerngemeinschaften – Lehrer/Regeln und Routinen, Methodenaustausch ➲ (22) vgl. (18) Auch **Frau Wegener,** die **Frau Scherer** von schulübergreifenden Lehrerarbeitsgemeinschaften kennt, möchte die Start-Aufgabe und die „Einmal-Jungen- Mädchen-Meldekette" für ihre Klasse übernehmen, während Frau Scherer die Raumanordnung von Frau Wegener mit Sitzkreis und ZI interessant findet. Sie will prüfen, ob die Abmessungen des Klassenraums ihrer fünften Klasse dieses zulassen und ob der Hausmeister ihr zusätzliche Stapelstühle geben kann. Beide Kolleginnen möchten zukünftig auch dem Bericht des Klassensprechers von den monatlichen SV-Sitzungen der Schule einen festen Platz in der Klassenleitungsstunde einräumen, um so die Schüler-Kommunikation zu stärken und das Zugehörigkeitsgefühl zur Schule zu fördern. (S. 40)

CRM-Störungsprävention – Lehrer/Regeln und Routinen, Schülerassistenz ➲ (23) Lehrer Wielpütz unterrichtet Biologie und Chemie überwiegend in den neunten bis zwölften Jahrgangsstufen einer Gesamtschule. Er hat das bislang in den Naturwissenschaften der Schule gepflegte Helfersystem erweitert. Für jeden Monat teilt Herr Wielpütz nach alphabetischer Reihenfolge zwei „Assistenten" ein, die nicht nur im Vorbereitungsraum und beim Versuchsaufbau helfen, sondern in Zusammenarbeit mit Herrn Wielpütz alle Zusatzaufgaben rund um den Kernunterricht übernehmen. Sie teilen etwa Materialien aus, schreiben Datum und Stundenagenda an, helfen nach dem Unterricht beim Aufräumen und schließen Fenster und Schränke ab. Herr Wielpütz hat über Jahre die Erfahrung gemacht, dass die Schüler diese Aufgaben gern übernehmen und dass ihr Verantwortungsgefühl gestärkt wird. Herr Wielpütz erteilt seinen „Assistenten" dafür eine Mitarbeitsnote, die mit in die Gesamtnote zum Zeugnistermin einfließt. (S. 41, 88)

CRM-Störungsprävention – Lehrer/Regeln und Routinen, Wochenarbeit, der wandernde Papierkorb, Selbstwirksamkeit ➲ (24) Herr Rheindorf unterrichtet Mathematik in einer fünften Klasse am Richter-Gymnasium. Seine Schüler sind ihrem Alter entsprechend lebhaft und kommen überwiegend von Grundschulen, in denen ihre Klassenlehrerinnen sie mütterlich umsorgt und „den Kleinen" alle unangenehmen Aufgaben abgenommen haben. So wurden die Grundschüler grundsätzlich mit allem, was sie vergessen hatten, durch ihre Lehrerinnen versorgt. Auch der Abfall, den die Schüler wie selbstverständlich auf den Boden warfen, wurde zum Unterrichtsende durch die Klassenlehrerinnen entsorgt. Herr Rheindorf vermisst an seinen Schülern Verantwortungsbewusstsein und Selbstwirksamkeit. Zunächst führt er statt der fast täglichen Hausaufgabe die sogenannte Wochenarbeit ein. Er teilt dazu seinen Schülern zu Wochenbeginn mit, welche Aufgaben sie bis zur letzten Stunde in der Woche bearbeiten sollen. Herr Rheindorf erklärt ihnen die Aufgaben und weist darauf hin, worauf es bei der Lösung ankommt und wie man sich die Bearbeitungszeit sinnvoll einteilt. Zur Wochenmitte fragt er den Bearbeitungsstand bei seinen Schülern ab. Die letzte Wochenstunde wird dazu genutzt, die Aufgaben ausführlich zu besprechen und den Schülern den Raum zu geben, ihre Lösungen vorzustellen. Auf dem Wochenplanblatt, das Herr Rheindorf zu Wochenbeginn aushändigt, steht auch eine Start-Aufgabe für jeden Wochentag, an dem die Fünftklässler bei ihm Mathematikunterricht haben. Ein zusätzlicher Wochenplan mit Start-Aufgaben wird an der Seitentafel des Klassenraums aufgehängt. Binnen vier Wochen ist es Herrn Rheindorf gelungen, die Routinen Wochenplan und Start-Aufgaben wirksam und mit positivem Feedback durch die Schüler einzuführen.

Jetzt stört Herrn Rheindorf nur noch der unsaubere Zustand des Klassenraums. Er teilt wochenweise einen Ordnungsdienst ein, der unter seiner Aufsicht den Raum ausfegt. Wenn es zu Unterrichtsbeginn schmutzig ist, nimmt Herr Rheindorf sofort den Papierkorb zur Hand und geht damit an den Schülertischen vorbei. Seine Schüler wissen jetzt, dass sie ohne weitere Aufforderung sofort den Abfall unter und um ihren Tisch herum in den Papierkorb werfen müssen. Herr Rheindorf achtet darauf, dass der „wandernde Papierkorb" zum Schluss stets bei unterschiedlichen Tischen ankommt, denn der letzte Schüler muss dann den vollen Papierkorb im Container auf dem Schulhof ausleeren. (S. 41f.)

Störungsprävention – Lehrer/Regeln und Routinen, Ruhezeichen, Hotelglocke ➲ (25) Frau Manzetti ist Fachlehrerin für Deutsch und Geschichte in einer fünften Klasse. Nach Rücksprache mit den abgebenden Grundschulklassenleitungen ihrer Fünftklässler hat sie das in den Klassen eins bis vier mehrheitlich verwendete Ruhezeichen übernommen. Im Fall von zu großer Unruhe und Lautstärke erhebt Frau Manzetti die Hand mit gespreizten Fingern✋. Auch Schüler, denen es im Unterricht zu laut ist, können aufstehen und dieses Zeichen benutzen.

Zum Beenden einer Einzel-, Partner- oder Gruppenarbeitsphase betätigt Frau Manzetti zusätzlich eine kleine Hotelglocke, die sie täglich in ihrer Aktentasche mit sich führt. Die Schüler wissen, dass sie dann die Arbeit zügig zu beenden haben, so dass die Arbeitsergebnisse beim zweiten Glockenzeichen vorgetragen werden können. (S. 42, 51)

Unterrichtsstörungen – Lehrer/Übermaß an Diskussion, mangelnde Führungskompetenz ➲ (26) Herr Diepenbach unterrichtet als Fachlehrer für Mathematik überwiegend in den beiden Abschlussjahrgängen der Sekundarstufe I. Er leidet unter dem Mangel an Disziplin, Aufmerksamkeit und Fleiß seiner zehnten Klasse. Er sieht sich nach vielen fruchtlosen Ermahnungen und folgenlosen Predigten am Ende seiner Führungsmöglichkeiten. Um noch ein einigermaßen erträgliches Gruppenklima aufrecht zu erhalten, scheut er Sanktionen – wie seine Berufskollegen ➲ (01) Referendarin Mersch, ➲ (02) Lehrer Römer, ➲ (07) Herr Richter, ➲ (08) Herr Schnitzler oder ➲ (12) Frau Hansmann. Er ist sich bewusst, dass sein Unterricht oft schleppend und mäandrierend verläuft, dass er häufiger in Erzählungen über seine privaten Hobbies abschweift, weil ihm seine Schüler wenigstens dann Aufmerksamkeit schenken.

Da Herr Diepenbach mit seiner Klassenführung letztlich unzufrieden ist, fragt er eine Referendarin an seiner Schule um Rat. Er geht davon aus, dass sie im Rahmen der Lehrerbildung moderne Arten der Bewältigung von Unterrichtsstörungen gelernt hat. Die Referendarin rät Herrn Diepenbach, die auftretenden Störungen stets mit der gesamten Klasse zu thematisieren und zu problematisieren. Dann würden die Schüler schon mit der Zeit erkennen, wie sie sich im positiven Sinn zu verhalten hätten.

Herr Diepenbach folgt dem Rat. Seine Unterrichtsunterbrechungen nehmen dadurch einen großen Raum ein; die Schüler sind von dem „ewigen Gelaber genervt". Herr Diepenbach merkt nicht, dass dieses unverhältnismäßige Palaver um jede Störung nicht nur ein Zeitdieb ist, sondern auch seine Position schwächt, indem es die Grenzziehung verwischt. Darüber hinaus lässt der Lehrer jegliche Sanktion vermissen. Herrn Diepenbachs Vorgehensweise führt zu keiner Änderung im Schülerverhalten – im Gegenteil: Es trägt zur weiteren Schwächung des Sozialen Kapitals der Lerngruppe bei. Auch die bislang gutwilligen und motivierten Schüler machen jetzt bei Störungen mit, denn nach ihrer Ansicht lohnt sich Aufpassen und Mitmachen in Herrn Diepenbachs Unterricht nicht. (S. 44f., 56)

CRM-Störungsintervention – Lehrer/Gruppenfokus, Steuerung primärer Hand-lungsvektoren

(27) Frau Aragon, Lehrerin für Englisch und Latein an einer sogenannten Brennpunktschule, geht im Gegensatz zu ➲ (08) Herrn Schnitzler dabei so vor:

Frau Aragon: *„Dilek, konzentrierst du dich jetzt wieder auf deine Arbeitsergebnisse?"*

Dilek: (Holt die Unterlagen vor und hält mit Frau Aragon lächelnd Blickkontakt)

Frau Aragon: (lächelt kurz und wertschätzend zurück, blickt dann aber sofort ins Plenum). *„So, jetzt wollen wir die Ergebnisse der ersten Aufgabe eurer Einzelarbeit vergleichen und überprüfen. Wie ihr wisst, kommt es bei dieser Aufgabe darauf an, das richtige Tempus zu setzen. Lest die Sätze vor und begründet eure Tempuswahl an Hand der vorgegebenen Signalwörter. Dilek, fang du bitte an!"*

Durch diese Vorgehensweise – kurze Ermahnung und positive Wiedereinbindung – steuert Frau Aragon die primären Handlungsvektoren in der Übergangsphase von der Einzelarbeit zum Plenumsvortrag. Sie lässt sich nicht aus dem Konzept bringen; sie bleibt freundlich im Ton und gleichzeitig fest in Sache und garantiert so den Primat des anhaltenden Unterrichtsflusses. Als Altsprachlerin nennt sie ihre Strategie im Gespräch mit ihren Referendaren zur Ausbildung manchmal scherzhaft *suaviter in modo, fortiter in re.* (S. 46f., 48, 54)

CRM-Störungsprävention – Lehrer/Gruppenfokus, Breitenaktivierung, transparente Leistungserwartung ➲ (28) Herr Falke achtet darauf, dass er bei wichtigen, da weiterführenden Fragestellungen im Unterricht eine große Anzahl seiner Schüler aktiviert. Er wartet, bis sich hinreichend Schüler melden. Auf dem Weg dahin, fragt er etwa ins Plenum: *„Nur drei trauen sich die Antwort zu? Wir sind aber 33 mit mir."* Wenn sich dann weitere Schüler melden, sagt er:" Schön, jetzt melden sich schon elf, nein, 11 ein halb (damit verweist er auf einen Schüler, der sich zögerlich zu Wort meldet). Denkt bitte daran, wir sind ganz unter uns. Sonst hört uns niemand zu. Fehler sind nicht schlimm oder dumm, sondern oft nützliche Helfer. Deswegen lachen wir auch nicht übereinander." Dann initiiert er die Einmal-Jungen-Mädchen-Meldekette.

Auf diese Weise bindet Herr Falke – im Gegensatz zu ➲ (07) Herrn Richter und ➲(9) Frau Sebald und Herrn Richter – eine große Anzahl seiner Schüler in die gemeinsame Erarbeitung des Stoffes ein und nimmt ihnen die mögliche Sorge, sich durch eine falsche Antwort vor den anderen zu blamieren. Gleichzeitig verhindert der Lehrer auch die Bevorzugung derer, die die Lösung schnell erkannt haben und sich deswegen als erste melden. So kommt auch in Herrn Falkes Lerngruppen kein Gerede über „Streber" auf.

Herr Falke ist ebenfalls fair und transparent in seiner Leistungserwartung. Gleich zu Beginn des Schuljahres erklärt er seinen Schülern und deren Eltern genau, wie er bei der Notenbildung vorgeht. Er erläutert, dass er entsprechend der Rechtslage die „Sonstige Mitarbeit" (Meldefrequenz- und qualität, Hausaufgaben, Tests und Referate) „angemessen" in die Gesamtnote einbezieht. Den Schülern macht er bewusst, dass eine qualifizierte und dauerhafte „Sonstige Mitarbeit" eine „wacklige Note" im schriftlichen Bereich nach oben aufrundet. Zusätzlich wirft Herr Falke – so wie seine Berufskollegen ➲ (16) Frau Hassel und Herr Wilbertz – eine Teamnote für die Gruppenarbeiten seiner Vierertische abrundend mit in die Waagschale. Eltern und Schüler wissen nun, worauf es ankommt und können die Demonstrationsbeispiele, die Herr Falke visualisiert, gut nachvollziehen.

Durch Breitenaktivierung und transparenter Leistungserwartung gelingt es Herrn Falke schon seit Jahren in allen Klassen, die er unterrichtet, eine hohe Beteiligungsquote zu sichern. (S. 47, 57f.)

CRM-Störungsintervention – Lehrer/Führungskompetenz, Rechtssicherheit, Prinzip KISS & DRY, Sanktion ➲ (29) vgl. (15) Herr Costaldo, dessen

8

Regelkatalog sich weiterhin bewährt hat, verhält sich anders als seine Berufskollegen ➲ (01) Referendarin Mersch, ➲ (02) Lehrer Römer, ➲ (07) Herr Richter, ➲ (08) Herr Schnitzler oder (12) Frau Hansmann. Herr Costaldo weiß, dass man sich als Lehrer auch Konflikten mit seinen Schülern stellen und angemessen handeln muss. Ihm ist bewusst, dass Scheintoleranz eine tückische Option ist, denn sie lädt dazu ein, dass die negierten Probleme durch die Drehtür wieder hereinkommen. Schüler honorieren eine solche Haltung bei Lehrern generell nicht, sondern legen sie als Schwäche aus. Herr Costaldo weiß auch, dass man Lehrerkritik an Schülerverhalten nur dann akzeptiert und befolgt wird, wenn der Lehrer selbst ein authentisches, zuverlässiges und wertschätzendes Verhalten gegenüber seinen Schülern an den Tag legt.

In diesem Schuljahr unterrichtet er eine neunte Klasse, die sich phasenweise bevorzugten Aktivitäten widmet. Dabei übt insbesondere das Handy als sekundärer Handlungsvektor eine große Versuchung aus. In der Einzelarbeitsphase „checkt" Linda in Seelenruhe ihre Mails. Herr Costaldo, der bei leichten Störungen generell so agiert wie Frau Aragon, sieht das und sagt zu ihr: *„Linda, schalt dein ‚Handy' aus und löse die Aufgabe."* Sofort wendet er sich wieder der gesamten Lerngruppe zu, indem er an den Gruppentischen vorbei geht, um sich über den Fortschritt der Einzelarbeiten zu überzeugen. Linda hat ihr ‚Handy' nicht ausgeschaltet, sondern teilt stattdessen lustige Fotos von „Grumpy Cat" per Whatsapp mit ihren Freunden. Herr Costaldo, der Linda seit seinem mobilisierenden Aufruf mit im Blick gehalten hat, bekommt auch dieses Fehlverhalten mit und sagt mit fester Stimme: *„Linda, mach dein ‚Handy' sofort aus. Unsere Regel lautet: Wie arbeiten im Unterricht konzentriert und aktiv mit".* Dabei zeigt er auf Regel Nr. 4 des Klassenkanons.

Da Linda keine Anstalten macht, Herrn Costaldos Anweisungen zu folgen, veranlasst der Lehrer die Schülerin, das Gerät auszuschalten; unmittelbar danach zieht Herr Colstaldo das ‚Handy' ein mit der Bemerkung: *„Du kannst das Gerät nach Schulschluss bei mir abholen."* Auf Lindas Einwände geht Herr Costaldo nicht ein, denn er weiß, dass öffentliche Verhandlungen bei einer für die ganze Schule geltenden Regel nicht angebracht sind. Er hält es mit den Prinzipien 1-2-Sanktion (zwei gestufte Ermahnungen, dann Sanktion) sowie KISS & DRY (<u>K</u>eep <u>i</u>t <u>s</u>hort and <u>s</u>imple and <u>d</u>on't <u>r</u>epeat <u>y</u>ourself). Als Linda nach Schulschluss das ‚Handy' bei ihrem Lehrer abholt, macht Herr Costaldo sie darauf aufmerksam, dass er Lindas Eltern bei ihrem nächsten Fehlverhalten mit einbeziehen wird.

Herr Costaldo ist sicher in seinen Entscheidungen, denn er hat schon mehrere Fortbildungsveranstaltungen zum Schulrecht mitgemacht. Daher kennt er seine Spielräume und Grenzen als Lehrer ganz genau. Er weiß, dass er grundsätzlich angemessen und verhältnismäßig vorzugehen hat und dass erst zielgerichtete erzieherische Einwirkungen ausgeschöpft werden müssen, bevor Ordnungsmaßnahmen greifen können.

§ Herr Costaldo, der an einer Kölner Gesamtschule arbeitet, weiß sicher, dass Linda durch ihr wiederholtes Fehlverhalten gegen § 42, Abs. 3 S. 1 SchulG NRW verstoßen hat: *„Schülerinnen und Schüler haben die Pflicht, daran mitzuarbeiten, dass die Aufgaben der Schule erfüllt und das Bildungsziel erreicht werden kann.*" Hieraus leitet sich ab, dass Störungen des Unterrichts unterbunden werden dürfen und zu unterlassen sind. Ohne Zweifel ist das Benutzen des ‚Handys' während des Unterrichts eine Störung und ist damit zu unterlassen. Um störende Anrufe oder Nachrichten zu verhindern, muss das ‚Handy' während des Unterrichts ausgeschaltet werden. Wenn ein Schüler das Telefon verbotswidrig im Unterricht benutzt, so ist zunächst auf den Schüler gemäß § 53 Abs. 2 SchulG NRW erzieherisch einzuwirken. Wenn die erzieherische Einwirkung den Schüler nicht dazu veranlasst, das störende Verhalten zu unterlassen, kann die Lehrkraft das ‚Handy' zeitweise wegnehmen, um weitere Störungen zu verhindern. Dabei sollte das Telefon immer vom Schüler ausgeschaltet werden. Spätestens am Ende des Unterrichtstages muss das Gerät dem Schüler wieder ausgehändigt werden. (S. 18f.)

CRM-Störungsintervention – Lehrer/Präsenz- und Stoppsignale/gezielte Lokation, Mimik, Gestik

So wie Frau Wegener ➲ **(18 u. 22)** ist ➲ **(30) Frau Simitris** nicht bereit, ihre ganze Berufszeit „eingequetscht" zwischen Tafel und Lehrertisch zu verbringen. Sie nutzt in ihrer 7. Klasse sowohl einen Sitzkreis als auch ganz bewusst das ZI. Zudem geht sie in Einzel- und Gruppenarbeitsphasen an den Vierertischen vorbei, um sich einen Überblick über den Arbeitsstand zu verschaffen. Dabei berät sie auch ihre Schüler freundlich, wenngleich tendenziell zurückhaltend, da sie die Selbstwirksamkeit ihrer Schüler fördern möchte. Zur Ergebnispräsentation bittet Frau Simitris ihre Schüler in das ZI, während sie sich an der Langseite des Klassenraums gegenüber Fensterwand postiert.

Bei Klassenarbeiten erläutert Frau Simitris ihren Schülern zunächst klar die Aufgabenstellung, geht kurz auf Nachfragen ein und versammelt dann ihre Schüler zu Konzentration und Ruhe. Während der weiteren Arbeitszeit hält sich Frau Simitris wieder an der Langseite gegenüber den Fenstern auf. Sie ruft ihre Schüler per Glockenzeichen zehn Minuten vor Arbeitsende auf, ihre Lösungen zügig abzuschließen und ihre Ergebnisse noch einmal zu überprüfen.

Frau Simitris nutzt Präsenzsignale durch gezielte Lokation systematisch und sinnvoll, ohne in Hektik oder „Hampelei" zu verfallen, denn sie weiß, dass eine übertriebene üler verstehen die non-verbalen Präsensignale ihrer Lehrerin und verbinden damit Vorhersehbarkeit, Sinnhaftigkeit und Verlässlichkeit.

Bei marginalen oder mittleren Störungen nutzt Frau Simitris ihre Repertoire an Präsenzsignalen gelegentlich auch zu Stoppzwecken. Als sich Yannik und Marco wieder einmal ihre Schreibetuis gegenseitig streitig machen, nimmt Frau Simitris zunächst affilierenden Blickkontakt zu den Störern auf. Als diese Maßnahme nicht hilft, geht Frau Simitris auf die beiden Schüler zu und stellt sich ostentativ hinter sie. Die Schüler fühlen sich ertappt und geben Ruhe. Sofort anschließend fordert die Lehrerin sie nacheinander zum Vorlesen auf.

Neben gezielter Lokation sind auch Mimik und Gestik – wie etwa das Ruhezeichen von ➲ (25) Frau Manzetti – sowie die Modulation der Stimme wirkungsvolle Präsenzsignale. Wesentlich ist dabei, dass diese Signale überzeugend und zielgerichtet eingesetzt werden, wobei sinnlose Übertreibung und ungerechtfertigte Anhäufung vermieden werden müssen. In diesem Zusammenhang ist der von J. Scrivener 2012 angebotene Katalog von Gesten für Lehrer nicht sonderlich zielführend. F. Thiel et al. 2012 stellten in ihren empirischen Forschungen fest, dass Experten sekundären Handlungsvektoren auch durch „affilierende Körperkontakte" präventiv begegnen. Frau Simitris verzichtet aus naheliegenden Gründen darauf und rät auch ihren Referendaren in Ausbildung dazu. Sie ist der Ansicht, dass zu einem guten professionellen Miteinander auch ein Minimum an Distanz gehört, damit das Miteinander auf Dauer auch gut bleibt. Zur Lehrerprofessionalität gehört ihrer Meinung nach auch, dass Kritikgespräche grundsätzlich im geschützten Raum stattfinden und nicht im Plenum. Deshalb kündigt Frau Simitris Yannik und Marco auch ein Gespräch nach Stundenende an. (S. 50f., 54)

CRM-Störungsintervention und -prävention – Lehrer/Präsenz- und Stoppsignale/Deeskalation, Incentives durch lernaffine Aktivitäten

➲ **(31) Lehrerin Meyer-Gerlach** setzt auf ein wertschätzendes Verhältnis zu ihren Schülern. Im Fall von leichten und mittleren Unterrichtsstörungen sind Humor und präventive Deeskalation ihre bevorzugten Strategien. Sie ist sich dessen bewusst, dass Deeskalation im Gegensatz zur Konfrontation noch Gestaltungs- und Umkehrspielräume beinhaltet. Als ihr Schüler Tobias aus der siebten Klasse seine Plastiktrinkflasche achtlos auf den Boden wirft, sagt sie zu ihm: "Tobias, du bist doch ein guter Basketballer. Wirf doch bitte deine Trinkflasche in den Papierkorb!" Tobias schmunzelt, nimmt die Flasche auf und wirft sie unter Anfeuerungsrufen seiner Mitschüler in gezieltem Weitwurf in den Papierkorb.

Frau Meyer-Gerlach pflegt Lernmotivation und Volition ihrer Klassen durch Belohnungsssteme – sogenannte Incentives – zu verstetigen und so Unterrichtsstörungen vorzubeugen. Anfangs hat sie ihre Schüler nach zwei Stunden guter und störungsfreier Mitarbeit mit zehn Minuten „Time out" belohnt, in denen sich die Schüler ihren bevorzugten Alternativen widmen durften. Nach ihrer Teilnahme an einer Reihe von Fortbildungen in Lernpsychologie hat Frau Meyer-Gerlach jedoch auf unterrichtsaffine Themen umgestellt, die sich als Transfer aus dem Unterricht ergeben. Sie bevorzugt jetzt Quiz oder andere Denksportaufgaben aus dem aktuellen Unterrichtsstoff. Natürlich bedeutet das für die Lehrerin mehr Vorbereitung – ganz im Gegensatz zur „Time out" im Laissez-faire-Stil – aber es ist für sie die lernpsychologisch wertvollere Option. (S. 51f.)

CRM-Störungsprävention – Lehrer/Prävention durch „Reibungslosigkeit und Schwung"

(32) Herr Neumann ist seit mehr als zehn Jahren Lehrer für Mathematik und Biologie an der Friedrich-Ebert-Gesamtschule. Er ist ungebrochen engagiert, bildet sich regelmäßig fort und arbeitet gern mit seinen Klassen und Kursen zusammen. Für etliche seiner Kollegen völlig unverständlich, freut sich Herr Neumann auf jeden Unterrichtstag. Herr Neumann ist bei seinen Schülern beliebt, weil sein Unterricht flüssig strukturiert und abwechslungsreich ist. Darüber hinaus genießt Herr Neumann wegen seiner Authentizität und Professionalität Achtung und Respekt bei seinen Schülern. Sie mögen es, dass er „hands-on" ist, Humor hat und sie nicht ewig „mit Sozialschmalz volllabert". Die Schüler akzeptieren auch, dass Herr Neumann ihnen bisweilen Grenzen aufzeigt. Auch die Schülereltern schätzen Herrn Neumann wegen seiner Expertise, Beratungskompetenz und Zuverlässigkeit. Sie danken es ihm, dass er ihre Kinder nicht lustlos verwahrt, sondern ihnen „wirklich etwas beibringt".

Zurzeit führt Herr Neumann seine Schüler in die Vektorenrechnung ein. Nachdem er sie über lehrerzentrierten ZI-Input grundlegend in die Materie eingewiesen hat, gibt er ihnen zwei niveaugestufte Aufgaben zunächst zur Einzelarbeit. Alle Schüler sollen die einfachere Aufgabe in Einzelarbeit lösen. Nach Beendigung dieser Arbeitsphase durch Glockenzeichen formieren sie ihre Tische zu festgelegten Vierertischgruppen, vergleichen ihre bisherigen Resultate, um sich dann in Teams an die Lösung der schwierigeren Aufgabe zu machen. Herr Neumann kennt die kritischen Übergänge des Prozesses von der Einzel- zur Gruppenarbeit. Ihm ist auch klar, dass die abschließende Präsentationsphase durch einzelne Schüler von ihm eine hinreichende Gruppenmobilisierung verlangen wird. Ebenso wird eine möglichst weitgehende Vermeidung von sogenannten School Survival Skills in Form von vorgetäuschter Teilnahme zu verhindern sein.

Während der Einzelarbeit seiner Schüler hält er sich an der Rückwand des Kursraums auf und behält seine Schüler im Blick, auch, um auf Nachfrage kurze Denkanstöße zu vermitteln. Vor der Umstellung der Tische zur Gruppenarbeit weist Herr Neumann seine Schüler noch einmal darauf hin, dieses leise zu tun und bei der Teamarbeit nur in gedämpftem Ton miteinander zu sprechen. Er gibt erneut ein Zeitfenster zur Aufgabenerledigung vor. Während der Gruppenarbeit geht Herr Neumann wiederholt an den Schülertischen vorbei und überzeugt sich vom Fortschritt der Arbeit. Um die Selbstwirksamkeit seiner Schüler zu fördern, vermeidet er detaillierte Hilfestellungen, sondern gibt lediglich ein Schlüsselwort preis, das ihnen beim Weiterarbeiten helfen soll. Schüler, die nicht bei der Sache sind, werden vom Lehrer angesprochen oder einfach „aufgesucht". Während der abschließenden Präsentationsphase sollen die zuhörenden Schüler ihre Ergebnisse vergleichen, Abweichungen im Lösungsweg wie in den Ergebnissen melden, die festgehaltene richtige Lösung notieren und zuletzt bewerten, wie verständlich für sie die Ergebnisvorstellung durch ihre Mitschüler war. So sichert Herr Neumann die Gruppenmobilisierung.

Zum Ende des Unterrichts fasst der Lehrer kurz die Stundenergebnisse zusammen, gibt seinen Schülern eine weiterführende Aufgabe und weist sie kurz in mögliche Lösungsansätze ein. (S. 54f., 57)

Unterrichtsstörungen – Lehrer/Mangel an Reibungslosigkeit und Schwung ➲ (33) Lehrerin Gülsüm hat ihren Schülern gerade eine Aufgabe zur Erledigung in Stillarbeit gegeben. Plötzlich fällt ihr Blick auf eine Bananenschale, die auf dem Boden liegt. Frau Gülsüm lässt sich von diesem sekundären Reiz so absorbieren, dass sie nicht nur den Verursacher auffordert, die Bananenschale sofort in den Papierkorb zu bringen, sondern ihren Schülern einen Vortrag über Ordnung und Sauberkeit im Klassenraum hält. Durch Frau Gülsüms unvermitteltes „Hineinplatzen" in die Schülerarbeit gerät die begonnene Stillarbeit in den Hintergrund, und der Unterricht verliert an Reibungslosigkeit und Schwung. Die Methode des „wandernden Papierkorbs" als zeitgerechter, stummer Impuls hätte die Störung der primären Handlungsvektoren verhindert. (S. 56)

Unterrichtsstörungen – Lehrer/mangelnder Unterrichtsfluss, thematische Verkürzung ➲ (34) Herr Büttgen unterrichtet Erdkunde und Sozialwissenschaften an der Gesamtschule in Kirchhundem. Als begeisterter Geograph hat er viele Länder bereist. Heute behandelt er mit seinen Schülern das Thema „Umweltveränderungen, dargestellt am Tropischen Regenwald". Nach kurzer, zielführender Einführung wird Herr Büttgen unvermutet an seine vor sieben Jahren unternommene Abenteuerreise in das Amazonasgebiet erinnert. Automatisch schwenkt er über in eine breite Darstellung seiner Reiseerlebnisse. Als es ihm schließlich gelingt, auf das eigentliche Thema zurückzukommen, bleiben ihm von der Stunde nur noch zehn Minuten. So wird das Primärthema stark verkürzt, und Herr Büttgen torpediert seinen eigenen Unterrichtsductus. (S. 56, 139)

CRM-Störungsprävention – Lehrer/Gruppenfokus, Gruppenmobilisierung, Rechenschaftsprinzip➲ (35) Lehrerin Volcović unterrichtet Mathematik in einer 7. Klasse. Sie bittet die Schülerin Anna, die Ergebnisse ihrer Einzelarbeit an die Tafel zu schreiben und zu erklären, wie sie zu den einzelnen Lösungsschritten gelangt ist. Das Plenum wird aufgefordert, seine Rechenergebnisse mit denen von Anna zu vergleichen. Nachdem Frau Volcović Annas Resultat bestätigt hat, bittet sie alle Lerner, die dasselbe Ergebnis wie Anna haben, um ihr Handzeichen. So verschafft sich die Lehrerin einen ersten Überblick über den Lernerfolg ihrer Schüler. Alle diejenigen, die ein abweichendes

Ergebnis haben, können ihr Resultat freiwillig zur gelenkten Diskussion und Beratung im Plenum vorstellen. Die zurückhaltenden Schüler, die sich dem Plenum noch nicht stellen möchten, werden von ihrer Lehrerin zur Beratung in den Sitzkreis gebeten, während das Plenum einen weitergehenden Arbeitsauftrag erhält. Auch bei Frau Volcović wird grundsätzlich nicht über Fehler gelacht, weil alle wissen, dass Fehler nützliche Helfer sind. Sonst wird schon im Unterricht von Frau Volcović gelacht, wenn die Lehrerin lustige Lernaufgaben stellt oder witzige Wortspiele macht. (S. 57f.)

Professionalität – Lehrer/Zeitmanagement ➲ (36) Herr Fendrich ist Lehrer mit zwei Korrekturfächern am Sibelius-Gymnasium. Er weiß, dass für ihn ein gutes Zeitmanagement für Unterrichtsvorbereitung und extreme Korrekturbelastung (gehaltsneutral, ohne zusätzliche Vergütung) wichtige School Survival Skills sind. Deswegen bereitet er schon vor Beginn des Schuljahres digitale Zeitraster vor für Stundenabfolgen, Unterrichtssequenzen und Leistungsüberprüfungen sowie Korrekturzeit. Gleichzeitig sichtet er notwendiges Inhaltsmaterial, insbesondere für die Klausuren, und speichert es ab. Am Wochenende bereitet er die nächste Arbeitswoche vor, indem er tabellarisch die Stundenverläufe mit Abeitsformen und zu erreichenden Kompetenzen erstellt. Die digitale Version ermöglicht eine zügige Vorbereitung und eventuell spätere Modifikationen. Durch dieses proaktive Zeitmanagement verschafft sich Herr Fendrich mehr Freizeit unter der Woche und fühlt sich durch Konferenzen auch nicht so belastet. (S. 59f.)

Störungsintervention: Führungsschwäche, Gelb-Rot-Strategie ohne Konsequenz ➲ (37) Frau Gondram hat in ihrer Klasse 7 lediglich das Schiedsrichtermodell – aber keine CRM-Strategien – eingeführt. Da die Schüler phasenweise über Gebühr laut werden, insbesondere dann, wenn Frau Gondram wieder einmal ihre Unterrichtsmaterialien nicht griffbereit hat und mitten im Unterricht zu Kopierzwecken aus dem Klassenraum stürzt, zieht die Lehrerin die Notbremse. Sie greift dann den erstbesten Störer heraus und wendet das Gelb-Rot-Modell an. Wenn der Störer opponiert, lässt sich Frau Gondram zunächst in eine Verhandlung zum Zweck der Grenzaufweichung verwickeln, dann in eine Konfrontation, die nicht frei von Aggression ist. Die Folge dieses Verhaltens ist, dass die Lehrerin im Bewusstsein ihres eigenen fehlerhaften Handelns die gebotene Konsequenz stark reduziert oder sogar völlig darauf verzichtet. Viel Lärm um nichts! (S. 65)

Professionalität – Lehrer, CRM, Verantwortung für Schülererfolg, Beratungskompetenz, Korrekturverhalten ➲ (38) Herr Adams ist sich seiner Rolle als Lehrer an einer Gesamtschule im ländlichen Bereich und seiner Wechselwirkung in der Interaktion mit Schülern und deren Eltern bewusst. Er arbeitet nach den Prinzipien von CRM und übernimmt Verantwortung für den Lern- und Fördererfolg seiner Schüler. Einmal pro Woche bietet er seinen Schülern freiwillig eine Beratungsstunde in der Mittagszeit an, so dass seine Schüler Gelegenheit zum Sprechstundenbesuch haben. Herr Adams berät seine Schüler individuell im Hinblick auf die Bewältigung ihrer Lernschwierigkeiten und ihre Möglichkeit zu weiteren Lernfortschritten. Er gibt ihnen praktische Tipps zur Lernorganisation und zum Teamverhalten. Sein Sprechstundenangebot wird nun schon im dritten Jahr gern angenommen. Herr Adams weiß um die kostenlose Mehrarbeit, die er mit der Sprechstunde leistet; seine Erfahrung im Unterricht zeigt ihm aber, dass sich der Einsatz lohnt, da er nur selten mit Unterrichtsstörungen oder Leistungsverweigerungen zu kämpfen hat. Der „gute Draht" zu seiner Schülerschaft und sein Bestreben, dass aus seinen Schülern „etwas wird" ist ihm viel wert. Auch den Eltern seiner Schüler steht er in seinen restlichen drei Sprechstunden pro Monat wie auch an den Elternsprechtagen zur Verfügung. Seine Beratung wird auch von den Schülereltern geschätzt und angenommen.

8

Herr Adams gilt dank seiner Authentizität und seines gepflegten Auftretens im Elternkreis als vertrauenswürdig. Natürlich ist der Lehrer auch gegenüber den digitalen Kommunikationswegen offen. Allerdings weiß Herr Adams ebenso, dass neben dem viel strapazierten Wort „ja" gelegentlich auch ein „Nein" wichtig ist. So hat er neben den Präsenzsprechstunden eine Telefonsprechzeit während der Unterrichtswochen vereinbart und beantwortet Mails. Der Lehrer hat Eltern verständlich dargelegt, dass er die verbleibende Zeit nach Dienstschluss am Nachmittag zur Nach- und Vorbereitung des Unterrichts benötigt (Korrekturen, Unterrichtsreihen, Prüfungsvorbereitungen), und daneben – wie jeder andere – das Recht auf angemessene Familien- und Freizeit hat. Daher bittet er darum, auf Kommunikations ab Freitagnachmittag bis Sonntagabend zu verzichten – es sei denn, dass ein wichtiges und dringliches Ereignis eine Kontaktaufnahme unumgänglich macht. Bislang halten sich die Eltern daran, denn sie wissen, dass Herr Adams mit seinen zwei Korrekturfächern Deutsch und Englisch viel Arbeit „auf dem Tisch" hat. Diese Belastung mit zwei Haupt- und Korrekturfächern zwingt Herrn Adams zu einem disziplinierten Zeit- und Organistionsmanagement bei der Vorbereitung von Unterrichtsreihen und

-materialien sowie bei zeitnaher Korrektur. Er ist bei seinen Schülern bekannt dafür, dass er die Klassenarbeiten binnen Wochenfrist korrigiert zurückgibt. Wenn trotzdem Fragen seiner Schüler nach der möglichen Rückgabe von Arbeiten aufkommen, reagiert Herr Adams stets entspannt und scherzhaft: *„Wenig Fehler – schneller Lehrer. Hoffentlich!“*

Herr Adams gestaltet seine Elterngespräche, indem er sich auf die Problemanalyse, aber gleichzeitig auf das konzentriert, was der Schüler noch lernen muss, um in seiner Schullaufbahn erfolgreich zu sein. Er äußert sich etwa so: *„Ich bin davon überzeugt, dass Marcus mehr lernen könnte. Dazu müsste er den Sinn unserer Klassenregeln einsehen und sich vor allem daran halten. Ich möchte heute mit Ihnen darüber sprechen, wie wir Marcus gemeinsam dabei unterstützen können.“* Wesentlich in einem Lehrer-Eltern-Gespräch sind Lernhilfen und Fördermöglichkeiten, ein Zeitplan mit Feedbackterminierung zur Umsetzung mit konkreter Aufgabenverteilung und eine ausgewogene Beurteilung der Schülerpersönlichkeit. Ein Lob, wenn auch nur ein kleines, wirkt nicht nur bei Schülern Wunder, sondern auch bei Eltern. (S. 79, 95)

Selbstwirksamkeit – Schüler/Lerntandems, Schülerassistenz ➲ (39) Frau Kierbach, die am Ende des vorletzten Schuljahres ihrer Schüler das Pensionsalter erreichte, noch ein weiteres Jahr anzuhängen, um sie in Mathematik zum Abitur zu führen und ihnen einen kurzfristigen Lehrerwechsel zu ersparen. Die Schüler schätzten Frau Kierbach wegen ihres qualitätvollen Unterrichts, wegen ihrer Fähigkeit, komplexe Fachinhalte anschaulich zu vermitteln. Die Lehrerin kannte ihre Schüler bereits aus deren Anfangsjahren am Gymnasium und hatte stets ein gutes Verhältnis zu ihnen. Nach reiflicher Überlegung sprach sie mit ihrer Schulleitung darüber und stellte mit deren Unterstützung einen Antrag auf Verlängerung bei der Bezirksregierung. Sie informierte auch ihre Schüler über ihre positive Entscheidung und bat sie, sich zu überlegen, welche lernpartnerschaftlichen Aufgaben sie in der Folge übernehmen würden. Die Schüler wussten, dass Frau Kierbach ernsthafte gesundheitliche Beeinträchtigungen hatte und rechneten ihr das Engagement hoch an. Fortan organisierten sie den „Wochendienst LK Mathe“ mit folgenden Aufgaben: Begleit- und Tragedienst zwischen Lehrerzimmer und Kursraum; Aufstellung und Abräumung von Medien, Materialausteilung, Ordnungsdienst im Kursraum, generelle Bereitschaft zur Ergebnispräsentation, Angebot und Durchführung freiwilliger Referate zu relevanten Themenbereichen. Überdies teilten sie sich zu Lerntandems auf, um den Unterrichtsstoff zu wiederholen und sich auf

Klausuren vorzubereiten. Diese Lernpartnerschaft und die erfreuliche Arbeitsatmosphäre im LK Mathematik sprachen sich in der Schule herum. Alle Schüler dieses Kurses konnten zum Abitur zugelassen werden. Bei der Abiturfeier erhielt Frau Kierbach besonderen Applaus; der Kurssprecher hielt eine Dankrede und überreichte der Lehrerin einen Blumenstrauß. Frau Kierbach freute sich über diese Anerkennung und sagte: *„Nun kann ich beruhigt in Pension gehen."* (S. 88f.)

Selbstwirksamkeit und Förderung – Schüler/Lernstudio ➲ (40) Herr Sattler ist Lehrer an der Robert-Koch-Sekundarschule und gehört zum Kreis der Initiatoren des dortigen Lernstudios. Die Mitglieder der „Arbeitsgemeinschaft Lernstudio" haben die Schülerbibliothek als geeigneten Ort ausgesucht, weil dort nicht nur ein umfangreicher Bestand an Nachschlagewerken und Fachbüchern im Präsenzbereich vorhanden ist, sondern auch zehn Rechnerplätze vorhanden sind. Die Bibliothek ist in Schulwochen von Montag bis Donnerstag ganztägig und freitagvormittags geöffnet. Sie wird – genau wie der Kiosk der Schule – von einem festen Elternkreis betreut, der den Buchbestand verwaltet, die Ausleihe regelt und die Aufsicht führt. Seit der Entstehung des Lernstudios hat die Mentorin der Lehramtsanwärter dafür gesorgt, dass die Referendare sich dort zu regelmäßigen Anwesenheitszeiten zum Zweck der individuellen Schülerförderung einfinden und somit dazu beitragen, dass sich die echte Lernzeit der Schüler über den Fachunterricht hinaus erhöht. Nachdem die Mitglieder der „Arbeitsgemeinschaft Lernstudio" ihr Konzept im Rahmen einer Lehrerkonferenz präsentiert und zur Diskussion gestellt haben, wird das Modell Lernstudio der Eltern- und Schülerschaft vorgestellt und schließlich in der Schulkonferenz verabschiedet. (S. 103)

Professionalität – Lehrer/Konfliktsteuerung durch Mediation ➲ (41) Klassenlehrer Zeitler gerade den Raum pünktlich zur Klassenarbeit in Mathematik betreten will. Frau Schmitz besteht lautstark darauf, sofort von Herrn Zeitler angehört und über den aktuellen Leistungsstand ihrer Tochter Lena in Mathematik informiert zu werden, da sie das Recht auf Auskunft habe. Herr Zeitler, der schon eine Fortbildung in Konfliktsteuerung durch Mediation absolviert hat, hört Frau Schmitz ruhig und höflich an. Er bestätigt ihr ein generelles Auskunftsrecht und beginnt – angesichts der nun vorrangigen Klassenarbeit –, einen Gesprächstermin zu einem anderen Zeitpunkt zu verhandeln. Der Lehrer könnte ihr als Lösungsoption vorschlagen, sich nach Beendigung der

Klassenarbeit vor dem Elternsprechraum einzufinden und entweder so lange zu warten oder die Zeit anderweitig zu nutzen. Eine Alternative wäre ein Telefontermin noch am selben Tag. Die Schülermutter entscheidet sich für die Alternative. Herr Zeitler sagt zu und verabredet mit Frau Schmitz eine Uhrzeit, zu der sie ihn anrufen kann. Er erkennt ausdrücklich das Interesse der Schülermutter am Lernerfolg von Lena an und hält die Gesprächswege mit der Erziehungsberechtigten offen, statt ihr empört eine Abfuhr mit den Worten zu erteilen:" Was wollen sie denn schon wieder? Sie sehen ja wohl, dass das jetzt gar nicht geht!" (S. 105, 107f., 168)

CRM als Baustein für die Schulentwicklung, Schulkodex, Regeln und Routinen, Gelb-Rot-Verweise, Klassenleitungsteams, kollegiale Fallberatung, Lehrerfortbildungsprogramm/Schwerpunkte, Dresscode, Lehrerräume, Corporate Identity (CI), Corporate Social Responsibility (CSR), Lernstudio, Schulplaner, Zeit für Lernaufträge, Wahlpflichtbereich Arbeitsgemeinschaften, Duales Praktikum, Elternberatungszentrum (EZB), Öffentlichkeitsarbeit ➲ (42) Die **Leibniz-Schule** arbeitet nach dem CRM-Konzept; d.h., die dort tätigen Lehrer wenden die CRM-Techniken zum präventiven und situativen Umgang mit Unterrichtsstörungen erfolgreich an. Die Schule hat die Kartenmethode Gelb-Rot in den Katalog ihrer Interventionsmaßnahmen bei Fehlverhalten aufgenommen. Regelmäßig evaluiert die Lehrerschaft Funktionalität und Effizienz ihres Klassenmanagements. Bei der letzten Lehrerkonferenz kam zur Sprache, dass die Kartenstufe Rot bei vergleichbarem Fehlverhalten von Schülern unterschiedliche Konsequenzen durch Lehrer nach sich zieht. Daher wurde die Frage diskutiert, ob es sinnvoll sei, ausgehend von den Klassenregeln einen verpflichtenden Schulkodex aufzustellen, der angemessene und vergleichbare Konsequenzen für bestimmte Formen des Fehlverhaltens festlegt, insbesondere bei verhaltensauffälligen Schülern. Während sich die Novizen wie auch die Teilzeitkräfte des Leibniz-Kollegiums für einen Schulkodex aussprachen, argumentierten die Experten und Vollzeitkräfte eher zurückhaltend. Dennoch wollte sich die Gesamtheit der Lehrerschaft dem Thema nicht von vorherein verschließen. Man war sich bewusst, dass ein geschlossenes Auftreten der Lehrerschaft richtungsweisend und hilfreich für die Qualität der Leibniz-Schüler sei und das Handeln der Lehrer erleichtern würde. Darum wurde eine Arbeitsgruppe Schulkodex einberufen, die die Materie aufbereiten und in der nächsten Sitzung erste Ergebnisse vorstellen sollte. (S. 108ff.)

8.4 Stichwörter

8

8

8.5 Symbole

➲	Fallbeispiel
➢	Tipp
◷	Zeitaufwand/Umsetzung
🗁	Verwaltungsaufwand/Dokumentation
§	Rechtlicher Hinweis
🛠	Tool Kit

8.6 Abbildungen

Aktion (Reaktion/Interaktion)	**bevorzugte Alternative**	**Passivität**
verbal	unterrichtsfremde Lektüre	Tagträumen
Summen, Singen, Schreien	SMS schreiben	zum Fenster hinaus sehen
Zwischenrufe	via Handy Musik hören, spielen oder fernsehen	Schlafen
abwertende Kommentierung von Schülerbeiträgen durch Mitschüler	via Handy bevorzugte Internetseiten aufrufen	Unaufmerksamkeit bis hin zum generellen Desinteresse
Privatgespräche zwischen Schülern	mit dem Handy Mitschüler oder Lehrer fotografieren	Fehlen von termingebundenen Arbeiten wie Hausaufgaben oder Referaten
Wutausbrüche		Fehlen bei Klassenarbeiten und Klausuren aus nichtigen Gründen
motorisch		Verweigerung von Mitarbeit bis hin zum systematischen Boykott
Umherlaufen		
mit dem Stuhl wackeln		
mit Arbeitsmaterial spielen		
unerlaubtes Verlassen des Unterrichts		
Essen und Trinken im Unterricht		
Klopfen bzw. Aufreißen von Klassentüren		
systematisches Zuspätkommen		
Sachbeschädigung		
Aggressionen gegenüber Mitschülern		

Abb. 1: Typische Erscheinungsformen von, Unterrichtsstörungen, (S. 7)

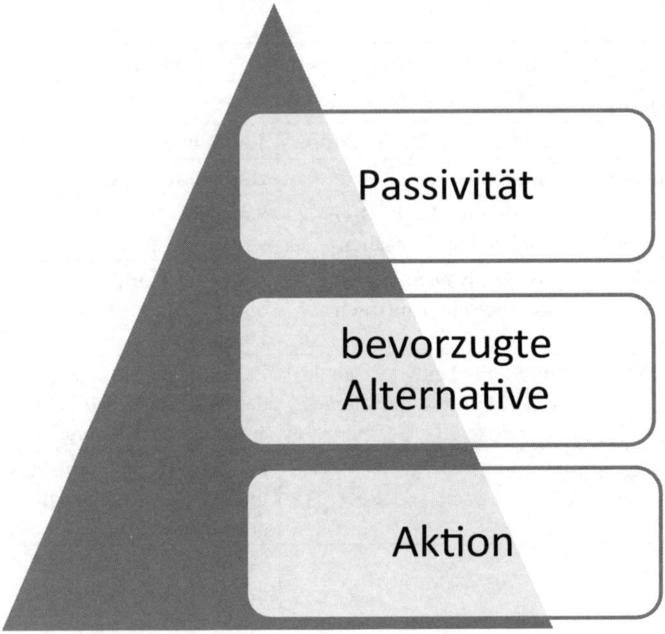

Abb. 2: Klassifizierung von Unterrichtsstörungen nach Belastungsgrad, (S. 8)

Diagnose-Bogen Unterrichtsstörungen – Schülergespräch

5 Min. 10 Min.

§ Schulrechtliche Pflichten von Schülern / Erzieherische Einwirkungen

Schülername – Klasse/Kurs:	**Gespräch Nr.: Datum:**	
Form der Unterrichtsstörung	☐ Aktion (Reaktion, Interaktion):	
	☐ bevorzugte Alternative:	
	☐ Passivität – Verweigerung:	
Auftreten in Unterrichtsfach -fächern:		
Auftreten zeitlich	☐ Unterrichtsbeginn ☐ Unterrichtsende ☐ durchgängig	
Auftreten in folgenden Unterrichtsphasen:	☐ Zentralinformation durch Lehrer ☐ Einzelarbeit ☐ Partnerarbeit ☐ Gruppenarbeit	
Belastung der Lerngemeinschaft	☐ leicht ☐ mittel ☐ schwer	
Solidarität der Lerngruppe	☐ keine ☐ teilweise (bis 25 %) ☐ etwa hälftig (bis 50 %) ☐ mehrheitlich	
Beeinträchtigung der Lernzeit	☐ Unterbrechung ☐ fortgesetzte Störung ☐ Boykott	
Stellungnahme des Schülers	☐ einsichtig, verspricht Besserung ☐ uneinsichtig bis aggressiv ☐ Stellungnahme abweichend:	
Erwartung an den Schüler durch den Lehrer	☐ Selbstkontrolle und Disziplin ☐ Kooperation durch Zuverlässigkeit ☐ Teilnahme am Unterrichtsprozess ☐ Sonstiges:	
§ Hinweis auf schulrechtliche Rechte und Pflichten des Schülers durch den Lehrer[1]	☐ erfolgt ☐ nicht erfolgt	
Welche erzieherischen Einwirkungen haben bereits stattgefunden?		
Welche Maßnahme wurde zuletzt wegen akuter Unterrichtsstörung verhängt?	Maßnahme:	Datum:
Konsequenz bei Ausbleiben zukünftiger Kooperation	☐ Mitteilung an Erziehungsberechtigte ☐ Eltern-/Schülergespräch ☐ Gespräch mit der Stufenleitung/Schulleitung ☐ soziale Förderung durch: 1. 2. 3. ☐ Ordnungsmaßnahme:	
Wiederaufnahme des Gesprächs zur Revision des Störverhaltens	Frist / Datum:	
Unterschrift des Schülers:		
Unterschrift des Lehrers:		

Abb. 3: Diagnose-Bogen Unterrichtsstörungen – Schülergespräch, (S. 13)

1 § Hier kommt z.B. der Hinweis auf das Schulgesetz für das Land Nordrhein-Westfalen (Schulgesetz NRW – SchulG) § 42 Abs. 2 u. 3 in Betracht.

Diagnose-Bogen Unterrichtsstörungen – Elterngespräch

5 Min. 10 Min.

§ Schulrechtliche Pflichten der Erziehungsberechtigten/Erzieherische Einwirkungen

Elterngespräch	Datum:	
wegen Schüler:	Klasse/Kurs:	
Information der/des Erziehungsberechtigten über:		
Darstellung des Sachverhalts durch Lehrer gem. vorliegender Diagnosebögen – Schülergespräch		
Stellungnahme der Erziehungsberechtigten	☐ verständig und kooperativ ☐ nicht kooperativ bis aggressiv	
Erwartung an den Schüler durch den Lehrer	☐ Selbstkontrolle und Disziplin ☐ Kooperation durch Zuverlässigkeit ☐ Teilnahme am Unterrichtsprozess ☐ Sonstiges:	
Erwartung des Lehrers an die Erziehungsberechtigten	☐ häusliches Erziehungsgespräch ☐ Wahrnehmung der Folgen für den Lernfortschritt des Kindes ☐ Inanspruchnahme externer fachseitiger Hilfe	
§ Hinweis auf schulrechtliche Pflichten der Erziehungsberechtigten durch den Lehrer[2]	☐ erfolgt ☐ nicht erfolgt	
Erwartungen der Erziehungsberechtigten an den Lehrer / die Schule	☐ Lehrer muss für Lernruhe sorgen ☐ Lehrer muss Schüler stärker motivieren ☐ Lehrer muss den Unterricht interessanter/ schülergemäßer gestalten ☐ die Hausordnung muss durchgesetzt werden ☐ sonstige Erwartungen:	
Welche Maßnahme wurde zuletzt wegen akuter Unterrichtsstörung verhängt?	Maßnahme:	Datum:
Konsequenz bei Ausbleiben zukünftiger Kooperation durch den Schüler		
Konsequenz bei Ausbleiben der Kooperation durch Erziehungsberechtigte	☐ Gespräch mit der Stufen- /Schulleitung ☐ Ordnungsmaßnahmen	
Vereinbarungen zwischen Lehrer und Erziehungsberechtigten	1. 2. 3. ☐ Vereinbarung konnte nicht erzielt werden	
Termin für Feedback-Gespräch:		
	☐ Einverständnis ☐ Ablehnung	
Unterschrift der Erziehungsberechtigten:		
Unterschrift des Lehrers:		

Abb. 4: Diagnose-Bogen Unterrichtsstörungen – Elterngespräch, (S. 14)

2 Hier kommt z.B. der Hinweis auf das Schulgesetz Nordrhein-Westfalen (SchulG NRW) § 42 Abs. 4 in Betracht.

Diagnose-Bogen Unterrichtsstörungen – Lehrerverhalten

5–8 Min. 2 Min.

	Zum störungspräventiven Lehrerverhalten	das gelingt mir überwiegend	das muss ich mir noch aneignen
Eigenkompetenz	lege ich (bei Übernahme einer Lerngruppe) besonders großen Wert auf:		
	• eindeutige und offene Körpersprache		
	• verstärkende Mimik und Gestik		
	• Orientierung durch klaren Sprachgebrauch		
	• Modulation der Stimme		
Steuerungskompetenz	Zum störungspräventiven Lehrerverhalten:		
	lege ich Wert auf meine Rolle als Classroom Manager		
	komme ich pünktlich zum Unterricht[3]		
	halte ich die erforderlichen Arbeitsunterlagen bereit		
	halte ich Blickkontakt zu meiner Lerngruppe		
	verstärke ich erwünschtes Schülerverhalten		
	formuliere ich klare Erwartungen an das Schülerverhalten		
	nutze ich zur Steuerung des Schülerverhaltens bevorzugt non-verbale Signale[4]		
	ignoriere ich geringfügige Störungen[5]		
	halte ich Absprachen ein		
	bei gravierenden Unterrichtsstörungen handle ich angemessen konsequent[6]		
	lasse ich mir die Konsequenzen nicht abverhandeln[7]		
	übernehme ich Verantwortung für den Lernerfolg meiner Schüler		
Lehrkompetenz	lege ich meine Unterrichtsplanung mittel- und langfristig an		
	bereite ich den Unterricht gründlich und abwechslungsreich vor		
	führe ich den Unterricht stringent und zielorientiert durch		
	nutze ich ein breites Repertoire an Lehrmethoden, Arbeitsformen und Unterrichtsstrategien		
	setze ich meine Fach- und Methodenkompetenzen sicher und flexibel ein[8]		
	biete ich den Lehrstoff anschaulich und verständlich dar[9]		
	räume ich regelmäßig effiziente Lernzeit ein		
	schaffe ich ein förderliches Lernklima zum Oberflächen- und Tiefen-Verständnis[10]		
	halte ich meine Fach- und Methodenkompetenzen durch regelmäßige Fortbildungen auf dem aktuellen Stand		
Sozialkompetenz	bin ich freundlich und wertschätzend		
	bleibe ich auch bei Störungsfällen ruhig und sachlich		
	setze ich meine Fähigkeit zu situativem Humor ein		
	unterstreiche ich die Wertschätzung meiner Lerngruppe durch ein angemessenes optisches Auftreten		
	suche ich regelmäßig das Feedback durch meine Lerngruppe[11]		
Reflexionskompetenz	evaluiere ich nach dem Unterricht in Gedanken meine Lehrerfolge		
	richte ich – wo nötig – meine Unterrichtsdurchführung neu aus		

Abb. 5: Diagnose-Bogen Unterrichtsstörungen – Selbsteinschätzung für Lehrer 01, (S. 15)

3 Vgl. auch Rattay et al. 2011, S. 89–93.
4 Vgl. hierzu auch Keller 2008/10, S. 116ff.
5 Ebd., S. 166.
6 Ebd, S. 117.
7 Ebd.
8 Vgl. hierzu auch Keller 2008/10, S. 114–118.
9 Ebd, S. 116.
10 Hattie, 2014, S. 195.
11 Ebd.

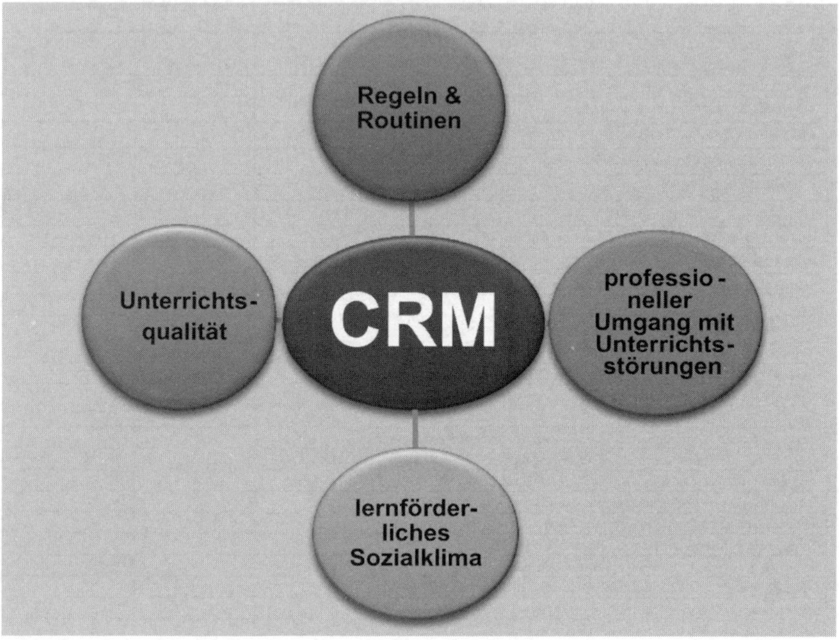

Abb. 6: CRM-Komponenten, (S. 27)

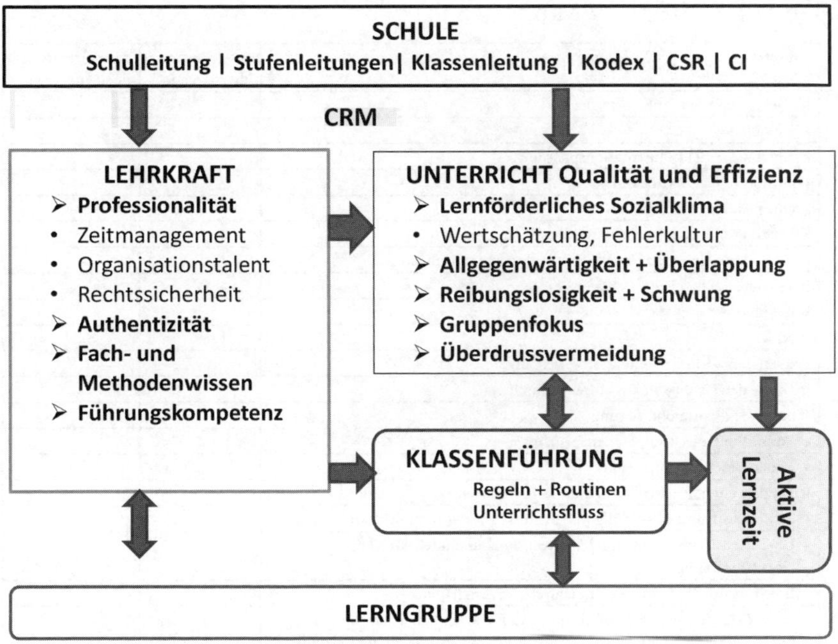

Abb. 7: CRM-Methodik und Wirkungsfeld (überarbeitet nach Helmke 2007), (S. 58)

Diagnose-Bogen CRM-Kompetenzen – Selbsteinschätzung für Lehrer

4–6 Min. 2 Min.

	Umsetzung meiner CRM-Kompetenzen	das gelingt mir überwiegend	das muss ich mir noch aneignen
Eigenkompetenz	Ich achte besonders auf:		
	• Ubiquität		
	• Nutzung des ZI in Instruktionsphasen		
	• lernförderliches Sozialklima		
	• eine positive Fehlerkultur		
	• Nutzung stützender Regeln und Routinen		
	• einen professionellen Umgang mit Unterrichtsstörungen		
Steuerungskompetenz	Ich steuere ich den Unterrichtsfluss:		
	• reibungslos		
	• schwungvoll		
	• durch bewusste Gestaltung der Übergänge		
	Ich halte den Gruppenfokus aufrecht durch:		
	• breite Gruppenmobilisierung		
	• Vermittlung des Rechenschaftsprinzips		
	• weiten Beschäftigungsradius		
	Ich erziele ein hohes Maß an echter Lernzeit durch:		
	• Lehrer-Instruktion, wo nötig und Schüler-Selbstwirksamkeit, wo möglich		
Steuerungskompetenz	• Überdruss-Vermeidung durch Abwechslung und intellektuelle Herausforderung		
	• Involvierung der Lernenden in Unterrichtsaktivitäten		
	• rechtzeitige Intervention bei kleinen und mittleren Unterrichtstörungen durch mobilisierendes Aufrufen und unmittelbares Wiedereinbinden des Störers in den Unterrichtsfluss		
	Bei gravierenden Unterrichtsstörungen handle ich nach dem Schiedsrichtermodell: gelb – rot – Sanktion		
	Ich achte darauf, dass die Sanktion rechtmäßig, angemessen und verhältnismäßig ist		
	In dieser Situation verhalte ich mich nach dem Prinzip KISS & DRY		
Sozialkompetenz	Ich bin wertschätzend		
	Ich setze situativem Humor ein		
	Ich lege Wert auf ein lernförderliches Sozialklima		
	Ich achte auf einen angemessenen Umgang mit Fehlern (Fehler als Lernhelfer)		
	Ich bleibe ich auch bei Störungsfällen ruhig und sachlich		
	Ich lasse mich nicht in Konfrontationen und „Show-downs" verwickeln		
	Ich führe Kritikgespräche mit Schülern nach dem Vier-Augen-Prinzip durch		
Reflexionskompetenz	Ich evaluiere in Gedanken meine Lehrerfolge		
	Ich justiere meine Unterrichtssteuerung, wenn erforderlich		

Abb. 8: Diagnose-Bogen CRM-Kompetenz – Selbsteinschätzung für Lehrer 02, (S. 68)

Schülerfeedback-Bogen zur Lehrer- und Unterrichtsqualität

10–12 Min. 30 Min.

Herr/Frau ……	**trifft voll zu**	**trifft eher zu**	**trifft eher nicht zu**	**trifft gar nicht zu**
1. ist freundlich				
2. ist geduldig				
3. hat Freude am Lehrberuf				
4. hat Humor				
5. ist offen für Schülerprobleme				
6. ist fair				
7. lebt uns das vor, was von uns verlangt wird				
8. benotet transparent und gerecht				
9. lobt uns für gute Leistungen				
10. hilft uns bei Lernschwierigkeiten				
11. kann den Unterrichtsstoff klar und verständlich vermitteln				
12. bietet einen abwechslungsreichen und interessanten Unterricht				
13. unterbindet Unterrichtsstörungen				
14. kann sich in der Klasse durchsetzen				
15. schlichtet Streitigkeiten in der Klasse				
16. fördert alle Schüler gleichmäßig				
17. behandelt alle Schüler gleich				
18. hält Fehler für nützliche Lernhelfer				
19. gibt auch eigene Fehler zu				
20. Ich lerne gern bei meinem Lehrer/meiner Lehrerin				

Abb. 9: Schülerfeedback-Bogen zur Lehrer- und Unterrichtsqualität, (S. 82)

Elternfragebogen für den Sprechtag

6–8 Min. 2 Min.

1. Lernverhalten meines Kindes	
Welche Stärken hat mein Kind in Ihrem Fach?	
Wo liegen die Schwächen?	
Ist das Lernverhalten konstant?	
Haben sich seit unserem letzten Gespräch Veränderungen ergeben?	
Wie sind die Leistungen im schriftlichen Bereich?	
Beteiligt sich mein Kind regelmäßig am Unterricht? Wie sind die Leistungen im mündlichen Bereich?	
Fertigt mein Kind seine Hausaufgaben zuverlässig an?	
2. Lern- und Förderbedarf meines Kindes	
Wie können die Schwächen behoben werden a) im schriftlichen Bereich? b) im mündlichen Bereich? c) bei der Anfertigung von Hausaufgaben?	 a) b) c)
Wie kann ich mein Kind dabei unterstützen?	
3. Sozialverhalten meines Kindes	
Hat sich mein Kind gut in der Klasse eingelebt?	
Wie verhält es sich gegenüber den Mitschülern?	
Kann es sich in Arbeitsgruppen integrieren?	
Wie verhält es sich in Pausen?	
Hält es sich an Klassenregeln?	
Stört es im Unterricht?	
Fällt es durch Aggressionen auf?	
Haben sich in letzter Zeit auffallende Verhaltensänderungen ergeben?	
Gibt es besondere Vorkommnisse, die ich wissen sollte?	
4. Vereinbarungen	
a) Zum Lernverhalten:	
b) Zum Lern- und Förderbedarf	
c) Zum Sozialverhalten	
Sonstiges	

Abb. 10: Elternfragebogen für den Sprechtag, (S. 94)

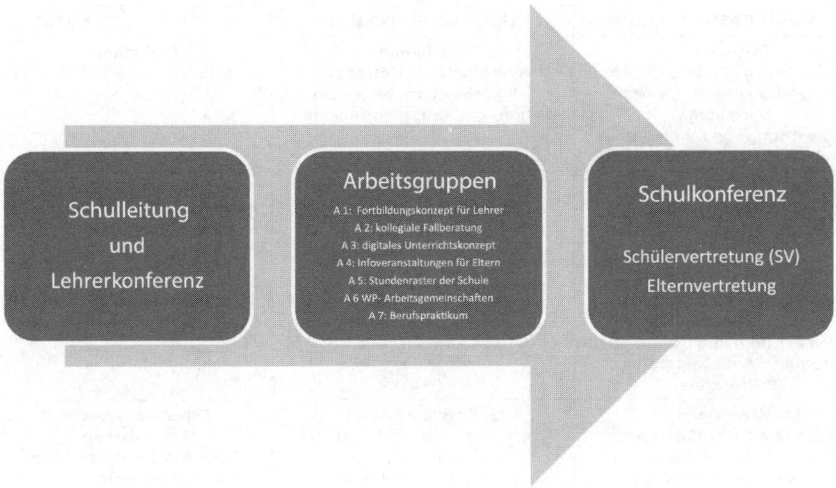

Abb. 11: Organigramm 01 der CRM-Schulentwicklung, (S. 130)

ORGANISATIONSENTWICKLUNG	PERSONALENTWICKLUNG	UNTERRICHTSENTWICKLUNG
Evaluation anlassbezogener Einsatz von Elternfragebogen für den Sprechtag, Auswertung von Schüler- und Elternfeedback mit Umsetzung	**Evaluation** turnusmäßiger Einsatz von Schülerfeedback-Bogen zur Lehrer- und Unterrichtsqualität	**Evaluation** Schülerfeedback-Bogen
Zukunftsausrichtung Rechtsfähigkeit, Campus-Schule als gGmbH	**Vorbereitung der Schüler auf nachschulische Bildungsphase** Praktikumsbesuche, Berufspraktikum für Lehrer	**Vorbereitung auf nachschulische Bildungsphase** Duales Bildungspraktikum, Orientierungspraktikum Schülerfirma
Kooperation mit Schulumfeld Kooperation mit Umfeldschulen, lokalen Partnern und Institutionen, Corporate Social Responsibility (CSR)-Projekte	**Kooperation mit Schulumfeld** Zusammenarbeit mit Lehrkräften der Umfeldschulen	Kooperation mit Schulumfeld Soziale Nachbarschaftsprojekte
Selbstwirksamkeit Corporate Identity (CI)-Konzept, Schulkodex, Schulvereinbarung, Arbeitsgruppe als Motoren der Schulentwicklung, Lehrerräume, digitale Schulplattform, Jahresplanung mit festen Zeitfenstern für außerschulische Aktivitäten und verlässlichen Unterrichtszeiten	**Selbstwirksamkeit** Professionalität und Stärkung durch CI, kollegiale Fallberatung, professionelle Lerngemeinschaften, Dresscode, Lehrer als Change Agents und Zukunftsmentoren	**Selbstwirksamkeit** Wochenarbeit, Wahlpflicht-AGs, Jahrbuch, Schülerstreitschlichtung, Erste Hilfe-Dienst
Kooperation mit Eltern regelmäßige Beratung und Informationsveranstaltungen, Stärkung der Eltern als Lernpartner, Einrichtung eines Elternberatungszentrums EBZ mit lokalen Partnern und Institutionen	**Fortbildungskonzept für Lehrer** regelmäßige Schulungen in CRM-Methodik, Führungskompetenzen, Konfliktbewältigung, Schulrecht, Zeitmanagement, Digital Teaching Design,	**Intensivierung effizienter Lernzeit** Lernstudio, integrierte Zeit für Lernaufträge
	Lerngruppen Regeln und Rituale, Datum-Agenda-Phase, Startaufgabe, Steuerung von Unterrichtsprozessen durch die Prinzipien von Kounin (Allgegenwärtigkeit, Reibungslosigkeit und Schwung, Gruppenfokus,-aktivierung und –mobilisierung, Rechenschaftseinforderung, Überdruss-Vermeidung, intellektuelle Abwechslung und Herausforderung	**Lerngruppen** Klassenregeln, Rituale, förderliches Sozialklima, Klassenleitungsteams mit festem Verantwortungsbereich, Klassenpaten entschleunigtes Stundenraster, digitales Unterrichtskonzept
CRM-Methodik präventive und situative Strategien, inklusive Gelb-Rot-Intervention, Freundlichkeit und Wertschätzung, positive Fehlerkultur		

Abb. 12: Organigramm 02: CRM als Baustein für die Schulentwicklung, (S. 160)

9 Über die Herausgeberin

Studium der Anglistik, Romanistik, Pädagogik, Philosophie und Ur- und Frühgeschichte an der Ruhr-Universität Bochum und den Universitäten Tours und Cambridge. Berufsbegleitendes Studium in Jura sowie Mediation an der Fernuniversität Hagen.

Von 1996 bis 2011 war die Herausgeberin Leiterin eines Städtischen Gymnasiums in Köln. In dieser Zeit hat sie umfangreiche Erfahrungen in Schul- und Personalentwicklung sowie in der Veränderung von Bildungsprozessen gewonnen. Zugleich war sie Vorsitzende für Zweite Staatsexamina für Lehramtsanwärter in Gymnasien und Gesamtschulen. Neben Schulentwicklung ist Schulrecht einer ihrer Schwerpunkte.

Nach dem Abschluss ihrer aktiven Dienstzeit als Oberstudiendirektorin wurde sie tätig in Lehrerfortbildung und Bildungsberatung. Seit Mitte 1999 ist sie Mitglied des Staatlichen Prüfungsamtes der Universität Köln als Vorsitzende für Erste Staatsprüfungen für Lehrämter in den Studiengängen Anglistik, Romanistik und Erziehungswissenschaften. Die Herausgeberin ist seit 2010 sachkundiges Bürgermitglied im Ausschuss für Schule und Weiterbildung im Rat der Stadt Köln.

Zu ihren Interessensschwerpunkten zählen Schulrecht, allgemeine, berufliche und internationale Bildungssysteme sowie Mediation

Die Herausgeberin betreibt das Unternehmen CANEDU Bildungsberatung (www.canedu.de) mit den Schwerpunkten „Internationale Bildungsprojekte", „Fortbildungen für Lehrer und pädagogische Führungskräfte", sowie „Beratung für Eltern und Schüler".

Ihre Hobbies sind Musik, Gartenarbeit und Sport.